U0900023

“十三五”高等院校物业管理专业创新规划教材

物业管理法律法规

主　编　柳易林

副主编　曾广录　李红霞　黄　宇

中国财富出版社

图书在版编目（CIP）数据

物业管理法律法规/柳易林主编．—北京：中国财富出版社，2015.4（2018.2 重印）
（“十三五”高等院校物业管理专业创新规划教材）
ISBN 978-7-5047-5840-8

Ⅰ.①物… Ⅱ.①柳… Ⅲ.①物业管理—法规—中国—高等学校—教材
Ⅳ.①D922.181

中国版本图书馆 CIP 数据核字（2015）第 186983 号

策划编辑 惠 婳 **责任编辑** 惠 婳
责任印制 石 雷 **责任校对** 梁 凡 **责任发行** 敬 东

出版发行 中国财富出版社
社　　址 北京市丰台区南四环西路 188 号 5 区 20 楼 **邮政编码** 100070
电　　话 010-52227588 转 2048/2028（发行部） 010-52227588 转 307（总编室）
010-68589540（读者服务部） 010-52227588 转 305（质检部）
网　　址 http://www.cfpress.com.cn
经　　销 新华书店
印　　刷 中国农业出版社印刷厂
书　　号 ISBN 978-7-5047-5840-8/D·0122
开　　本 787mm×1092mm 1/16 **版　　次** 2015 年 4 月第 1 版
印　　张 13.25 **印　　次** 2018 年 2 月第 2 次印刷
字　　数 290 千字 **定　　价** 30.00 元

版权所有·侵权必究·印装差错·负责调换

前 言

自1981年第一家物业管理企业成立以来，物业管理行业在我国取得了飞速发展，截至2012年年底，我国物业管理面积达到145.3亿平方米，物业服务企业有71000余家，物业管理从业人数约为612.3万人。物业管理的业态范围由住宅物业逐渐涵盖到写字楼、学校、医院、体育场馆等物业，展现出物业管理覆盖面的巨大潜能。物业管理的内容在清洁、绿化、秩序维护、设施设备维护等基本服务的基础上，纵向延伸至房地产开发的整个链条，横向涵盖消费者居家养老、家政服务、电子商务等各类个性化需求，体现出物业管理蕴含着丰富的商业价值。

物业管理的相关法律法规是从事物业服务活动的基础，也是物业服务行业得以健康发展的保证。物业服务是一个复杂的过程，涉及管理学、经济学、法学、公共关系学、建筑学等多个学科，故物业服务中涉及的法律法规相当广泛，既包括民法、合同法、房地产管理法、物业管理条例等全国性的法律法规，还包括地方性的法规，而目前国内所出现的教材或偏重于实践，或偏重于传统内容，而将理论基础、方法指导、国内外实践与新趋势、新特点进行有效综合的教材尚不多见。正是基于这样的背景，长沙学院物业管理教材编写小组在多年探索开展物业管理教育和教育部“本科专业综合改革试点”项目建设经验的基础上，编写了《物业管理法律法规》一书。

《物业管理法律法规》教材是根据《中华人民共和国物权法》《中华人民共和国民法通则》《物业管理条例》等相关的法律法规，全面、系统地介绍了物业管理活动中所涉及的法律法规及相关条款的基本知识，尽力反映目前最新的物业管理法规建设进展。可供不同层次的物业管理专业学生学习，也可供物业管理相关专业学生以及物业管理从业人员自学和培训使用。

本教材为培养物业管理专业学生正确处理和解决物业管理中的纠纷而编写，主要有以下三个特色：一是内容全面，不仅包括物业管理的法规制度，还包括其他相关的法律法规，方便读者学习；二是理论结合实际，既有法律法规的理论内容，也有相关法律法规在物业服务中的应用案例；三是内容新，教材编写时采用了最新颁布实行的法律法规，紧跟社会的发展。

本教材共十章，既有物业管理法规的基本理论，如物业管理法律规范、物业管理法律关系、物业管理法律责任等；也有具体的法律法规及其应用，如民法、物权法、合同法、住宅室内装饰装修管理办法等在物业管理中的应用。每章前面都有学习目标，后面均附有本章小结和复习思考题，便于读者对物业管理法律法规基本知识的理解、掌握和运用。附录部分录入了物业管理的相关法律法规文本，以备学习和查阅，并可作为物业管理的工具书使用。

本教材由柳易林担任主编，曾广录、李红霞、黄宇担任副主编。全书编写分工如下：柳易林负责第一章至第八章的编写与校对工作，曾广录负责第九章和第十章的编写及校对工作，李红霞和黄宇负责附录部分的编写及校对工作，并参与了全书的资料收集、整理与校对工作。感谢李映辉、李福英、郭红卫、缪悦、李海波、黄蕾、汤进华、姜惠芬、刘红艳及陈赛君等人为本书编写提供的帮助和建议。教材的编写得到了诸多领导、同事和朋友们的关心、指导和帮助，也得到了家人的大力支持，在此表示真诚的感谢！

由于时间和编者水平限制，书中难免存在一定的不足和疏漏之处，敬请广大师生在使用本教材的过程中批评指正，以便再版时修订。

编　者

2015 年 2 月

目　录

第一章　物业管理法规概论

学习目标

1. 了解物业、物业管理、物业管理法规的概念；
2. 理解我国物业管理立法的概况，掌握物业管理法规的原则；
3. 掌握物业管理法律规范的表现形式。

案例导入

保安夜半入民宅，物业服务企业是否应赔偿给业主造成的精神损失

某日凌晨，西安三环外某住宅区张先生夫妇被室内的响声惊醒，立即起床并打开卧室的门，发现有人已走到客厅和卧室过道处，此人正是物业服务企业的保安。张先生夫妇无法忍受保安如此进行"保安工作"，就把物业服务企业告上了法庭，要求物业服务企业为保安深夜入室的行为给予书面道歉，并赔偿每人精神损失费各5万元。

被告辩称：物业服务企业的保安人员是由于在深夜值班时发现张先生家的门虚开，在经按铃房内无反应的可疑情况下，他才进入房内进行查看的，完全是履行职责，是对张先生夫妇的安全负责的行为。并且，根据物业服务企业了解的情况及相关物业管理制度，保安当时不可能掌握张先生家的钥匙，而张先生没有任何物品丢失，也无门锁及其他损坏情况。物业服务企业认为，在此种情况下保安入室没有违法，只属于违纪行为，因为公司的《住户手册》规定，保安人员在社区内作24小时巡逻，如遇紧急情况，应按登记的电话号码联系有关住户并立即通知公安部门或消防部门，如无法联系有关住户时，须邀请公安人员或消防人员开启正门，方可进入单元审查事故情况，并做适当处理。

本案的审理结果是：法院认为张先生夫妇身为业主，与物业服务企业间形成了委托管理关系。保护业主的安全、维护业主的利益是物业服务企业的职责。但在履行职责时应注意采取适当合理的方式，如果措施不当侵害了业主的权利，应承担相应的法律责任。物业服务企业保安员在值班时进入张先生夫妇房间，自称因为房门虚掩，为张先生夫妇的安全和利益而入室检查。遇此紧急情况，保安既不与业主家电话联系，又未请公安人员见证，其行为是不符合《住户手册》规定的，侵害了公民住宅不受侵

犯的权利。而且是在张先生夫妇深夜熟睡之机闯入，给张先生夫妇带来了一定的精神刺激，影响了生活，应该就此不当行为承担责任。因该保安员是在履行职务中侵害了张先生夫妇的权利，故由物业服务企业承担责任。

关于赔礼道歉的方式，因该事实仅发生在原告、被告之间，口头方式已经足够消除影响，因此，法院对张先生夫妇要求书面致歉的请求不予支持，对物业服务企业做的口头致歉行为予以认可。

关于赔偿损失问题，因为被告工作人员深夜入室给熟睡中的张先生夫妇带来一定的精神恐惧，因此，应给予适当的精神抚慰。最后法院判决，物业服务企业除向张先生夫妇口头道歉外，还应一次性向张先生夫妇赔偿精神抚慰金各1500元。

第一节　物业与物业管理

一、物业的概念及法律属性

1. 物业的概念

“物业”（real estate 或 property）是由香港传入内地，逐渐流传，至现在被普遍接受应用的一个专有名词，指的是单元性房地产，具体来说是指已建成并投入使用的各类房屋建筑及其附属设施、设备和相关场地。物业可以是一个完整的住宅小区，也可以是其中的一栋楼宇、一个单元。物业可以包含各种建筑物类型，如住宅、商业大厦、酒店宾馆、工业厂房等。近年来，随着物业管理业务领域的拓展，物业的概念被延伸至一定的空间场所，如公园、码头等。

2003 年 9 月 1 日生效的《物业管理条例》没有专门给物业下定义，但从《物业管理条例》给“物业管理”的定义中可知“物业”是指“房屋及配套设施设备和相关的场地”。具体来看，物业的构成包括以下几个部分。

（1）建筑物本体。它是指已经建成并投入使用的各类建筑物。如住宅、商场、厂房、写字楼等。

（2）配套设施设备。它包括建筑物的附属设施和公共设施。建筑物的附属设施是指保证建筑物各项使用功能的设施，如供水、排水、燃气、消防等设施。公共设施是市政设施的一部分，如物业管理区域内的道路、绿地、停车场、照明设施、排水管道等。

（3）相关场地。它是指建筑物本体及配套设施所占用的土地。

2. 物业的法律属性

“物业”并不是法律意义上的概念。法律上的“物”包括动产和不动产。物权作为一个法律范畴，指权利人直接支配特定的物的权利，包括所有权、用益物权和担保物权。建筑物的“物权”包括建筑物的所有权、土地的使用权、收益权和处分权，是多种权利的集合体，是一个完整的权利体系。物业所有人可以将物业转让、出租、抵押等。

二、物业管理及其在我国的发展

1. 物业管理的概念

物业管理作为房地产市场的消费环节，实际上是房地产开发的延续和完善，是在房地产开发经营中为完善市场机制而逐步建立起来的一种综合性经营服务方式。物业管理既是房地产经营管理的重要组成部分，又是现代化城市管理不可缺少的一环。物业管理的定义有广义和狭义两种。广义的物业管理，是不动产管理活动的总称，是指业主通过自行管理、委托他人或者物业服务企业管理等方式，对其所有的建筑物及其附属设施进行维修、养护和管理的活动（详见《物权法》第 81 条）。狭义的物业管理，是指业主通过选聘物业服务企业，由业主和物业服务企业按照物业服务合同约定，对房屋及配套的设施设备和相关场地进行维修、养护、管理，维护相关区域内的环境卫生和秩序的活动（详见《物业管理条例》第 2 条）。本书内容中所涉及的关于“物业管理”的表述，除特别说明外，都指的是狭义的物业管理。

业主是物业的所有权人，有权对建筑物及其附属设施选择不同的管理方式：一是业主自己进行管理；二是将不同的服务内容分别委托给不同的专业服务企业；三是统一委托物业服务企业提供综合管理服务。在尊重业主自主选择的前提下，提倡按照市场规则推行委托专业的物业服务企业实施物业管理，是现阶段我国物业管理政策的基本导向。具体来说，我们可以从以下三个方面理解物业管理的概念。

（1）物业管理是业主选聘物业服务企业的管理方式。《物权法》并不强制业主必须选择物业服务企业来管理物业，但是业主选聘物业服务企业本身就是行使自主权的一种方式，应当受到法律保护。业主选聘物业服务企业，必须在平等、自愿、等价有偿、诚实信用的基础上，必须通过公开、公平、公正的市场竞争机制进行，必须纳入市场制秩序。

（2）物业管理的依据是物业服务合同。物业管理活动的实质，是业主和物业服务企业以物业管理服务为标的进行的一项交易。市场经济条件下，交易的进行主要通过合同作为纽带完成，交易的双方就是合同的主体。物业管理作为一种市场行为，是通过物业服务合同的签订和履行得以实现的。物业服务合同，是业主和物业服务企业订立的关于双方在物业管理活动中的权利和义务关系的协议，是物业管理活动产生的契约基础。物业服务企业根据物业服务合同提供物业管理服务，业主根据物业服务合同交纳相应的物业服务费用，双方是平等的民事法律关系。

（3）物业管理的内容是维修、养护、管理物业以及维护环境卫生和秩序。物业管理的内容主要有两方面：一是对房屋及配套的设施设备和相关场地进行维修、养护、管理；二是维护相关区域内的环境卫生和秩序，包括物业服务企业提供的清洁卫生、秩序维护、装饰装修管理等服务。在履行物业管理基础服务义务的前提下，物业服务企业还可以接受业主和使用人的委托，为其提供物业服务合同以外的服务项目。例如，利用物业资源和客户资源开展多种经营，为业主提供租赁服务管理、物业招商、营销策划、销售代理等不动产投资理财服务。

2. 物业管理的特征

物业管理是我国住房制度改革和市场经济发展的产物，社会化、专业化、市场化是物业管理的三个基本特征。

(1) 社会化。物业管理社会化，有两个基本含义：一是物业的所有权人要到社会上去选聘物业服务企业；二是物业服务企业要到社会上去竞聘可以接管的物业项目。物业管理将分散的社会分工汇集起来统一管理，如房屋维修、水电、清洁、保安、绿化等。每位业主只需面对物业服务企业一家就能将所有关于房屋和居住（工作）环境的日常事宜办妥，而不必分别面对各个不同部门，犹如为各业主找到了一个“总管家”。业主只需根据物业管理部门批准的收费标准按时缴纳管理费和服务费，就可以获得周到的服务，既方便业主，也便于统一管理，有利于提高整个城市管理的社会化程度。

(2) 专业化。物业管理的专业化，是指由物业服务企业从解决专业难点入手，充分运用专业方法，通过提供专业的物业服务产品来满足业主的需求。专业化要求物业服务企业具备专业的人员、专业的组织机构、专业的生产工具、专业的管理方法；要求物业服务企业运用先进的维修养护技术，实施房屋及设施设备的运行、维修和养护工作。物业管理的专业化，要求建立市场准入制度，物业服务企业承接物业项目必须具备一定的资质等级，从业人员执业必须具备一定的职业资格。物业服务企业资质管理制度和物业管理师制度，是物业管理专业化的两大制度。

(3) 市场化。市场化是物业管理的基本特征。双向选择和等价有偿是物业管理市场化的集中体现。在市场经济条件下，物业管理的属性是交易，提供的商品是服务，交易的方式是等价有偿。业主通过招投标方式选聘物业服务企业。物业服务企业按照现代企业制度组建并运作，是自主经营、独立核算、自负盈亏、独立承担民事责任的企业法人。物业服务企业向业主和物业使用人提供物业服务，业主和物业使用人支付物业费换取物业服务。物业管理活动必须遵循市场规律，在等价有偿的基础上实现业主和物业服务企业之间的公平交易。物业服务企业的商业性和物业管理活动的市场化，是物业管理可持续发展的经济基础。

3. 物业管理的内容

物业管理属于第三产业中的服务行业，具体的服务内容和范围相当广泛，且随着行业的发展不断丰富和创新。物业管理是一种综合的管理型、经营型服务，融管理、经营于服务之中。按服务性质和提供服务的方式，物业管理的内容可作如下分类。

（1）物业管理服务。物业管理服务，是指业主与物业服务企业通过物业服务合同约定的公共性基础服务。主要包括两个方面的内容，一是对房屋及配套设施设备和相关场地进行维修、养护、管理；二是维护相关区域内的环境卫生和秩序。具体地说，物业管理服务主要包括以下内容：①房屋共用部位的维修、养护与管理；②房屋共用设施设备的维修、养护与管理；③物业管理区域内共用设施设备的维修、养护与管理；④物业管理区域内的环境卫生与绿化管理服务；⑤物业管理区域内公共秩序、消防、交通等协管事项服务；⑥物业装饰装修管理服务等。

（2）物业服务合同约定以外的服务。除了提供针对全体业主的公共性服务之外，物业服务企业还可以提供针对单个业主需求的特约服务。特约服务项目为有偿服务，业主一般需支付一定的服务报酬。通常的做法是物业服务企业事先设立服务项目，并公布服务内容与质量、收费标准，业主、使用人需要某项服务时，可向物业服务企业提出需求，双方按服务内容协商服务质量和收费标准。物业服务合同约定以外的服务内容涉及面广，常见的有：①家政服务；②代接代送儿童入托、入园及上、下学等；③居家养老服务；④房地产租售、咨询、物业管理咨询；⑤电子商务等。

应当注意的是，物业服务合同以外的特约服务，并不是物业服务企业的法定义务。物业服务企业“可以”而不是“应当”提供相关服务。物业服务合同以外的服务项目，业主不能强行要求物业服务企业提供。但是我们也应认识到，提供物业服务合同以外的服务项目，对业主而言可以满足自身需求，提高生活质量；对物业服务企业而言，可以增强业主的认同感和满意度，同时可以获得一定的经济利益。从而达到业主和物业服务企业“双赢”的局面。

4. 物业管理在我国的发展

1981 年 3 月 10 日，深圳市第一家从事涉外商品房管理的专业公司——深圳市物业管理公司挂牌成立，标志着我国内地物业管理行业的诞生。1994 年，建设部颁发了《城市新建住宅小区管理办法》，将新建住宅小区全面纳入物业管理范围。1995 年、1997 年、1999 年三次全国物业管理工作会议的召开，促进了物业管理在全国范围的快速发展。2000 年 10 月，中国物业管理协会成立，在服务企业、服务行业、服务政府等方面发挥了积极作用。2003 年 6 月，国务院颁布《物业管理条例》，推动物业管理走上了依法运行的轨道。2007 年 10 月 1 日正式实施的《物权法》，则从国家法律层面对物业管理活动作出了规范。

2006 年全国物业管理师资格认定考试的举行和 2007 年 12 月全国首批物业管理师大会在广州举行，标志着物业管理师制度的全面推行。2010 年 10 月，全国首次物业管理师资格考试举行。截至 2013 年年底，全国已有 57204 人取得物业管理师资格，物业管理师的注册和继续教育工作已全面开展。物业管理师制度，是物业管理科学发展的现实选择和制度保证。

2012 年 12 月，国务院发布《服务业发展“十二五”规划》，提出了“十二五”期间物业服务业发展的目标、工作重点和保障措施。根据 2013 年中国物业管理协会发布的《物业管理行业发展报告》的统计，截至 2012 年年底，我国物业管理面积约为 145.3 亿平方米，物业服务企业有 71000 余家（其中一级资质物业服务企业达到 1168 家），从业人数 612.3 万人，年营业收入超过 3000 亿元。

经过 30 多年的发展，我国物业管理发展已粗具规模，物业服务已成为城市管理不可或缺的部分。服务范围从以住宅为主向写字楼、商业中心、工业厂房、医院、学校、寺庙、步行街、街道以及各类城市综合体等拓展。从清洁、绿化、秩序维护、设施设备维修四项基本服务纵向延伸至房地产开发前期的规划、设计、设施设备选用顾问，中期的招商策划、营销代理，后期的尾盘销售、商业物业经营、房地产经纪业主等整个链条，横向涵盖消费者居家养老、家政服务、房屋租售、电子商务等各类个性化需求，不断挖掘出物业服务产品的附加值和边际效益。物业服务覆盖面不断扩大，服务品质显著提高，市场机制初步形成，居民满意度稳步提升，行业自律逐步规范，物业服务已渐入人心。

第二节　物业管理法概述

一、物业管理法的概念和调整对象

1. 物业管理法的概念

物业管理法的概念可以从广义和狭义两个层次来表述。

广义的物业管理法是指调整在物业管理过程中产生的一系列社会关系的法律规范的总称，包括宪法、法律法规、地方性法规等有关物业管理的规范性文件。

狭义的物业管理法是指立法机关颁布的物业管理方面的专门法律或法规。如国务院颁布的《物业管理条例》。

本书所称的物业管理法，是指广义的物业管理法。

2. 物业管理法的调整对象

物业管理法的调整对象，是指物业管理法应当促进、限制、取缔和保护的各种社会关系。物业管理法的调整对象主要包括两大类：一是调整不平等主体之间的行政管理关系，即调整政府在物业管理活动中的行政管理关系；二是调整平等主体之间的民事关系，主要是调整物业服务企业在物业管理活动中的协作关系。

（1）物业管理活动中的行政管理关系。物业管理活动涉及面广，同社会发展息息相关。同时，物业管理活动的优劣，直接影响着人们生产和生活，甚至影响到社会的安定。因此，国家必须对物业管理活动实行严格的管理。物业管理活动中的行政管理关系，主要包括政府主管部门与业主、业主委员会、物业使用人的关系，政府主管部门与物业服务企业的关系，政府与建设单位的关系。一方面，政府要对物业管理活动进行规划、指导、协调与服务；另一方面，政府要对物业管理活动进行检查、监督、调节与控制。这其中既要明确责任，又要有效监管，必须要有物业管理法律规范的调整。

（2）物业管理活动中的民事关系。物业管理活动中的民事关系是指因物业管理活动而产生的国家、企事业单位、社会团体、公民之间的民事权利、义务关系。主要包括物业服务企业与建设单位的关系，物业服务企业与业主、业主委员会的关系。这些方面既涉及国家社会利益，又关系着个人的权益，因此，应当按照民法和物业管理法中的民事法律规范予以调整。

二、物业管理法规的原则

物业管理法规的原则由当事人地位平等原则、保障物业合理使用原则、保护当事人合法权益原则和物业管理业健康发展原则四部分构成。

1. 当事人地位平等原则

（1）依据我国物权法关于建筑物区分所有权法律制度，业主、业主委员会与物业服务企业构成建筑物区分所有权人、区分所有建筑物管理人与区分所有建筑物管理服务人之间平等的法律关系。

（2）依据合同法的法律规定，按照物业服务合同构成合同当事人之间平等的法律关系。

（3）依据消费者权益保护法的法律规定，构成消费者与经营者之间的平等的法律关系。

2. 保障物业合理使用原则

物业管理是城市管理和房地产开发经营的重要组成部分。一方面，良好的物业管理对于树立城市形象，改善城市投资环境等方面都有着积极的作用；另一方面，保持物业和附属设施的完好，不仅能够提高居民的居住生活质量，而且可以使房屋保值、增值。因此，管理好、使用好、经营好物业，对城市发展、社会的进步都有极为重要的意义。

3. 保护当事人合法权益原则

保护公民和法人的合法权益，是我国物业管理法规的重要任务。因为公民和法人的合法权益是其进行物业交易和正常生产、生活的前提和基础；同时，保护权利人的合法权益也是维护正常的物业管理市场秩序、促进社会主义市场经济发展的必要条件。

4. 物业管理业健康发展原则

物业管理法规不可能对所有的物业管理法律问题作出具体规定。目前我国的物业管理立法和司法落后于物业管理市场经济的发展，难以适应日益出现的纷繁复杂的经济活动的需要，物业管理立法有待于进一步健全、完善。

三、物业管理法律规范及表现形式

法律规范是统治阶级依靠自己的意志，由国家机关制定或认可，具有普遍的约束力，并由国家强制力保证实施的行为规则。物业管理法律规范，是指由国家制定或认可，反映掌握国家政权的阶级的意志，并由国家强制力保证实施的，用来确定物业管理活动中各物业管理主体的地位、权利义务、行为等的具体规则。

目前，我国还没有形成一套完整、系统的物业管理法律规范体系。我国物业管理法律体系主要由宪法、法律法规、规章和司法解释等构成。

1. 宪法

宪法由全国人民代表大会制定，具有最高法律效力。宪法是物业管理法律规范制定的基础和依据，并且物业管理法律规范的规定不得同宪法相抵触，否则无效。宪法本身没有对物业管理法律规范作出具体详尽的规定，但其涉及物业管理内容的规定，则是制定各层级法律规范的依据。

《宪法》中有许多涉及物业权属的条款。如第 10 条规定：“城市的土地属于国家所有。农村和城市郊区的土地，除由法律规定属于国家所有的以外，属于集体所有；宅基地和自留地、自留山，也属于集体所有。”第 13 条规定“国家保护公民的合法的收入、储蓄、房屋和其他合法财产的所有权”，等等。宪法的这些规范，对物业管理的立法、司法均具有最高指导作用。

2. 法律

法律是由最高权力机关全国人大及其常务委员会制定、颁布的规范性文件的总称，其效力仅次于宪法。目前，我国尚未制定专门调整物业管理法律关系的《物业管理法》等法律，与物业管理有关的法律主要有：《中华人民共和国民法通则》《中华人民共和国公司法》《中华人民共和国合同法》《中华人民共和国城市房地产管理法》《中华人民共和国招投标法》《中华人民共和国消防法》《物权法》等。

3. 法规

法规有国务院行政法规和地方性法规。

（1）国务院行政法规，它是国家最高行政机关国务院根据宪法和法律制定的有关国家行政管理活动的规范性文件，包括条例、规定、办法 3 种形式。

行政法规往往是由主管部门制定的实施细则，它具有灵活、详细的特点。我国涉及物业管理方面的行政法规有：2000 年 1 月 30 日发布的《建设工程质量管理条例》，2003 年 6 月 8 日公布的《物业管理条例》等。《物业管理条例》是目前规范物业管理、维护业主和物业服务企业合法权益的基本法律，成为我国物业管理中最主要、最直接、最高效力的行政法规。

（2）地方性法规，它是指由省、自治区、直辖市或全国人大常委会特别授权的城市的人民代表大会及其常务委员会制定和发布的，实施于本地区的规范性文件。它们必须在不同宪法、法律、行政法规相抵触的情况下才是有效的。例如，1998 年 7 月 29 日通过并自同年 10 月 1 日起施行的《广东省物业管理条例》、2002 年 1 月 24 日通过并自同年 5 月 1 日起施行的《湖南省城市住宅区物业管理条例》、2004 年 8 月 19 日通过并于同年 11 月 1 日实施的《上海市住宅物业管理规定》等。地方性法规与当地的经济发展水平和物业管理发展水平有关，对当地物业管理市场的发展和完善及规范化起着积极的作用。

4. 规章

规章有国务院部门规章和地方性规章。

（1）国务院部门规章。是由国务院所属部、委、办、署根据宪法、法律、行政法规在各自权限内所发布的规范性文件，与物业管理有关的部门规章较多，主要是由建设部发布。

目前，有关物业管理的部门规章主要有：2003 年建设部发布的《前期物业管理招标投标管理暂行办法》，2003 年国家发改委、建设部发布的《物业服务收费管理办法》、2007 年建设部修订的《物业服务企业资质管理办法》，2007 年修订 2008 年实施的《住宅专项维修资金管理办法》（建设部、财政部），2009 年住建部制定的《业主大会和业主委员会指导规则》，2010 年住建部颁发的《物业承接查验办法》等。

（2）地方性规章。它是由拥有一定地方立法权的城市的人民政府制定的实施于本地区的规范性文件。如 2009 年正式实施的《北京市住宅专项维修资金管理办法》等。

5. 司法解释

司法解释也是物业管理法律规范的表现形式之一。司法解释是指国家最高司法机关根据法律赋予的职权就具体应用法律问题所制作的具有普遍司法效力的规范性文件。如 2009 年最高人民法院发布的《最高人民法院关于审理建筑物区分所有权纠纷案件具体应用法律若干问题的解释》，2009 年最高人民法院《关于审理物业服务纠纷案件具体应用法律若干问题的解释》等规范性文件。司法解释中关于物业管理法律规定的规范性解释是有法律约束力的，因而也应纳入物业管理法律规范的表现形式中。

第三节　我国物业管理立法发展阶段

中国物业管理行业诞生于 1981 年，在经过了 30 多年风风雨雨的发展后，呈现蓬勃发展的局面。30 多年的物业管理及其立法发展大致经历了以下 4 个阶段。

一、探索和起步阶段（1981 年 3 月至 1994 年 3 月）

1981 年 3 月 10 日全国第一家物业服务企业——深圳市物业服务企业的成立，在我国率先对计划经济条件下形成的传统房地产管理体制进行了改革，开始了对物业管理新体制的探索和实践，拉开了我国物业管理的帷幕，标志着我国物业管理的诞生。走在全国物业管理前列的深圳市创下了数个第一：第一个商对业写字楼实行物业管理；第一个完成房管所向物业服务企业的改制；第一个进行物业管理规范化试点；第一个开展物业管理人员培训，实行持证上岗；第一个开始通过招投标选聘物业服务企业；第一个实行内部物业管理招投标；第一个对物业管理员工实行淘汰制；第一个成立物业管理协会。

二、规模化发展阶段（1994 年 4 月至 1999 年 4 月）

1994 年 3 月 23 日原建设部 33 号令《城市新建住宅小区管理办法》颁布，于 1994 年 4 月 1 日施行。这是全国第一个有关物业管理有关方面的法规规定："住宅小区应当逐步推行社会化、专业化的管理模式。"由物业服务企业统一实施专业化管理。规模化发展阶段的特点由以下 5 个方面组成。

1. 物业管理立法明显加快

国家有关部门制定了一系列有关物业管理的规章和规范性文件，如国务院《关于进一步深化城镇住房制度改革加快住房建设的通知》（国发〔1998〕23 号），国家计委、原建设部《城市住宅小区物业管理服务收费暂行办法》（计价费〔1996〕266 号），原建设部、财政部《住宅共用部位共用设施设备维修基金管理办法》（建住房〔1998〕213 号），财政部《物业服务企业财务管理规定》（财基字〔1998〕7 号），原建设部《物业服务企业资质管理试行办法》（建住房〔1999〕261 号），原建设部、国家工商行政管理局《物业管理委托合同示范文本》（建房〔1997〕263 号），原建设部《前期物业管理服务协议示范文本》（建住房〔1999〕246 号）等。与此同时，各地在物业管理立法方面也进行了积极的探索。陕西、上海、天津、重庆、广东、广西、海南、湖南、江西、河南等 20 多个省市制定了物业管理条例，其他省市也普遍颁布了物业管理办法。上述法规、规章和规范性文件对于指导各地物业管理实践起到了良好的作用，也为国务院《物业管理条例》的起草提供了条件。

2. 地方物业管理立法步伐加快

《深圳经济特区住宅区物业管理条例》（全国第一部地方性物业管理法规）首创全国物业管理地方立法之先河，对物业管理尽快走上依法管理的轨道起到了至关重要的作用。继而各省、市人大都出台了物业管理条例和相关配套的法规条款。

3. 物业管理协会成立

1993 年 6 月，深圳市成立了全国第一家物业管理协会，以后各地相继成立了物业管理协会，为国家物业管理协会的创建奠定了基础，中国物业管理协会也于 2000 年正式成立。

4. 出版了一大批著作和教材

由原建设部主编了物业服务企业从业人员培训系列教材，各大出版社纷纷出版物业管理方面的参考书、教科书等。

5. 全国许多高校成立和申报了物业管理专业

随着物业市场的不断发展，与其他行业一样，它正经历着从不成熟向逐渐成熟发展的过程，我国规范物业管理业的法律、法规也逐渐在健全和完善之中，这就需要一大批人才，既懂得理论方面的知识，又能指导实践工作的人才。

在这样的背景下，全国许多高校纷纷成立和申报了物业管理专业。

三、物业管理市场形成与发展阶段（1999 年 5 月至 2003 年 8 月）

1993 年，深圳积极探索物业管理招投标问题，以加速推进物业管理竞争机制。1999 年 5 月 23 日，原建设部在深圳市召开了全国物业管理工作会议，主题是力争在全国范围内推广物业管理实行招投标制度。2003 年 8 月以前，物业管理市场在全国各地已纷纷形成了自己独特的市场，在各省市不断完善地方性物业管理条例的基础上，也出台了一系列相关配套的规章、文件和章程，如《陕西省物业管理条例》于 2000 年 1 月 1 日实施。接着，《陕西省物业服务收费管理办法》《陕西省住宅室内装饰装修管理办法》也相继颁布。

四、规范化发展阶段（2003 年 9 月至今）

以《物业管理条例》的实施为标志，一系列修订的或更新的法律法规相继出台。法律层面上，有全国人民代表大会及常委会通过的《物权法》和相关法律；最高人民法院发布的《关于审理建筑物区分所有权纠纷案件具体应用法律若干问题的解释》和《关于审理物业服务纠纷具体应用法律若干问题的解释》；行政法规层面上，有《物业管理条例》；行政规章层面上，有国家发改委、建设部印发的《物业服务收费管理办法》，建设部、财政部印发的《住宅专项维修资金管理办法》，建设部、人事部共同制定的《物业管理师制度暂行规定》，建设部修改发布的《前期物业管理招投标管理暂行办法》《物业服务企业资质管理办法》《业主大会和业主委员会指导规则》《物业承接查验办法》等。

全国31个省、自治区、直辖市，有20个颁布了条例、4个颁布了管理办法或规定。27个省会城市，有16个颁布了条例，4个制订了办法，3个制发了规定。总体看，物业管理法规体系基本建立。

本章小结

（1）物业指的是单元性房地产，具体来说是指已建成并投入使用的各类房屋建筑及其附属设施、设备和相关场地。

（2）物业管理，是指业主通过选聘物业服务企业，由业主和物业服务企业按照物业服务合同约定，对房屋及配套的设施设备和相关场地进行维修、养护、管理，维护相关区域内的环境卫生和秩序的活动。物业管理具有社会化、专业化、市场化等特征。

（3）物业管理法是指调整在物业管理过程中产生的一系列社会关系的法律规范的总称，包括宪法、法律法规、地方性法规等有关物业管理的规范性文件。我国物业管理法律体系主要由宪法、法律、法规、规章和司法解释等构成。

（4）物业管理行业的蓬勃发展，要求运用物业管理法规来加以规范、约束、推动和保障。我国目前的物业管理立法已经形成了以宪法为根本法，《民法通则》《合同法》等法律为基本法，以《物业管理条例》等行政法规为中心，加之以配套的前期物业管理办法、物业服务企业资质办法、物业服务收费管理办法和地方法规、规章的多层次的物业管理法律体系。但我国物业管理立法还有待完善。

复习思考题

一、名词解释

物业　物业管理　物业管理法

二、简答

1. 物业管理的特征和内容分别有哪些？

2. 物业管理法的原则是什么？

3. 物业管理法的表现形式有哪些？

三、案例分析

我国物业管理立法已形成以宪法为根本法，《民法通则》《合同法》《物权法》等法律为基本法，以《物业管理条例》为中心，加之配套的物业服务收费、物业服务企业资质等行政法规和地方性法规、规章的物业管理法律体系，在一定程度上确立了我国的物业管理法律制度的框架。以下是我国颁布的一些与物业管理有关的规范性文件：

《宪法》《物业管理条例》《业主大会和业主委员会指导规则》《民法通则》《物业服务企业资质管理办法》《物权法》《湖南省物业管理条例》《物业承接查验办法》《住宅专项维修资金管理办法》《北京市物业管理办法》《长沙市物业管理招投标专家管理办法》《天津市物业管理条例》

请根据法律效力由高到低，列举以上的规范性文件（如果效力相同则并列）。

第二章　物业权属法律制度

学习目标

1. 掌握物权法的概念、基本原则；
2. 理解物权权属的概念、特征、种类；
3. 掌握房屋所有权、物业相邻权的内容；
4. 了解物业权属的登记制度、登记事项。

案例导入

饮料瓶堵住排水管，物业服务企业被判赔偿

沈先生是某小区501室业主，在2003年8月23日凌晨1点30分左右，因突降暴雨，沈先生发现屋外下雨，而雨水却从6楼直接渗入到他的房间，他家中的床垫、竹席、被子、电风扇等设备都不同程度地被水浸湿，屋内的装修也遭到一定的破坏。沈先生发现之所以房间进水，是因为楼顶的排水管道被饮料瓶给堵塞，致使雨水不能及时从排水管道中排出，雨水沿屋面缝隙先流入601室屋顶、墙顶和吸顶灯等处，之后就流入沈先生的501室，物品受损，沈先生就找物业服务企业要求索赔，可是双方最终没能达成一致意见。之后，沈先生就将物业服务企业告到法庭。

本案经法院审理认为，物业服务企业作为提供物业服务的企业，对物业管理区域内的共用部位、共用设施设备有定期清洁养护的义务，但由于其疏于管理，致使楼宇排水管被异物堵塞，造成暴雨时排水不畅，结果雨水浸入沈先生家中造成损失，所以物业服务企业应当承担赔偿责任。经鉴定，沈先生家的装潢修复费用为14749.15元，其他物品损失2808元，最终法院作出物业服务企业赔偿17000余元的一审判决。

第一节　物权和物业权属

2007年《物权法》的颁布施行，标志着我国物权法律体系的基本确立。

一、物权法的概念和基本原则

1. 物权法的概念

物权，是指合法权利人依法对特定的物享有直接支配和排他的权利，包括所有权、用益物权和担保物权。

物权法，是确定和调整人与人之间因对物的归属和利用而产生的财产关系的法律规范的总称。

2. 物权法的基市原则

(1) 物权法定原则，是指物权的种类和内容应由法律直接设定，不允许当事人基于其自由意志协商创设和确立。我国《物权法》第 5 条规定："物权的种类和内容，由法律规定。"

(2) 公示原则，是指物权在变动时，必须将物权变动的事实通过一定的公示方法向社会公开，从而使第三人知道物权变动的情况，以避免第三人遭受损害并保护交易安全。我国《物权法》第 6 条规定："不动产物权的设立、变更、转让和消灭，应当依照法律规定登记。动产物权的设立和转让，应当依照法律规定交付。"

(3) 公信原则，是指一旦当事人变动物权时，根据法律的规定进行了公示，则即使依公示方法表现出来的物权不存在或存在瑕疵，对于信赖该物权的存在并已从事了物权交易的人，法律也仍然承认其行为具有与真实的物权存在相同的法律效果，以保护交易安全。

(4) 物权优先原则，即指同一物上有两个或两个以上不同内容或性质的物权存在，或者该物权的标的物也为债权给付的标的物时，成立在先的物权有优先于成立在后的物权的效力，物权则有优先于债权的效力。

二、物业权属概述

1. 物业权属的概念和特征

物业权属是指物业权利在主体上的归属状态。它是物权的一种。物业权属是物权的一种，实际上是属于物权中的不动产物权。

物业权属具有以下几个特征：

(1) 物业权属的二元性。我国《宪法》第 10 条规定："城市的土地属于国家所有"，因而，商品房的所有权人只能取得房屋占用土地的使用权。因此，我国的物业权属状况包括土地使用权和房屋所有权两个方面。

(2) 物业权属的复杂性。在物业权属关系中，有对物业单独享有权利的情形，也有两个或两个以上的人对物业共同享有权利的情形，还有通过登记机关的权属证书反映不出来的，但是也必须认定为共有的情形，如夫妻共同财产，权属证书虽只有夫妻一方的名字，除双方约定为个人财产外，应当认定为共同对所属物业享有权。在物业的交易中，应当分清物业是独有还是共有的情形，以免侵犯其他共有人的利益。因此，对物业权属的确认是相当复杂的。

(3) 物业权属的国家干预性。物业的权属状况以国家行政机关的登记为有效要件。不论是土地的权属状况，还是房屋的权属状况，都由国家行政机关进行严密的管理，登记机关的登记是认定权属状况的最终依据。另外，在有些情况下，登记机关甚至可以收回已确认的土地或房屋的权利，如以出让方式取得的土地使用权，超过出让合同约定的动工开发期限满 2 年未动工开发的，可以无偿收回土地使用权；对于无主房屋(无人继承或无人受遗赠)，国家可以收回。

2. 物业权属的种类

(1) 土地所有权与土地使用权。土地所有权在我国又分为国有土地所有权和农村集体土地所有权。同样，我国的土地使用权也分为国有土地使用权和农村集体土地使用权，它们各自的使用方式也是不同的。

(2) 房屋所有权。房屋所有权又包括了房屋的独有权、房屋的共有权、建筑物区分所有权。

(3) 物业相邻权。物业相邻权包括土地相邻权、建筑物相邻权。

第二节　房屋所有权

一、房屋所有权概述

1. 概念

根据《物权法》的相关规定，房屋所有权是指房屋所有人依法对自己所有的房屋享有占有、使用、收益和处分的权利。

(1) 房屋的占有权是指对房屋实际控制和支配的权利，是房屋所有权的权能之一。房屋占有权一般由所有权人行使。房屋占有权也可以依法与所有权分离，由非所有人行使。占有权由非所有人行使时，必须依据法律规定或产权人与占有人的约定（如租赁合同）。房屋占有权与所有权分离不改变房屋的所有关系。

(2) 房屋的使用权是对房屋的实际利用权利。通过一定法律契约，非房屋所有权人也可获得房屋的使用权，这就是使用权与所用权分离的情况，如房屋所有人将房屋租给他人使用。

(3) 房屋的收益权是指房屋所有人收取房屋财产所产生的各种收益。例如出租房屋，房屋所有人从承租人处收取租金。

（4）房屋的处分权是所有权中一项基本的权能。对房屋的处分分为事实上的处分（改建、拆迁）和法律上的处分（买卖、赠与、互换）。房屋的处分权由房屋所有人行使，非所有人只有在符合法定的条件下，并在法定范围内行使处分权。有时房屋处分权也受到一定的限制。如房屋所有人作为债务人以住房作抵押向债权人借债，若是到期不能偿还债务，债权人可以处分房屋并优先受偿。

2. 分类

按照房屋所有权主体的构成不同划分为两类：

（1）单独所有的房屋所有权。即由单个民事主体独有的房屋所有权。

（2）共有房屋所有权。即数人对一项房产共同享有所有权，包括共同共有和按份共有。

3. 房屋所有权取得和消灭

（1）房屋所有权的取得。房屋所有权的取得是指因一定法律事实的发生而使不具有某房屋所有权者获得该房屋的所有权。房屋所有权的取得方式有两大类，即原始取得和继受取得。

①房屋所有权的原始取得，是指房屋所有权人根据法律的规定，不以原所有权人的所有权和意志为根据而取得房屋所有权。原始取得房屋所有权的方式主要有依法新建的房屋；国家没收的房屋；添附的房屋，如翻建、扩建、加层等。

②房屋所有权的继受取得，是指房屋所有人通过某种法律行为从原所有人那里取得房屋的所有权。继受取得的方式主要有：买卖、互易、赠与、继承。

（2）房屋所有权的消灭。房屋所有权的消灭是指通过某种法律事实而使房屋所有权丧失或与原房屋所有人脱离的一种法律现象。引起房屋所有权消灭的原因主要包括：所有权主体的消灭，如所有权人的死亡、法人的解散等；所有权客体的消灭，如房屋的拆除、倒塌等；所有权的转让和所有权的抛弃等。依照国家法律，房屋所有权人可通过买卖、赠与或者其他合法方式转让房屋所有权，其行为受法律保护。

二、房屋的共有

1. 概念和特征

房屋共有是指两个或两个以上的公民或法人对同一项房产共同享有所有权。两个或两个以上的所有权主体称为共有人，共同拥有的标的称为共有房产，这种特殊的所有权称为房屋共有权。

房屋共有具有以下特征

（1）房屋共有的主体有两个或两个以上。

（2）房屋共有的客体是同一项房产。

（3）房屋共有存在着对内、对外两种关系。在对内关系中各共有人对共有房屋共同享有或按份享有权利和共同承担或按份承担义务。在对外关系中，各共有人共同作为单一的权利主体，与共有人以外的人发生权利义务关系。

2. 房屋共有的形式

(1) 共同共有。共同共有是指两个或两个以上的民事主体基于某种共同关系而对某项财产不分份额地共同享有权利和承担义务。共同共有的特征为：

①共有人之间不分份额、完全平等，即每个共有人都对整个共有房屋享有所有权。

②共有人对共有房屋享有共同的权利，并承担共同的义务。

③共有房屋在共同共有关系存续期间没有分清份额，只有在共同共有关系的消灭时方能分清份额。

在处理房屋共同共有关系时，应掌握如下原则：

①对一项财产，部分共有人主张按份共有，而另一部分共有人主张共同共有的，如果不能证明是按份共有，则应认定为共同共有。

②对共同共有房屋的处分，一般须经全体共有人的同意。部分共有人擅自处分财产的行为无效。

③共有关系终止时，可依协议分割共有财产，没有协议的，应按等分原则处理。

④共同共有房屋分割后，一共有人出卖其分得的财产时，如该房屋与其他原共有人的房屋属于一个整体或配套使用，则其他共有人在同等条件下可以主张优先购买权。

(2) 按份共有。按份共有是指两个或两个以上的共有人按照各自的份额分别对共有财产享有权利和承担义务的一种共有关系。按份共有的特征为：

①主体各有份额，即对同一房屋享有明确具体的份额。

②每个共有人有权要求将自己的份额分出或转让。

③每个共有人按照各自的份额，对共有房产分享权利，分担义务。

在处理房屋按份共有关系时，应当掌握如下原则：

①共有财产归属于全体共有人所有，一个或几个共有人未经全体共有人的同意不得擅自处分共有财产。

②按份共有人有权分出或转让其份额。其他共有人在同等条件下有优先购买权。

③按份共有房产的分割必须保持房屋的使用价值，不能采用损害房屋的使用价值的办法，对其中不能分割或者分割有损其价值的可以折价补偿、变价分割。

三、建筑物区分所有权

1. 建筑物区分所有权的概念和特征

建筑物区分所有权，是指多个区分所有人权人共同拥有一栋区分所有建筑物时，区分所有权人（即业主）所享有的对其专用部分的专有权和对共有部分的共有权和管理权的总称。建筑物区分所有权是一种复合型权利，由专有部分所有人对其专有部分的专属所有权、共有部分所有人对其共有部分的共有所有权，以及对共有部分的共同管理权三部分权利构成。

建筑物区分所有权具有如下特点：

（1）建筑物区分所有权的客体具有特殊性。建筑物区分所有权的客体为建筑物，与一般建筑物有所不同，它在结构上须能够在横向、纵向或者纵横向上区分为若干独立部分，而且建筑物的各区分部分能够单独使用并能为不同的区分所有权人所专用。

（2）建筑物区分所有权的内容具有复合性。建筑物区分所有权内容的复合性表现在：建筑物区分所有权是由专有权、共有权、管理权复合而构成的特别所有权。专有权和共有权、管理权是相对独立又不可分离的权利。

（3）建筑物区分所有权主体的身份具有多重属性。一方面，区分所有权人对专有部分享有专有所有权，为专有所有权人；另一方面，区分所有权人对共有部分享有共有所有权，为共有所有权人。同时在区分所有物的管理团体中，区分所有权人还具有成员权人的身份。

2. 建筑物区分所有权的内容

（1）专有权。是专有部分所有权的简称，是指房屋所有人对其建筑物内的住宅、经营性用房等专有部分所享有的单独所有权。专有部分，是指具有构造上的独立性，能够明确区分，具有利用上的独立性，可以排他使用并能够登记成为特定业主所有权的客体。在建筑区划内符合条件的房屋、车位、摊位等特定空间均属专有部分。

建筑物区分所有权人对专用部分享有的自由行使权利的同时，还必须受到的诸多限制有：区分所有权人对专有部分的利用，不得妨碍建筑物的正常使用及违反区分所有权人的共同利益。维护、修缮专有部分或行使其权利时，不得妨碍其他区分所有权人的安宁、安全及卫生；其他区分所有权人、管理人或管理委员会因维护、修缮共用部分或设置管线，必须进入其专有部分时，无正当理由不得拒绝；专有部分的修缮、管理、维护，由各区分所有权人承担，并负担其费用。

（2）共有权。是共有部分共有权的简称，是指区分所有人依据法律、合同以及区分所有人之间的规约，对建筑物的共用部分、基地使用权、小区的公共场所和公共设施等所共同享有的财产权利。例如，区分所有人对于小区的绿地、道路所享有的共有权。业主对共有财产享有共有权，但业主不得以放弃权利为由而不履行义务。

住宅的共有部位，是指承重结构部位（包括楼盖、屋顶、梁、柱、内外墙体和基础等）、外墙面楼梯、走廊通道、门厅、楼内自行车存车库等。住宅的共用设施设备，是指共有的上下水管道、落水管、邮政信箱、垃圾道、烟囱、供电干线、共用照明、天线、暖气干线、供暖锅炉房、高压水泵房、消防水泵房、消防设施和电梯等。

①建筑物区分所有权人对共用部分享有的权利有：

各区分所有权人按其共有的应有部分比例，对建筑物的共用部分及其基地有使用收益的权利。但另有约定者，从其约定。依出让合同、管理规约及共有法理，区分所有建筑物的共用部分可以设定给特定区分所有人或特定第三人专属使用。建筑区划内的绿地、道路以及物业管理用房，属于业主共有，但属于市政建设的除外。会所、车库的归属，有约定的，按照约定；没有约定或者约定不明确的，除建设单位等能够证明其享有所有权外，属于业主共有。

②建筑物区分所有权人对共用部分享有的义务有：

区分所有建筑物周围上下及防空避难室等，非依法律规定并经区分所有权人会议决议，区分所有权人或专有部分占有人不得变更其构造、颜色、使用目的及设置广告物。共用部分的修缮、管理、维护，由管理人或管理委员会承担，其费用由区分所有权人按其共有的应有部分的比例分担，但修缮费系因可归责于区分所有权人的事由所发生时，由该区分所有权人负担。专有部分的共同壁、楼地板及专有部分内的管线，其维修费用由该共同壁双方或楼地板上下双方的区分所有权人共同负担。但修缮费系因可归责于区分所有权人的事由所发生时，由该区分所有权人负担。区分所有权人不得任意弃置垃圾、排放各种污染物、恶臭物或制造喧嚣、振动及其他类似行为。区分所有权人不得于楼梯间、共同走廊、消防设备及防空设施等地堆放杂物、设置栓栏，或违规设置广告物或私设路障及停车位，侵占通道、妨碍出入。区分所有权人饲养动物，不得妨碍公共卫生、公共安宁及公共安全。但法律或规约另有禁止饲养动物的规定的，从其规定。

（3）共同管理权。是指区分所有权人基于专有部分的所有权从而依法享有对业主的共同财产和共同事务进行管理的权利。其权利为：表决权、参与制定规约权、选举及解免管理者权、请求召集集会、请求正当管理公共关系之事务权、请求收取共用部分应得之利益权、请求停止违反共同利益之行为（甚至可请求拍卖违反义务者的专有所有权，解除共同关系）等权利；其义务为：执行区分所有权人管理团体之决议义务、遵守管理规约之义务、接受管理者管理之义务等。

第三节　物业相邻权

一、物业相邻权概述

1. 物业相邻权的概念

相邻权是指两个或者两个以上相互毗邻的不动产所有人或使用人，在行使不动产的所有权或者使用权时有权要求其相邻方履行一定义务的一种资格。

《民法通则》第 83 条规定："不动产的相邻各方，应当按照有利生产、方便生活、团结　互助、公平合理的精神，正确处理截水、排水、通行、通风、采光等方面的相邻关系。"相邻关系中的权利和义务主要表现为享有要求对方提供便利的权利，承担为对方提供便利的义务。可见，相邻权是为调节在行使不动产所有权中的权益冲突而产生的一种权利。

相邻意味着只要他人的不动产的使用对自己不动产的使用的影响，或者说对本人不动产的使用影响到他人不动产使用的整个辐射面积和空间，都可称作相邻。例如两栋房屋在物理上并不邻接，没有共同的墙体，甚至中间还间隔了其他房屋，但其中一栋房屋在实质上影响了另一栋房屋的通风、采光，那么这两栋房屋同样存在相邻关系；又如，居民小区之外的几百米处有一化工厂，化工厂的废气排放影响到小区居民的正常生活，此时化工厂与小区之间同样存在相邻关系。

2. 物业相邻关系的特征

（1）相邻关系的主体是相互毗邻的不动产的所有权人或使用权人。

（2）相邻关系的客体是行使不动产权利时所体现的利益而非房地产本身。

（3）相邻关系的内容主要是一方有权要求另一方给与必要的便利，而另一方的权利因此受到限制。

二、物业相邻权的种类

根据法律规定，不动产所有人和使用人行使权利时，应给予相邻的不动产所有人和使用人以行使权利必要的便利。在实际生活中，因为不了解相邻权而产生的纠纷非常普遍。

1. 因用水、排水产生的相邻关系

《物权法》第 86 条规定，不动产权利人应当为相邻权利人用水、排水提供必要的便利。对自然流水的利用，应当在不动产的相邻权利人之间合理分配。对自然流水的排放，应当尊重自然流向。

2. 因通行所产生的相邻关系

《物权法》第 87 条规定，不动产权利人对相邻权利人因通行等必须利用其土地的，应当提供必要的便利。

3. 因建造、修缮建筑物以及铺设管线所形成的相邻关系

《物权法》第 88 条规定，不动产权利人因建造、修缮建筑物以及铺设电线、电缆、水管、暖气和燃气管线等必须利用相邻土地、建筑物的，该土地、建筑物的权利人应当提供必要的便利。

4. 因通风、采光而产生的相邻关系

《物权法》第 89 条规定，建造建筑物，不得违反国家有关工程建设标准，妨碍相邻建筑物的通风、采光和日照。

5. 因保护环境所产生的相邻关系

《物权法》第 90 条规定，不动产权利人不得违反国家规定弃置固体废物，排放大

气污染物、水污染物、噪声、光、电磁波辐射等有害物质。

6. 因挖掘土地、建造建筑物等发生的相邻关系

《物权法》第 91 条规定，不动产权利人挖掘土地、建造建筑物、铺设管线以及安装设备等，不得危及相邻不动产的安全。

三、物业相邻权的保护

在处理相邻关系时应遵循的原则上，《物权法》第 84 条规定："不动产的相邻权利人应当按照有利生产、方便生活、团结互助、公平合理的原则，正确处理相邻关系。"

《物权法》第 85 条规定："法律、法规对处理相邻关系有规定的，依据其规定；法律、法规没有规定的，可以按照当地习惯。"

由于相邻关系本身的特殊性，要求在处理相邻纠纷时，应以协商为主，尽量避免事态的扩大，从实际情况出发，适当考虑历史的习惯，兼顾各方利益。一方的违法行为给对方造成妨碍和损害的，应当承担相应的法律责任。《民法通则》第 83 条规定，给相邻方造成妨碍或者损失的，应当停止侵害，排除妨碍，赔偿损失。

第四节　物业权属登记制度

一、物业权属登记概述

《中华人民共和国城市房地产管理法》第 60 条规定，国家实行土地使用权和房屋所有权登记发证制度。

办理房屋登记，应当遵循房屋所有权和房屋占用范围内的土地使用权权利主体一致的原则。

《房屋登记办法》第 2 条规定，本办法所称房屋登记，是指房屋登记机构依法将房屋权利和其他应当记载的事项在房屋登记簿上予以记载的行为。

《房屋登记办法》第 4 条规定，房屋登记，由房屋所在地的房屋登记机构办理。本办法所称房屋登记机构，是指直辖市、市、县人民政府建设（房地产）主管部门或者其设置的负责房屋登记工作的机构。

二、物业权属登记的种类

按照《中华人民共和国城市房地产管理法》（以下简称《城市房地产管理法》）、《房屋登记办法》，房屋权属登记分为以下几种。

1. 初始登记

因合法建造房屋申请房屋所有权初始登记的，应当提交下列材料：

（1）登记申请书；

（2）申请人身份证明；

（3）建设用地使用权证明；

（4）建设工程符合规划的证明；

（5）房屋已竣工的证明；

（6）房屋测绘报告；

（7）其他必要材料。

房地产开发企业申请房屋所有权初始登记时，应当对建筑区划内依法属于全体业主共有的公共场所、公用设施和物业服务用房等房屋一并申请登记，由房屋登记机构在房屋登记簿上予以记载，不颁发房屋权属证书。

2. 转移登记

发生下列情形之一的，当事人应当在有关法律文件生效或者事实发生后申请房屋所有权转移登记：

（1）买卖；

（2）互换；

（3）赠与；

（4）继承、受遗赠；

（5）房屋分割、合并，导致所有权发生转移的；

（6）以房屋出资入股；

（7）法人或者其他组织分立、合并，导致房屋所有权发生转移的；

（8）法律、法规规定的其他情形。

申请房屋所有权转移登记，应当提交下列材料：

（1）登记申请书；

（2）申请人身份证明；

（3）房屋所有权证书或者房地产权证书；

（4）证明房屋所有权发生转移的材料；

（5）其他必要材料。

前款第（4）项材料，可以是买卖合同、互换合同、赠与合同、受遗赠证明、继承证明、分割协议、合并协议、人民法院或者仲裁委员会生效的法律文书，或者其他证明房屋所有权发生转移的材料。

3. 变更登记

发生下列情形之一的，权利人应当在有关法律文件生效或者事实发生后申请房屋所有权变更登记：

（1）房屋所有权人的姓名或者名称变更的；

（2）房屋坐落的街道、门牌号或者房屋名称变更的；

（3）房屋面积增加或者减少的；

（4）同一所有权人分割、合并房屋的；

（5）法律、法规规定的其他情形。

申请房屋所有权变更登记，应当提交下列材料：

（1）登记申请书；

（2）申请人身份证明；

（3）房屋所有权证书或者房地产权证书；

（4）证明发生变更事实的材料；

（5）其他必要材料。

4. 他项权利登记

设定房屋抵押权、典权等他项权利的，权利人应当自事实发生后申请他项权利登记。申请房屋他项权利登记，权利人应当提交房屋权属证书，设定房屋抵押权、典权等他项权利的合同书以及相关的证明文件。

5. 注销登记

经依法登记的房屋发生下列情形之一的，房屋登记簿记载的所有权人应当自事实发生后申请房屋所有权注销登记：

（1）房屋灭失的；

（2）放弃所有权的；

（3）法律、法规规定的其他情形。

申请房屋所有权注销登记的，应当提交下列材料：

（1）登记申请书；

（2）申请人身份证明；

（3）房屋所有权证书或者房地产权证书；

（4）证明房屋所有权消灭的材料；

（5）其他必要材料。

三、房屋权属登记的程序

根据《房屋登记办法》第7条的相关规定，办理房屋所有权登记的程序是：

1. 申请

申请房屋登记，申请人应当向房屋所在地的房屋登记机构提出申请，并提交申请登记材料。申请登记材料应当提供原件。不能提供原件的，应当提交经有关机关确认与原件一致的复印件。申请人应当对申请登记材料的真实性、合法性、有效性负责，不得隐瞒真实情况或者提供虚假材料申请房屋登记。

2. 受理

申请人提交的申请登记材料齐全且符合法定形式的，应当予以受理，并出具书面凭证。

申请人提交的申请登记材料不齐全或者不符合法定形式的，应当不予受理，并告知申请人需要补正的内容。

3. 审核

有下列情形之一的，房屋登记机构应当不予登记：

(1) 未依法取得规划许可、施工许可或者未按照规划许可的面积等内容建造的建筑申请登记的；

(2) 申请人不能提供合法、有效的权利来源证明文件或者申请登记的房屋权利与权利来源证明文件不一致的；

(3) 申请登记事项与房屋登记簿记载冲突的；

(4) 申请登记房屋不能特定或者不具有独立利用价值的；

(5) 房屋已被依法征收、没收，原权利人申请登记的；

(6) 房屋被依法查封期间，权利人申请登记的；

(7) 法律、法规和本办法规定的其他不予登记的情形。

4. 记载于登记簿

自受理登记申请之日起，房屋登记机构应当于下列时限内，将申请登记事项记载于房屋登记簿或者作出不予登记的决定：

(1) 国有土地范围内房屋所有权登记，30 个工作日，集体土地范围内房屋所有权登记，60 个工作日；

(2) 抵押权、地役权登记，10 个工作日；

(3) 预告登记、更正登记，10 个工作日；

(4) 异议登记，1 个工作日。

公告时间不计入前款规定时限。因特殊原因需要延长登记时限的，经房屋登记机构负责人批准可以延长，但最长不得超过原时限的一倍。

法律、法规对登记时限另有规定的，从其规定。

5. 发证

房屋登记机构应当根据房屋登记簿的记载，缮写并向权利人发放房屋权属证书。房屋登记机构认为必要时，可以就登记事项进行公告。

四、房屋权属证书

房屋权属证书是权利人享有房屋权利的证明，包括《房屋所有权证》《房屋他项权证》等。申请登记房屋为共有房屋的，房屋登记机构应当在房屋所有权证上注明“共有”字样。

预告登记、在建工程抵押权登记以及法律、法规规定的其他事项在房屋登记簿上予以记载后，由房屋登记机构发放登记证明。

房屋权属证书、登记证明与房屋登记簿记载不一致的，除有证据证明房屋登记簿确有错误外，以房屋登记簿为准。

房屋权属证书、登记证明破损的，权利人可以向房屋登记机构申请换发。房屋登记机构换发前，应当收回原房屋权属证书、登记证明，并将有关事项记载于房屋登记簿。

房屋权属证书、登记证明遗失、灭失的，权利人在当地公开发行的报刊上刊登遗失声明后，可以申请补发。房屋登记机构予以补发的，应当将有关事项在房屋登记簿上予以记载。补发的房屋权属证书、登记证明上应当注明“补发”字样。

补发集体土地范围内村民住房的房屋权属证书、登记证明前，房屋登记机构应当就补发事项在房屋所在地农村集体经济组织内公告。

五、物业权属登记的法律责任

根据《房屋登记办法》，房屋权属法律责任有：

（1）非法印制、伪造、变造房屋权属证书或者登记证明，或者使用非法印制、伪造、变造的房屋权属证书或者登记证明的，由房屋登记机构予以收缴；构成犯罪的，依法追究刑事责任。

（2）申请人提交错误、虚假的材料申请房屋登记，给他人造成损害的，应当承担相应的法律责任。房屋登记机构及其工作人员违反本办法规定办理房屋登记，给他人造成损害的，由房屋登记机构承担相应的法律责任。房屋登记机构承担赔偿责任后，对故意或者重大过失造成登记错误的工作人员，有权追偿。

（3）房屋登记机构工作人员有下列行为之一的，依法给予处分；构成犯罪的，依法追究刑事责任：擅自涂改、毁损、伪造房屋登记簿；对不符合登记条件的登记申请予以登记，或者对符合登记条件的登记申请不予登记；玩忽职守、滥用职权、徇私舞弊。

本章小结

物业权属是指物业权利在主体上的归属状态。它是物权的一种。物业权属是物权的一种，实际上是属于物权中的不动产物权。

房屋所有权是指对房屋全面支配的权利。它分为占有权、使用权、收益权和处分权四项权能，这也是房屋所有权的四项基本内容。按照房屋所有权主体内容构成不同，房屋所有权可以分为单独所有房屋所有权、共同所有房屋所有权和房屋区分所有权。

房屋共有的形式包括共同共有和按份共有。建筑物区分所有权的内容包括专有权、共有权和共同管理权。

相邻权是指两个或者两个以上相互毗邻的不动产所有人或使用人，在行使不动产的所有权或者使用权时有权要求其相邻方履行一定义务的一种资格。物业相邻权的内容包括因用水、排水产生的相邻关系；因通行所产生的相邻关系；因建造、修缮建筑物以及铺设管线所形成的相邻关系；因通风、采光而产生的相邻关系；因保护环境所产生的相邻关系；因挖掘土地、建造建筑物等发生的相邻关系。

物业权属登记是指房地产行政主管部门代表政府对房屋所有权以及由上述权利产生的抵押权、典权等房屋他项权利进行登记，并依法确认房屋产权归属关系的行为。房屋权属登记分为：初始登记；转移登记；变更登记；他项权利登记；注销登记。房屋权属登记的程序是：申请；受理；审核；核准登记，颁发房屋权属证书。房屋权属证书包括《房屋所有权证》《房屋共有权证》《房屋他项权证》。

复习思考题

一、名词解释

物业权属　共同共有　按份共有　物业相邻权　建筑物区分所有权

二、简答

1. 物权法的基本原则有哪些?
2. 试述建筑物区分所有权的内容。
3. 建筑物区分所有权人对共用部分享有的权利和义务包括哪些?
4. 简述物业相邻关系的内容及处理相邻关系的原则。
5. 试述房屋权属登记的程序。

三、案例分析

上海宝山区松滨路一个临街巷内，赵先生与孙某相邻，赵先生准备开一家沪菜饭馆，他便在自家的房顶上安装了一个大型抽油烟机，排烟口正好对准孙某家的窗口，孙某住房的一侧窗户恰好与赵先生墙体相邻，两者相距约有1米，中间形成一条窄道，虽不走人，但一直是孙某家的主要通风通道。

赵先生的沪菜饭馆正式营业后，孙某发现自家房间里总有股油烟味，且一旦开窗通风，油烟味更大，孙某便找赵先生商量解决油烟排放问题，赵先生置之不理。不得已，孙某只好向法院起诉，要求赵先生改建油烟机的排烟口，赔偿精神损失费人民币2000元。

问：

孙某的诉讼请求能得到法院的支持吗?

第三章　物业管理法律关系

学习目标

1. 理解物业管理法律关系的含义、特征以及物业管理法律事实的概念；

2. 掌握物业管理法律关系的主体、客体和主要内容；

3. 理解物业管理法律关系产生、变更和消灭的前提和条件物业管理法律事实的分类。

案例导入

未交物业费物业擅自断电业主诉赔损失物业赔了3500元

被告是镇江新区某小区物业管理公司，原告则是该小区业主。2014年1月，原告与承租人赵宁（化名）签订《房屋租赁合同》一份，约定原告将其所有的房屋出租给赵宁居住。并且，在房屋租赁期间的水费、电费、有线电视费由承租人支付；在租赁期内，原告需提前收回房屋的，应提前15日通知承租人，将收取的租金余额退还给承租人并支付一个月的租金作为违约金。同日，原告收取赵宁押金、租金等共计6150元。

2014年4月1日，被告法定代表人带人至原告处催要物业费，双方协调未成。当晚，被告将私自断开原告户供电。因断电，2014年4月23日，原告与赵宁协商解除房屋租赁合同，原告退还赵宁租金和违约金计2000元。后原告诉之法院，要求赔偿租金损失、合同违约金损、精神损失、宽带及食品损失等，共计15500元。被告辩称系原告不交物业费违法在先，原告的各项损失与其无关，故不同意赔偿。

法院审理后认为，原告与供电部门是供用电合同法律关系，原告享有合理使用电的权利，承担交付电费的义务。被告作为原告居住小区的物业管理公司，无权对电力用户采取停电措施。被告的断电行为侵犯了原告用电的权利，存在明显过错，应承担相应的赔偿责任。最后，法院判令被告赔偿原告损失共计3500元。

第一节　物业管理法律关系概述

一、物业管理法律关系的概念

法律关系是法律规范在调整人们行为的过程中所形成的一种特殊的社会关系，即法律上的权利与义务关系。物业管理法律关系实际上是法律关系的一种，它是指物业管理法律规范在调整物业管理服务及相关活动的过程中形成的权利义务关系。

二、物业管理法律关系的特征

物业管理法律关系的特征主要表现在以下几个方面。

1. 法律对物业管理法律关系的产生、变更和终止都有严格的程序性

物业服务中的很多活动都要按照法律法规规定的程序和具体的行为规则进行，如物业服务企业的选聘、续聘、解聘，业主大会和业主委员会的成立，管理规约的制定等，以确保物业管理法律关系的稳定性和严肃性。

2. 物业管理法律关系的多重性

物业管理法律关系既有平等主体间的民事关系，如物业服务企业与业主之间的民事法律关系，又有不平等主体间的行政管理关系，如房地产主管部门与物业服务企业、业主、物业开发建设单位之间的法律关系，还包括国家对物业管理行业和物业管理市场的调控干预而发生的经济法律关系。

3. 物业管理法律关系基本主体的广泛性

物业管理法律关系的主体比较多且复杂，基本主体是享有物业所有权的业主及业主团体、合法取得物业管理权的物业服务企业，他们是平等的民事主体的关系。还包括国家及国家机关、建设单位、物业管理协会等。

4. 物业管理法律关系中业主居于主导地位

《物权法》与物的业管理相关法规明确了业主基于对物业的所有权而享有自治权，选聘和解聘物业服务企业由业主方依法作出决定，物业服务企业按照与业主签订的物业服务合同提供物业服务，并接受业主的监督。物业管理行政主管机关对物业服务活动起到监督作用，没有决定权。

5. 物业管理法律关系的国家干预性

物业服务行业在我国还属于新兴产业，为促进城市建设的发展，改善人居环境，国家必然要通过政策法规对物业管理市场进行有效干预，规范物业管理行业的发展。

例如：首次业主大会的召开，必须在政府相关部门的指导下进行，选举产生的业主委员会必须登记备案制度，政府财政、审计部门依法对物业专项维修资金的收取、管理和使用情况进行监督和审计等。

三、物业管理法律关系的分类

物业管理法律关系的具体种类很多，可按不同标准划分出多种类型。按规范法律关系的法律部类不同，物业管理法律关系可分为民事法律关系、行政法律关系、经济法律关系、刑事法律关系四大类。其中刑事法律关系一般不在物业管理规范性法律文件中直接做出规定，只是指出物业管理行为涉及犯罪的按《刑法》相应规定处理，因此，本书不对物业管理刑事法律关系作论述。

1. 物业管理民事法律关系

物业管理民事法律关系是指根据民事法律规范，平等民事主体在物业管理活动中发生的权利义务关系。物业管理法律关系中民事法律关系占多数，民事法律关系主要有三个特点：

（1）民事法律关系的参与者法律地位是平等的，当事人之间不存在不平等的命令与服从、管理与被管理的关系。

（2）民事法律关系大多是由当事人自愿设立的，是否建立和以何种形式建立何种民事法律关系，一般是由当事人的合法意愿决定的。

（3）民事法律关系中当事人的权利义务一般是对等的，权利义务对等是指当事人双方之间互相享有权利和负有义务。另外，也有只是一方享有权利，另一方仅负有义务的民事法律关系。

2. 物业管理行政法律关系

所谓物业管理行政法律关系，是指物业管理活动中相关政府机构与有关当事人发生的服从与被服从、管理与被管理、监督与被监督的关系。主要包括：行政机关对建设单位及物业服务企业的管理关系；行政机关对业主、非业主使用人、业主团体组织相关行为的管理关系。

我国物业管理法规对物业管理行政法律关系的规定有以下侧重点：

（1）解决多头行政管理混乱问题，明确政府职能部门的归口主管权和分工管理权关系。县级以上各级人民政府依法指定本级政府的物业管理归口管理行政部门，其他相关行政职能部门按各自管辖权限配合主管部门实施管理。

（2）把握行政干预的度的问题。一方面，物业管理行政主管部门只有指导权和监督管理权，要严格依法办事，不得滥用职权，比如物业服务中业主与物业服务公司合法约定的事项，行政机关就不能干涉干预；另一方面，要防止行政机关的“不作为”行为，行政机关应积极主动地履行其职责，对此，业主和物业服务企业也享有监督权。

《物业管理条例》明确规定了国务院建设行政主管部门负责全国物业管理的监督管理工作，县级以上地方人民政府房地产行政主管部门负责本行政区域内物业管理活动的监督管理工作。并赋予房地产行政主管部门处理投诉、罚款、吊销资质证书等职权。

(3) 解决物业管理事业发展经济障碍问题，充分利用行政资源和社会资源，以行政立法和行政执法方式积极促进物业管理市场和物业管理行业健康发展，保护业主自治管理的经济利益。为达此目的，物业管理法规及有关政策文件要求：市场调节与政府监控要结合，建立物业管理市场机制，鼓励正当市场竞争活动，规范物业管理市场行为，支持物业管理行业自律管理，保持政府对市场适度有力的监控，加强政府对业主自治管理和物业服务企业标准化服务的行政指导，运用政府考评手段和舆论宣传力量促进物业服务企业自觉调整和规范内部机制，增强创优争先活力，从而推动物业管理行业整体竞争能力和服务质量水平全面提高，保证业主自治管理这一社会事务民主制度新生事物不断发展和良性运行。

在促进物业管理行业健康，全面提高整体素质和质量水平方面，我国政府主管部门现有所谓“四大法宝”：立法（加强立法，以法护航）、资质（通过资质管理促进物业服务企业保持和不断增强自身实力，推动大型物业管理集团公司出现和创立、保持物业管理品牌，影响物业管理全行业的集约化规模管理经营和服务价格理性化）、招标（建立和健全物业管理项目招标投标制度，实行物业管理市场准入制度和适者生存市场法则，鼓励竞争和提倡优质优价）、考评（利用业绩和利益挂钩的行政考评机制，发挥社会主义竞赛的优越性，形成持久的全行业创优争先的高潮）。这“四大法宝”在一定程度上反映了中国物业管理行政法律关系的重点内容和中国特色。

3. 物业管理经济法律关系

物业管理经济法律关系是指国家及各级政府职能部门在协调和控制物业管理事业运行过程中与业主、业主团体组织、物业管理事业及其他单位（物业的开发建设单位、公房出售单位等）和社会组织（物业管理行业协会、业主自治团体联合会等）之间依经济法形成的经济权利义务关系。

我国物业管理经济法律关系具有一些自身特色：

(1) 物业经济法律关系分为业主自治管理法律关系和物业管理行业管理法律关系两大板块。其中业主自治管理板块不仅包含物业经济管理的关系内容，而且掺和着人居环境文明建设管理的内容关系。

(2) 物业管理经济法律关系中代表国家执行对物业管理事业的归口管理的机关，不是一般的综合经济管理部门（如国家计委、国家工商行政管理局等），而是国务院房地产行政主管部门（国家建设部）和由县级以上地方政府确定负责物业管理归口管理的部门。

(3) 物业管理经济法律关系涉及经济法律规范所组控的各种经济关系（规划、计划、财政、物价、工商、税收、金融、会计、劳动、环境保护、反不正当竞争、产品和服务质量监督、消费者权益保护等经济法律关系）。

第二节　物业管理法律关系的构成

在法学上，通常把法律关系主体、客体和内容——权利义务，称为法律关系构成的三要素。物业管理法律关系也是由三要素构成，即主体、客体和内容。

一、物业管理法律关系的主体

物业管理法律关系的主体，是指参与物业管理法律关系的参加者，是物业管理法律关系中依法享有权利和承担义务的自然人、法人、国家机关及其他组织。

1. 自然人

自然人作为物业管理法律关系的主体，在我国物业管理法律关系中，不仅可以依法享有物业所有权，而且还可以通过平等协商设立房屋抵押、租赁法律关系，与物业服务企业建立物业管理法律关系。自然人包括在我国境内的中国公民、外国公民和物业管理从业人员。物业服务活动中的自然人主要有业主和非业主使用人等。

2. 法人

法人是指能够独立享受权利和承担义务的社会组织，物业管理活动中的法人主要有物业服务企业和建设单位等。

3. 国家机关

市场经济中的物业管理活动一般通过业主、物业服务企业平等主体间的合同约定开展。但物业管理涉及百姓日常生活、城市正常秩序，政府行政机关如公安、消防、环保机关等基于行政职权均介入物业管理活动，对各方的行为进行指导监督。《物业管理条例》第5条规定："国务院建设行政主管部门负责全国物业管理活动的监督管理工作。县级以上地方人民政府房地产行政主管部门负责本行政区域内物业管理活动的监督管理工作。"

4. 其他组织

物业管理法律关系中的其他组织主要指的是非法人团体，如"业主委员会"和"物业管理协会"等。

物业管理行业协会是物业服务企业依法自愿组成的行业性社会团体，通过开展各种有益的活动，在行业内起到协调、协作和监督管理的作用。它不具有法人资格但可以自己名义进行民事活动。它的作用具体体现在：

（1）在政府行政主管部门的领导下，宣传政府关于物业管理行业的政策、法规，协助制定本行业的道德规范、自律准则和管理标准。

（2）协助政府主管部门对物业服务企业进行等级评定、质量评优。

（3）开展物业管理的调查研究，解决行业工作中出现的新情况、新问题。

（4）收集、整理和提供物业管理市场信息，组织业内的学术和经验交流，对物业管理人员进行培训。

（5）协助解决物业管理公司与业主之间出现的矛盾。

二、物业管理法律关系的客体

物业管理法律关系的客体是指法律关系主体承受的权利和义务共同指向的对象。客体亦称为“标的”，是主体所需合法利益的外在表现载体。各种不同的物业管理法律关系，其客体有所不同，总的来说，可划分为物、行为、非物质财富三类。

1. 物

在物业管理法律关系中，“物”指物业，即建筑物本体、附属设备、公共设施及相关场地。现代意义的物业属物类客体范畴，它包括传统法律规定的不动产或房地产之实物及其围括的空间和环境。物业既是设置于物业上的物权法律关系的客体，又是物业所有权、共有权、自治共管权、使用权等物权关系的客体，还是物业管理公司代管物业权的客体。

2. 行为

主要是指国家机关管理性行政服务和物业服务企业按服务服务合同提供的有偿服务的行为。“行为”是客体的一种类型，如运输合同中的运输行为、建筑合同中的建筑行为、劳务合同中的劳动、服务合同中的服务，均为法律关系客体。

3. 非物质财富

非物质财富即智力活动成果，包括精神文化财富，如物业小区的荣誉称号、规划设计等。

三、物业管理法律关系的内容

物业管理法律关系的内容是指物业管理法律关系主体享有的权利和承担的义务。主体的权利和义务关系是法律关系的最基本的要素和实质，任何法律关系都是在法律关系主体间形成的一种权利义务关系。因此，权利与义务就构成了法律关系的内容，离开特定的权利与义务，法律关系也就不能构成和存在。

1. 权利

法律权利的结构指权利的内部构成要素和构成方式。一项权利由三项权能或三要素构成。

（1）自主行为的可能性。权利意味着容许权利人行为，能够自主作出一定种类或一定限度的行为。

(2) 请求他人做出或不做出与权利相关的一定行为的能力，权利的实现有赖于义务的履行。

(3) 抗衡他人侵犯权利及权利维系的利益的能力，即在合法权益受到他人侵犯的情况下，请求国家强制力保护、追究侵权人法律责任的能力。

2. 义务

法律义务是指物业管理法律关系主体合法承受的，在法律拘束的条件下，为实现或保障对应的权利，按照法定或约定的要求，必须作出或不作出一定行为的负担。

法律义务是法律要求的某种应做行为，指出了义务人“应当”如何行为的模式，是义务人必要性为的尺度；同时，义务具有义务人实施某种行为的必要性或必须遵守性，受到法律强制力的约束，义务行为是与他人权利相适应的一种受限制的行为选择，具有若不自觉履行就要强制履行的性质。

第三节　物业管理法律事实

一、物业管理法律事实的概念

物业管理法律事实是指物业管理法律规范所规定的，能够引起法律后果，即引起物业管理法律关系产生、变更和终止的客观情况。物业管理法律事实出现时所产生的法律后果包括物业管理法律关系的产生，物业管理法律关系的变更，物业管理法律关系的终止。

二、物业管理法律事实的分类

物业管理法律事实具体种类很多。根据物业管理法律事实依据是否以物业管理法律关系权利主体的意志为转移而划分为法律事件与法律行为两大类。

1. 法律事件

法律事件是指法律规定的、不以物业管理法律关系主体的意志为转移，而能引起物业管理法律关系产生、变更或终止的客观情况。能导致物业管理法律关系变化的法律事件主要有以下四种类型。

(1) 不可抗力事件的事实和社会意外事件的事实。《民法通则》第 153 条规定："不可抗力是指不能预见、不能避免并不能克服的客观情况。"如自然灾害性的地震、洪水、飓风和战争等。这类事件的发生能引起物业管理法律关系中部分或全部地终止或当事人免除违约法律责任等法律后果。社会意外事件虽然也具有不以法律关系当事人意志为转移的性质，但并不当然地免除受该事件影响而给对方当事人或他人造成损害所应负的合理赔偿或补偿法律责任。

（2）身为自然人的业主死亡的事实。该事件能引起其参与物业管理法律关系的主体资格终止及其所有物业和业主身份的继承关系发生等。

（3）身为法人的物业管理公司解散或破产的事实。该事件能引起其已参与的物业管理合同法律关系的终止。

（4）时间经过的法律事实。物业服务合同对服务提供时间和服务报酬支付时间有约定，法律对诉讼时效有具体的规定，因此，时间经过的法律事实，可以引起一定物业服务债权之请求权的发生或终止。

2. 法律行为

法律行为是指物业管理法律关系主体的自觉意志而作出的能够引起物业管理法律关系产生、变更或终止的客观事实。法律行为是人们有意识的自觉活动，是主体将自己内在的意思表现于外部，能够产生一定法律后果的行为，它包括作为和不作为。法律规范通过人们的有意志、有目的的活动，把权利主体和由此产生的法律后果联系起来。根据物业管理法律规范对于行为人赋予肯定性的法律后果还是对行为人不利的法律后果，法律行为可分为合法行为和违法行为。

本章小结

法律关系是法律规范在调整人们行为的过程中所形成的一种特殊的社会关系，即法律上的权利与义务关系。物业管理法律关系实际上是法律关系的一种，它是指物业管理法律规范在调整物业管理服务及相关活动的过程中形成的权利义务关系。

物业管理法律关系的特征有法律对物业管理法律关系的产生、变更和终止都有严格的程序性；物业管理法律关系的多重性；物业管理法律关系基本主体的广泛性；物业管理法律关系中业主居于主导地位；物业管理法律关系的国家干预性。

物业管理法律关系分为物业管理民事法律关系、物业管理行政法律关系、物业管理经济法律关系。

物业管理法律关系也是由三要素构成，即主体、客体和内容。主体包括自然人、法人、国家机关、其他组织等；客体包括物、行为、非物质财富；内容主要指权利和义务。

物业管理法律事实是指物业管理法律规范所规定的，能够引起法律后果，即引起物业管理法律关系产生、变更和终止的客观情况。物业管理法律事实分为法律事件与法律行为两大类。

复习思考题

一、名词解释

物业管理法律关系　物业管理法律事实　法律事件　法律行为

二、简答

1. 简述物业管理法律关系的特点。

2. 物业管理法律关系的主体包括哪些？

3. 简述物业管理行业协会的性质和作用。

4. 简述物业管理法律事实的分类。

三、案例分析

1992 年 5 月某市城美物业管理公司向该市工商行政管理局申请注册登记。该公司经建设行政主管部门核准为三级资质的物业服务企业。1993 年 12 月，该市美丽住宅小区召开第一次业主大会。该住宅小区的前期物业服务企业——远景物业管理公司，是原建设单位——远大房地产开发公司的附属企业，由于该公司专业性不强、服务较差、收费又不合理，因此，业主大会决议不再聘请远景物业管理公司继续承担本小区的物业管理工作；与此同时，美丽住宅小区通过招标的方式选择了城美物业管理公司进行管理，并与城美物业管理公司签订了新的物业服务合同。远景物业管理公司不服，不愿意退出，拒不移交该住宅小区的物业管理资料。该市的房地产行政主管部门对远景物业管理公司逾期不移交有关资料的行为罚款 2 万元。

问：

(1) 本案中存在哪些物业管理法律关系？

(2) 本案中物业管理法律事实有哪些？

(3) 分析新合同法律关系的构成要素。

第四章　物业管理法律责任

学习目标

1. 掌握物业管理法律责任的概念和特征；
2. 理解物业管理法律责任的构成；
3. 了解物业管理法律责任的种类；
4. 掌握承担物业管理民事责任的方式。

案例导入

小区业主养狗伤女童，物业服务企业是否应担责

某日上午，潘先生5岁的女儿在自家私家车旁玩耍时，被同一小区业主黄某的2只宠物狗抓咬致伤。经医院检查诊断，"可发现双大腿被狗抓伤痕迹"，并为其注射了5支狂犬疫苗，但由于受到惊吓，女童为此常在噩梦中惊醒，寝食不安。潘先生得知，黄某所养宠物狗不但未领取《养犬许可证》，而且也未打过防疫针，没有《犬类免疫证》，加上听医生说狂犬病潜伏期可长达10年之久，因而非常担心也非常气愤。由于黄某不愿给予任何赔偿，物业服务企业也不愿承担责任，潘先生在多次索赔未果后，把黄某和物业服务企业一起告上了法庭，要求他们连带赔偿女儿精神损失费3万元，另医疗费、交通费、护理费、营养费及伙食补助费共计7353元，并要求黄某停止养狗，赔礼道歉。

人民法院审理后判决被告黄某以口头方式向原告赔礼道歉，并向原告支付医药费153元，精神抚慰金3000元，驳回原告其他诉讼请求。物业服务企业不承担赔偿责任。人民法院解释，小区物业服务企业在其管理范围内行使了管理义务，不承担黄某饲养小狗行为产生的法律后果的民事责任。

业主停车时遭劫，物业服务企业是否担责

张某在自己居住的小区停车场停放车辆时遭到了抢劫，车辆也被劫走。犯罪分子触动了旁边车辆，该车报警器响后车主发现有情况，及时向小区值班人员报告。值班人员向物业服务企业汇报后向公安机关报了案。后犯罪分子被抓获。张某以小区物业

服务企业管理松懈为由诉至法院，要求物业服务企业赔偿车辆被盗的损失。法院经审理认为，物业服务企业在张某遭抢劫后及时报案，尽到了一般的义务，履行保安职责无过错，不应承担过失责任。

第一节 物业管理法律责任概述

一、物业管理法律责任的概念和特点

1. 物业管理法律责任的概念

物业管理法律责任是指物业管理活动的民事主体、行政主体和行政相对人对自己的违法行为或违约行为应承担的具有国家强制性和不利性的法律后果。

例如，《物业管理条例》第 65 条规定，违反本条例的规定，未经业主大会同意，物业服务企业擅自改变物业管理用房的用途的，由县级以上地方人民政府房地产行政主管部门责令限期改正，给予警告，并处 1 万元以上 10 万元以下的罚款；有收益的，所得收益用于物业管理区域内物业共用部位、共用设施设备的维修、养护，剩余部分按照业主大会的决定使用。

2. 物业管理法律责任的特征

（1）法定责任与协议责任相结合。物业管理活动基于业主与物业管理公司的物业服务合同而发生。自法国民法典开创“合同即为当事人之间的法律”之民法传统之始，合同的法律效力就是来源于国家对当事人之间的合同的认可和予以国家强制力保护。因此，物业管理中发生的法律责任确定，除依据法律相关规定外，也要以合同或契约为根据。

（2）由国家强制力保证实施。法律责任与道德责任的重要区别所在，就是法律责任具有国家法律所赋予的强制性和约束力。物业管理法律责任由国家司法机关和其他法律、法规授权的机关依法追究，任何个人或社会组织都不能行使这一职权。如物业服务企业对其管理服务范围内的业主或使用人无处罚权，但可以根据合同、管理规约等契约约定，要求对方服从其管理，如果对方违反约定，可以依法请求人民法院追究相关人员的违法或违约责任。

（3）是对违法行为人或违约行为人的一种制裁。物业管理法律责任是一种对违法行为人或违约行为人不利的法律后果，这显示了物业管理法律法规对于这种行为的否定性的评价，并且体现了法律法规对此种行为的制裁。

（4）必须和物业管理的违法行为或违约行为相联系。如果没有构成物业管理违法行为或违约行为，则不能承担物业管理法律责任。

二、物业管理法律责任的分类

物业管理法律责任有多种分类，现实中最为常用的分类是按法律责任的内容不同为标准划分的，一般分为民事法律责任、行政法律责任、刑事法律责任三类。

1. 民事法律责任

民事责任是指由于违反民事法律、违约或者由于民法规定所应承担的一种法律责任。具体内容将在第二节详细介绍。

2. 行政法律责任

行政法律责任指行政主体或行政相对人的行为违反行政法律法规而依法必须承担的行政法律不利报应（法律后果）。

3. 刑事法律责任

刑事法律责任指行为人（包括自然人和法人）的违法行为已构成触犯刑事法律的犯罪，而依法必须承担的法律后果。它是制裁最为严厉的一种报应。

三、物业管理法律责任的构成

法律责任的构成要件是指认定法律责任时必须具备的条件或必须符合的标准，它是国家机关要求行为人承担法律责任时进行分析、判断的标准。根据构成违法行为或违约行为的要素，可以将法律责任的构成概括为责任主体、违法行为或违约行为、损害结果、因果关系、主观过错五方面。

1. 责任主体

责任主体是指因违法、违约或违反法定事由而承担法律责任的人，包括自然人、法人和其他社会组织。责任主体是法律责任构成的必备条件。但是，并非任何人都可以成为违法行为或违约行为的实施者，没有行为能力的人就不可能成为实施违法行为或违约行为的人。因此，责任主体对于法律责任的有无、种类、大小有着决定性作用。

2. 违法行为或违约行为

违法行为或违约行为在法律责任构成中居于重要地位，是法律责任的核心构成要素。违法行为或违约行为包括作为和不作为两类。作为是指人的积极的身体活动，直接做了法律所禁止或合同所不允许的事自然要导致法律责任；不作为是指人的消极的身体活动，行为人在能够履行自己应尽义务的情况下不履行该义务，例如不做法律规定应做的事或不做合同中约定的事，也要承担法律责任。区分作为与不作为，对于确定法律责任的范围、大小具有重要意义。

3. 损害结果

损害结果是指违法行为或违约行为侵犯他人或社会的权利和利益所造成的损失和

伤害，包括实际损害、丧失所得利益以及预期可得利益。损害的形式主要有：人身的损害、财产的损害、精神的损害和其他利益方面的损害。行为具有一定程度的社会危害性、给社会特定利益关系造成了危险或损害且危害结果达到了法律规定应追究相应法律责任的程度，是构成物业管理法律责任的一个必要条件。

4. 因果关系

因果关系是违法行为或违约行为与损害结果之间的客观的、必然的联系。法律上的因果联系不是一般的因果关系，而是指某种事实上的行为与特定损害结果之间的必然联系。如果某项损害结果不是因某人的行为所必然引起的，则该行为人就不对该项结果负责。由于行为与结果之间的联系多种多样，有必然联系和偶然联系之分，有直接联系和间接联系之分，有一果多因和一因多果之分。因此，在把物业管理法律责任归于某一违法行为时，必须搞清楚违法行为与特定的损害结果之间的联系，这对于行为定性、确定法律责任种类和大小具有重大影响。

5. 主观过错

主观过错是指行为人实施违法行为或违约行为时的主观心理状态。不同的主观心理状态对认定某一行为是否有责及承担何种法律责任有着直接的联系。主观过错包括故意和过失两类。故意是指明知自己的行为会发生危害社会的结果，希望或放任这种结果发生的心理状态。过失是指应当预见自己的行为可能发生损害他人、危害社会的结果，因为疏忽大意而没有预见，或已经预见而轻信能够避免，以致发生这种结果的心理状态。故意的违法行为应付法律责任，重大过失的违法行为一般要负民事责任或行政责任，在法律有明文规定下才需负刑事责任。

四、物业管理法律责任的免责

法律责任的减轻和免除，即通常所说的免责。免责以法律责任的存在为前提，是指虽然违法者事实上违背了法律，并且具备承担法律责任的条件，但由于法律规定的某些主观或客观条件，可以被部分或全部地免除（即不实际承担）法律责任。在我国的法律规定和法律实践中，免责的条件和情况是多种多样的。免责的条件和方式有以下几种情况。

1. 时效免责

时效免责即违法者在其违法行为发生一定期限后不再承担强制性法律责任。例如，我国《民法通则》规定：向人民法院请求保护民事权利的诉讼时效期间为两年，法律另有规定的除外。

2. 不诉免责

不诉免责即所谓“告诉才处理”“不告不理”。在我国不仅大多数民事违法行为是受害者或有关人告诉才处理，而且有些轻微刑事违法行为也是不告不理。不告不理意味着当事人不告，国家就不会把法律责任归结于违法者，亦即意味着违法者实际上被免除了法律责任。

3. 自首、立功免责

自首、立功免责即对那些违法之后有立功表现的人，免除其部分或全部法律责任。

4. 补救免责

即责任人或者其他人在国家机关追究责任之前，对于行为引起的损害采取有效补救措施，受害人愿意放弃追究责任时，可以免责。

5. 协议免责

协议免责即基于双方当事人在法律范围内的协商同意的免责。这种免责一般不适用于犯罪行为和行政违法行为，仅适用于民事违法行为。

6. 无能力免责

无能力免责，权利是以权利相对人即义务人的实际履行能力为限度的。在权利相对人没有能力履行责任或全部责任的情况下，有关国家机关可以出于社会主义人道主义考虑免除或部分免除他的法律责任。例如在损害赔偿的民事案件中，人民法院在确定赔偿责任的范围和数额时，应当考虑到有责主体的财产状况、收入能力、借贷能力等，适当减轻或者免除责任，而不应使有责主体及其家庭因赔偿损失而处于无家可归、不能生计的状态。在有责主体无履行能力的情况下，即使人民法院把法律责任归结于他，也会因其不能履行而落空。

第二节　物业管理民事法律责任

一、物业管理民事法律责任的概念和特征

物业管理民事法律责任指由于违反民事法律、违约或者由于民法规定所应承担的一种法律责任。

物业管理民事法律责任与其他法律责任不同的主要特点是：

（1）它主要表现为一种财产责任。

（2）是一方当事人对另一方当事人的责任。

（3）它主要是为了补偿受害人的损失。

（4）物业管理民事责任的内容可以由当事人自行约定。

二、物业管理民事法律责任的分类

违约责任与侵权责任构成物业管理民事责任的两大基干，两者相互配合，形成了

民事主体的生存权和发展权在民事领域内的基本保障机制。因此，掌握违约责任和侵权责任的内容、法理及两者的区别，是研究物业管理民事责任规范的重点。

1. 违约责任

物业管理违约责任是指当事人一方不履行物业服务合同义务或者履行合同义务不符合约定的，依法应当承担的继续履行、采取补救措施或者赔偿损失等民事责任。物业管理活动是建立在物业服务合同的基础上的，违约责任是物业管理活动最容易引致的法律责任。

例如，《物业管理条例》第 36 条规定："物业服务企业应当按照物业服务合同的约定，提供相应的服务。物业服务企业未能履行物业服务合同的约定，导致业主人身、财产安全受到损害的，应当依法承担相应的法律责任。"

违约责任的基本法律特征有二：一是基于能以金钱来衡量、计算的合同当事人一定经济利益而产生的财产责任；二是可由当事人在法律允许的范围内自行约定，这也是合同自愿原则的基本要求。其他由法律直接规定的民事责任如侵权责任、缔约过失责任等原则上不允许当事人自由约定。

2. 侵权责任

物业管理侵权责任是指在物业管理活动中，民事主体因违法实施侵犯公、私财产权和公民、法人人身权的行为而应依法承担的不利后果。

根据对构成侵权责任的条件的不同要求，可分出一般侵权行为的民事责任和特殊侵权的民事责任两类。同时具备损害事实、违法行为（造成损害的侵犯是违法的行为）、违法行为和损害事实之间有因果关系、违法行为人有过错这四个构成条件，就能发生一般侵权行为的民事责任。特殊侵权民事责任是指不具备一般侵权行为责任的全部构成要件，而法律规定当事人也须承担民事责任的行为。

物业管理中的侵权行为及民事责任主要有下列几种：

(1) 国家机关或其工作人员因执行职务造成侵权损害的民事责任。《民法通则》第 121 条规定，国家机关或者国家机关工作人员在执行职务中，侵犯公民、法人的合法权益造成损害的，应当承担民事责任。

(2) 法人对其工作人员执行职务造成侵权损害的民事责任。物业服务企业是法人，法人对自己的法定代表人和其他工作人员执行职务中超越权限（如滥用管理职权）或违反法定义务（如玩忽职守）的侵权行为应依法承担民事责任。损害结果虽然是由物业服务企业的员工造成的，但对损失的赔偿应由其所在的物业服务企业先行承担，而对该员工如何追究其责任，则属物业服务企业内部管理责任范围。

(3) 因产品质量不合格致人损害的民事责任。物业管理中常见的产品质量不合格是房屋建筑工程质量和物业维修质量不合格。物业的保修期内发生的质量问题如墙体裂缝、房屋倒塌等致人伤亡、财产损失，则应由该房屋的建设单位承担赔偿损失的民事责任；如果物业服务企业修复房屋时因维修质量不合格又倒塌伤人损物的，则应由物业服务公司承担赔偿责任。

（4）因建筑施工或物业维修施工而产生的侵权责任。《民法通则》第125条规定，在公共场所、道旁或者通道上挖坑、修缮安装地下设施等，没有设置明显标志和采取安全措施造成他人损害的，施工人应当承担民事责任。对这条规定，经常从事物业维修施工的物业服务企业应高度重视。

（5）建筑物等物所有人或管理人的侵权责任。《民法通则》第126条规定，建筑物或者其他设施以及建筑物上的搁置物、悬挂物发生倒塌、脱落、坠落造成他人损害的，它的所有人或者管理人应当承担民事责任，但能够证明自己没有过错的除外。

（6）饲养的动物致人损害的民事责任。住宅小区内，有许多业主、物业使用人饲养各种宠物，由于管理不当，宠物咬伤人或践踏其他业主的财物的事常有发生。《民法通则》第127条规定，饲养的动物造成他人损害的，动物饲养人或者管理人应当承担民事责任；由于受害人的过错造成损害的，动物饲养人或者管理人不承担民事责任；由于第三人的过错造成损害的，第三人应当承担民事责任。

（7）破坏、污染环境的侵权责任。《民法通则》第124条规定，违反国家保护环境防止污染的规定，污染环境造成他人损害的，应当依法承担民事责任。环境保护和持续改善是物业管理的重要任务之一。

（8）无行为能力人、限制民事行为能力人致人损害的民事责任。在住宅小区内，常发生孩童损坏公用设施、设备等行为，物业服务企业应根据《民法通则》第133条规定，要求其监护人承担民事赔偿责任。

（9）因妨害行为而产生的侵权责任。《民法通则》第83条规定，不动产的相邻各方，应当按照有利生产、方便生活、团结互助、公平合理的精神，正确处理截水、排水、通行、通风、采光等方面的相邻关系。给相邻方造成妨碍或者损失的，应当停止侵害，排除妨碍，赔偿损失。

3. 违约责任与侵权责任的区别

违约责任与侵权责任两者不仅基本概念不同，而且在构成要件等方面有重大差别。违约责任与侵权责任的具体区别如下。

（1）违反原有义务不同。违约责任是在双方当事人自己约定的合同基础上发生的，所以违约的一方补偿对方当事人因此而造成的损失，实际上是他所承担合同义务的继续；侵权责任是法定的，侵权责任人违反的不是自己约定的义务，而是违反了法律的直接规定，当造成损害时才发生法律责任。

（2）保护的权利性质不同。违约行为所侵犯的是债权关系，即相对的权利，因此违约责任要保护的也是这种相对的债权及债务关系；侵权行为是侵害所有权、人身权等绝对权利而发生的责任，因此侵权责任的目的是保护财产权和与经济利益有关的人身权等绝对性权利。

（3）构成要件不同。我国《合同法》规定的是无过错责任；而侵权行为一般是过错责任。因此，当事人以违约责任为诉由的，无须举证对方有过错；如以侵权责任为诉由的，常常需要证明对方有过错。

（4）对责任人的要求不同。根据相关的法律制度，不具有完全行为能力的人没有签订物业服务合同、管理规约的行为能力，因而也没有承担此类合同责任的责任能力；在侵权行为关系主体中，无民事行为能力和限制民事行为能力的人同样可以实施侵害行为，造成损害的，也应承担责任，从本人财产中支付赔偿费用，不足部分，由监护人赔偿。

（5）对第三人的责任不同。在违约责任中，如果因第三人的过错致合同债务不能履行，债务人首先应向债权人负责，然后才能向第三人赔偿；在侵权责任中，贯彻了对自己行为负责的原则，行为仅对因自己的过错致他人损害的后果负责。

（6）赔偿范围不同。违约责任的范围或赔偿损失额可由当事人预先在合同中约定，如果没有这种约定，依《合同法》的规定，赔偿损失额应当相当于受害人因违约而受的损失，一般包括直接损失和间接损失。违约责任的内容仅限于财产内容。而侵权责任的赔偿范围原则上包括直接损失和间接损失，在侵害人格权时，还可进行精神损害赔偿；不法行为造成他人死亡的，赔偿范围还要扩张至死者生前抚养的人必要的生活费用。侵权责任的内容，既有财产性也有非财产性。

（7）诉讼管辖不同。根据《民事诉讼法》第 23 条规定，因合同纠纷提起的诉讼，由被告住所地或者合同履行地人民法院管辖。第 34 条规定，合同或者其他财产权益纠纷的当事人可以书面协议选择被告住所地、合同履行地、合同签订地、原告住所地、标的物所在地等与争议有实际联系的地点的人民法院管辖，但不得违反本法对级别管辖和专属管辖的规定。第 28 条规定，因侵权行为提起的诉讼，由侵权行为地或者被告住所地人民法院管辖。

（8）诉讼时效不同。诉讼时效是指权利人于一定期间内不行使请求人民法院保护其民事权利的权利，即丧失实体法上的胜诉权益，法院对其民事权利不再予以保护的法律制度。因违约而产生的请求违约方承担责任的权利，诉讼时效期间一般为两年；但在延付或者拒付租金、寄存财物被丢失或者损毁的情况下，诉讼时效期间为 1 年。因侵权行为所产生的请求权，诉讼时效期间一般为两年，但身体受到伤害而产生的赔偿损失请求权，诉讼时效期间为 1 年。

（9）免责条款的效力不同。法律一般不允许当事人以协议排除或限制其未来的责任，但对某些免责条款也承认其效力。相对地说，免除违约责任的条款，较免除侵权责任的条款更易被法律所承认。

（10）责任方式不同。违约责任主要是财产责任，包括强制实际履行、支付违约金、赔偿损失、价格制裁，仅有合同解除为非财产责任；侵权责任既包括财产责任（如赔偿损失），也包括非财产责任，如消除影响、恢复名誉、赔礼道歉等。

4. 违约责任与侵权责任的竞合

违约行为侵害的是债权，属于相对权；侵权行为侵害的是所有权、人身权等绝对权利。两者在一般情况下不会发生竞合，但在特殊情况下也有可能竞合。

责任竞合是指同一行为符合民法规定的数种责任要件的情形。从同一行为产生的请求权角度看，则为请求权之竞合。在民法中，违约责任与侵权责任的竞合是最为常见的。产生责任竞合的原因是由于从不同角度针对某类社会行为关系作出的数个平行的法律规范发生竞合，这使同一行为可能符合数个法律规范要求的条件，且这些规范均能够适用，从而发生责任竞合。违约责任与侵权责任的竞合主要发生在如下情形。

(1) 合同当事人的违约行为，同时侵犯了法律规定的强行性义务，包括保护、照顾、通知、忠实等附随义务或其他法定不作为义务。在某些情况下，一方当事人违反法定义务的行为，同时违反了合同担保的义务。

(2) 在某些情况下，侵权行为直接构成违约的原因，所谓“侵权性的违约行为”。

(3) 侵权关系当事人之间事先存在着一种合同关系，一方实施故意侵害对方权利并造成对方损害的侵权行为时，该加害行为不仅可作为侵权行为，也可以作为违反了当事人事先规定的义务的违约行为对待。

(4) 一种违约行为虽然只符合一种责任要件，但是，法律从保护受害人的利益出发，要求合同当事人根据侵权行为制度提出请求或提起诉讼，或者将侵权行为责任纳入合同责任的适用范围。

违约责任与侵权行为发生竞合时，当事人可选择形式违约责任请求权或侵权责任请求权，并允许当事人选择有利于自己的一种诉因提起诉讼。应注意的是，当事人不能同时以两个诉由起诉，即不能取得双倍赔偿。当事人的任何一个请求权满足后，另一个请求权因此而终止。但当事人的任何一个请求权未能实现的（其原因可能是已过诉讼时效或败诉等），当事人仍可基于另一请求权提起诉讼。

三、物业管理民事法律责任的承担方式

结合《民法通则》第 134 条和《侵权责任法》第 15 条第 1 款的规定，承担民事责任的方式包括十种，可以单独使用，也可以合并使用。

1. 停止侵害

是指侵害人终止其正在进行或者延续的损害他人合法权益的行为。

2. 排除妨碍

是指侵害人排除由其行为引起的妨碍他人权利正常行驶和利益实现的客观事实状态。

3. 消除危险

是指侵害人消除由其行为或者物件引起的可能对他人的合法权益造成损害的紧急

事实状态。

4. 返还财产

是指侵害人将其非法占有或者获得的财产转移给所有人或者权利人。

5. 恢复原状

是指受害人的财产恢复到侵害之前的状态。适用这种责任形式的条件有：一是有恢复原状的可能；二是有恢复原状的必要性。

6. 修理、重作、更换

主要适用于违反合同质量条款的情形。修理，是指使受损害的财产或者不符合合同约定质量的标的物具有应当具备的功能、质量。重作，是指重新加工、制作标的物。更换，是指以符合质量要求的标的物替代已交付的质量不符合要求的标的物。

7. 赔偿损失

是指行为人因违反民事义务致人损害，应以财产赔偿受害人所受的损失。赔偿损失包括财产损害赔偿与精神损害赔偿。其中，精神损害赔偿仅适用于侵害他人人身权益，造成他人严重精神损害的情形。

8. 支付违约金

是指一方违约时以法律规定或者合同当事人约定，向对方支付一定数额的金钱。

9. 消除影响、恢复名誉

消除影响，是指加害人在其不良影响所及范围内消除对受害人不利后果的民事责任。恢复名誉，是指加害人在其侵害后果所及范围内使受害人的名誉恢复到未曾受损害的状态。

10. 赔礼道歉

是指加害人以口头或者书面的形式向受害人承认过错、表示歉意。

第三节　物业管理行政法律责任

一、物业管理行政法律责任的概念

物业管理行政法律责任是指在物业管理过程中，物业管理行政主体和物业管理行政相对人的行为违反物业管理行政法规而应当承受的不利性法律后果。

二、物业管理行政相对人违法行为的种类

在物业管理过程中需追究行政责任的行政违法行为可以归纳为以下 4 类：

1. 物业服务企业的行政违法行为

（1）非法经营行为。是指不具备从事物业管理的资质和能力的企业，以物业管理公司的名义违法从事物业管理经营活动。具体表现为三种情形：一是无证经营。指未取得物业管理资质证书而从事物业管理业务的营业行为。二是超越资质能力经营。指低资质的物业服务企业超越自身资质能力等级从事高资质物业服务企业才能受托管理的业务，使所管物业与其所持资质证书等级不相符合的营业行为。三是超越营业执照登载的经营范围而从事与其设立目的相违背的其他经营活动。前两种情形，由物业管理行政主管机关依法责令其停止违法行为，没收违法所得，并可处以罚款。第三种情形由工商行政管理部门依法处理，予以相应处罚。

（2）不正当竞争行为。它是指物业服务企业在市场交易中违反公平竞争的法律规定和公认的商业道德，采用不正当手段损害其他经营者的合法权益，扰乱社会经济秩序的行为。例如在物业管理招投标过程中，投标者搞串通投标、抬高标价，或者投标者和招标者相互勾结，以排挤竞争对手的公平竞争。对不正当竞争行为，一般由县级以上工商行政管理部门依据中国《反不正当竞争法》及配套法规、规章进行查处。对招投标活动中的不正当竞争行为，中标无效，监督检查部门可以根据情节处以 1 万元以上 20 万元以下的罚款。

（3）擅自作为行为。它是指物业服务企业在实施物业管理过程中，违反物业管理法规的禁为规范或者违反物业委托管理服务合同中的禁为约定，而擅自做出的犯禁行为。例如擅自扩大收费范围、提高收费标准，擅自改变公用设施专用基金和住宅维修基金的用途，擅自改变专用房屋的用途或未按规定使用，擅自不按规定定期公布收入账目等。对擅自作为行为，物业管理行政主管机关和有关物价等行政管理部门应当责令其限期改正，并可处以罚款；情节严重的，物业管理行政主管部门可以降低其物业管理资质等级，直至吊销其资质证书，并可建议工商行政管理机关依法注销其物业管理这一经营项目。

（4）不履行或不忠实履行受托管理义务的行为。它是指物业服务企业不履行物业管理委托合同规定义务或者违反忠实义务，不尽心尽力履行管理义务，致使物业管理制度不健全、管理混乱、对物业管理和维修养护不善的行为。对该种行为，物业管理行政主管机关可以责令其限期改正和赔偿委托方损失，并视情节给予警告或者处以罚款；情节严重的也可以降低其物业管理资质等级，直至吊销其资质证书。

（5）损害消费者合法权益的行为。它是指物业服务企业在向消费者提供服务时，违反《消费者权益保护法》第 3 章关于经营者的义务之规定，所做出的侵害消费者合法权益的行为。对此类行为，工商行政管理部门和其他有关部门在各自的职权范围内依法采取措施予以惩处。

2. 业主委员会、业主、物业使用人或者其他单位、个人的行政违法行为

（1）决定违法行为。它是指业主大会、业主代表大会、业主委员会做出违反国家、

地方有关物业管理规范性文件的规定之决定行为。对此类行为，由物业管理行政主管部门依法责令其限期改正或者撤销其决定。

（2）擅自作为行为。它是指违反物业合理法规的禁为义务规范而擅自做出的犯禁行为。例如，业主委员会违反不得从事各种投资和经营活动的禁令而擅自进行经营的，物业管理行政主管部门应当责令限期改正，可以并处罚款。又如业主、非业主使用人在使用房屋过程中，擅自改变房屋结构、外貌和用途等，物业管理行政主管机关和有关行政部门应当责令其限期改正，恢复原状，可以并处罚款。

（3）不履行法定应为义务行为。它是指违反物业管理法规的作为义务规范而不做出法规所要求的行为。例如《深圳市经济特区住宅区物业管理条例》第 42 条第 2 款、第 43 条规定了业主等人对房屋等物业定期修缮、粉刷的义务，若不履行该项法定义务，按第 56 条第 3 项规定，市、区住宅管理部门应当责令其限期修缮或粉刷；逾期拒不修缮或粉刷的，可处以 3000 元以上 5000 元以下的罚款。

3. 开发建设单位、售房单位的行政违法行为

（1）未履行法定前期物业管理义务的行为。它是指开发建设单位作为新建房屋出售单位以及公有住宅出售前的管理单位，违反物业管理法规关于前期物业管理的规定，不履行或不完全履行自己在物业管理方面依法应作为的义务之行为。

（2）不履行物业移交法定义务的行为。它是指房屋出售单位在向业主委员会、物业服务企业移交物业时，未按规定移交有关该宗物业的工程建设资料和提供成本价物业管理用房的行为。

（3）不履行物业维修专用基金代收代存法定义务的行为。它主要是指新建房屋出售单位在销售时，未按规定代表物业管理方向购房者收取法定的应缴交的物业维修专用基金，或者代收后不按规定及时交存入指定的银行专用账户的行为。此外，公有住房出售单位也可能做出不履行设立物业维修基金法定义务的义务。

（4）其他行政违法行为。例如，新建房屋出售单位未按规定对建筑实行保修的行为；单独转让房屋的共用部位、共用设备或公共设施的所有权、使用权的行为；不履行对售出的房屋实行保修义务的行为等。

开发建设单位、售房单位表现出上列违法行为的，由市级或区、县级房地产管理部门责令其改正、限期履行，可以并处罚款；情节严重的，可以暂停开发建设单位的房地产开发资质。

4. 妨碍管理的违法行为

妨碍管理的违法行为是指行政相对人妨碍、阻扰国家物业管理行政主管部门等有关行政管理部门和其他享有物业管理监督权的主体，依法对物业管理实施的客观管理监督事实行为。大致分为两类。

（1）妨碍执行公务的行为。它是指物业管理公司及其员工和物业的业主、使用人

以非法手段，无理阻挠、妨碍国家有关行政管理部门执行公务的活动，如阻碍对自己所为的违章建筑行为所进行的行政查处公务活动，妨碍或刁难环境卫生园林部门、消防部门等的检查活动。对这类行为，可依照《治安管理处罚条例》分别予以警告、罚款、行政拘留等行政处罚，必要时可对行为人实行劳动教养等行政措施。

（2）妨碍实施监督行为。它是指物业服务企业及其工作人员拒绝或阻碍业主团体组织及业主对物业管理工作实施正常监督的行为。这种妨碍行为不仅有违物业委托管理合同的监督约定，而且违反国家物业管理法规对业主团体组织和业主的授权规范，应当承担相应的行政责任。但现行物业管理规范性文件对这类行为还没有明文规定相应的行政责任，只是视为违约行为，今后应通过立法加强和完善物业管理监督法制，增加规定与监督相配套的行政责任。

三、物业管理行政法律责任的承担方式

物业管理活动中承担行政责任的方式一般分为三类。

1. 行政主体承担行政责任的方式

主要有通报批评；赔礼道歉；承认错误；恢复名誉，消除影响；返还利益，恢复原状；停止违法行为；撤销违法决定；撤销违法的抽象行为；履行职务；纠正不当；行政赔偿。

2. 行政公务人员承担行政责任的方式

主要有通报批评；赔礼道歉；承认错误；退赔、恢复原状；停止违法行为；采取经济制裁措施；赔偿损失；行政处分（警告、记过、记大过、降级、撤职、开除）；罢免。

3. 行政相对人承担行政责任的方式

主要有承认错误、赔礼道歉；行政处罚（警告、限期停业整顿、暂扣或吊销营业执照、没收非法所得、罚款、行政拘留等）；限期改正；责令停止违法行为；恢复原状、返还利益。

第四节　物业管理刑事法律责任

一、物业管理刑事法律责任的概念

物业管理刑事法律责任指行为人（包括自然人和法人）在物业管理活动中严重违反物业管理法律、法规，给国家、集体、自然人或法人的财产或生命健康造成严重损害，情节严重，触犯刑事法律的规定，而依法必须承担的刑事责任。

例如，《物业管理条例》第 63 条规定，违反本条例的规定，挪用专项维修资金的，由县级以上地方人民政府房地产行政主管部门追回挪用的专项维修资金，给予警告，没收违法所得，可以并处挪用数额 2 倍以下的罚款；物业服务企业挪用专项维修资金，情节严重的，并由颁发资质证书的部门吊销资质证书；构成犯罪的，依法追究直接负责的主管人员和其他直接责任人员的刑事责任。

二、承担刑事责任的方式

承担刑事责任的方式是刑事处罚，分为两类。

1. 主刑

包括管制、拘役、有期徒刑、无期徒刑和死刑。

2. 附加刑

包括罚金、没收财产和剥夺政治权利。

刑事责任可因不可抗力、紧急避险、职务行为而免除。

在物业管理活动中通常所涉及的刑事责任有：物业管理行政主管部门工作人员玩忽职守、滥用职权、徇私舞弊、贪污受贿的，由其上级主管部门或所在单位给予行政处分；构成犯罪的，移送司法机关依法追究刑事责任。

本章小结

物业管理法律责任是指物业管理活动的民事主体、行政主体和行政相对人对自己违反物业管理法规的行为所应依法承担的具有国家强制性和不利性的法律后果。物业管理法律责任按法律责任的内容划分为民事法律责任、行政法律责任、刑事法律责任三类。物业管理法律责任的构成包括：主体；过错；违法行为；损害事；因果关系。物业管理法律责任免责可以分为：时效免责；不诉免责；自首、立功免责；补救免责；协议免责和无能力免责。

物业管理民事法律责任指物业管理民事主体因违反民事法律义务而按照民法规定必须承担的一种法律责任。违约责任与侵权责任构成物业管理民事责任的两大主体部分。物业管理民事法律责任的承担方式包括停止侵害、排除妨碍、消除危险、返还财产等。

物业管理行政法律责任是指在物业管理过程中，行政相对人的行为违反有关物业管理行政法规而应当依法承受的不利性法律后果。

物业管理刑事法律责任指行为人在物业管理活动中严重违反物业管理法律、法规，给国家、集体、自然人或法人的财产或生命健康造成严重损害，情节严重，触犯刑事法律的规定，而依法必须承担的刑事责任。

复习思考题

一、简答

1. 简述物业管理法律责任的主要特征。

2. 试述物业管理法律责任的构成要件。

3. 简述物业管理法律责任免责。

4. 简述物业管理民事法律责任的分类。

5. 违约责任与侵权责任有何区别？

6. 简述物业管理民事法律责任的承担方式。

二、案例分析

1. 某住宅小区的业主江先生，自己购买的停车位常被别人的车占领，有一次深夜出车回来，发现自己的车位又被别人的车占领。他气愤至极，便把自己车横停在该车前面，第二天早上来开车时，发现自己的车遭人划了一大块，江先生便要求物业管理公司赔偿损失并保证自己的车位不被别人占据。物业管理公司护卫员反映，停在江先生的车位是张某的车，车上的划痕是张某造成的，应由张某赔偿。江先生于是把物业管理公司和张某告上了法庭，要求张某和物业管理公司赔偿损失。

被告某物业管理公司辩称：造成原告汽车划伤的是张某所为，与物业服务企业无关，物业管理公司不应承担责任。被告张某没有为自己的行为辩解。

试分析此案。

2. 某物业管理公司不与小区业主委员会协商，擅自将所管辖住宅小区的所有楼内一层电梯旁的公共部位300余平方米出租给他人设摊经营。该住宅小区业主委员会认为，在购房时，已将该公共部分摊入所购房屋的建筑面积之中，对此公共部位让与他人经营是一种侵权行为，经交涉无果，遂一纸诉状将物业管理公司告上法庭。

被告律师辩称：物业管理公司作为住宅小区的管理者，有权将楼内一层电梯旁的公共部位出租给别人设摊经营。

问：

物业服务企业的做法对吗？为什么？

第五章　解决物业管理纠纷的法律途径

学习目标

1. 了解我国物业管理纠纷的现状；
2. 了解目前物业管理过程中所面临的各种纠纷的类型；
3. 熟悉我国物业管理纠纷中应该掌握的处理原则和手段；
4. 掌握物业管理过程中各种纠纷的处理方法。

案例导入

业主将临街墙体拆除，改成饭馆，物业服务企业应该如何处置

某小区一楼业主在接房后，将其一楼面临道路的一侧墙体拆除，并在墙体外通向道路的小区绿地上修建了楼梯，将自己的房屋改成小饭馆。物业服务企业要求该业主恢复原状，停止营业，均未改变。故起诉到法院。

物业服务企业在起诉中称，根据业主与物业服务企业所签订的物业服务合同约定，业主有遵守业主公约的义务，业主不得擅自改变房屋用途，不得擅自侵占住宅公共部位和公共设施设备。在业主与物管公司签订的《住宅装饰装修协议》中约定，业主应当遵守建设部颁布的《建筑装饰装修管理规定》。现业主擅自改变房屋用途，破坏房屋结构，擅自侵占小区公共部位，故应当停止经营，恢复原状。

业主辩称，其办理了个体工商户营业执照，营业地址登记在该套房屋内，属于合法经营。

法院审理结果：判令业主停止经营行为，并将被拆改的外墙恢复原状。

第一节　物业管理纠纷概述

我国的物业管理行业是随着改革开放的深入，伴随着市场经济以及房地产综合开发和住房商品化的发展而产生和发展起来的，很多人对物业管理还没有足够的认识和充分的理解。物业管理的覆盖面越来越广，物业服务企业也逐年递增，从业人员越来

越多，且层次不一。相应地，物业管理暴露出来的问题也越来越多，如果处理不好，就会引发大量的纠纷。

一、物业管理纠纷的概念和特征

物业管理纠纷是指自然人、法人、其他社会组织、国家有关行政管理部门相互之间在物业管理的民事、经济、行政活动中，因对同一项与物业有关、与物业管理服务有关、与具体行政行为有关的权利和义务有相互矛盾（对立、对抗）的主张和请求，而发生的具有财产性质的争执。物业管理纠纷具有以下特征。

（1）物业管理纠纷不仅基于违法或违背社会公共利益行为，而且基于违反业主团体自治规约的行为。其他类房地产纠纷都不涉及自治规约的存在和违反问题。物业管理法规赋予业主团体自治的组织权力和保护业主团体自治运行秩序，承认管理规约的自治规范约束力。受自治规范约束的业主、物业使用人、业主委员会若有违反自治规范的行为，就会引发自治类纠纷。

（2）物业管理纠纷法律关系非常复杂。既有涉及民事、经济、行政、刑事法律关系的纠纷，又有涉及业主团体经济事务和社会事务民主自治法律关系的纠纷。既有狭义的物业管理纠纷，即仅包括业主团体的物业管理事务委托和承办过程中发生的纠纷；又有广义的物业管理纠纷，即包括物业开发规划设计时期、物业管理超前介入时期、前期物业管理时期、业主团体自治管理期所发生的涉及物业管理因素或物业管理活动的全部纠纷。在各种物业管理纠纷中，有的还因含有涉外因素而成为涉外纠纷。

（3）物业管理纠纷具有易发性。基于服务产品的生产过程与流通过程、消费过程的交融性、服务大都直接面对消费者的特性、服务态度和业主等消费者心理受个人情绪的影响性，在物业管理服务的提供和交易过程中，容易发生对服务质量好坏、满意与否的争执。

二、物业管理纠纷的分类

为了能够更详细地了解物业管理纠纷，可以依不同的划分标准划分出多种类型。按法律关系性质差异与基本权利性质和特点不同两个方面分类进行介绍。

1. 按纠纷所属法律部门不同的法律关系性质差异，可以将物业管理纠纷划分四大类

（1）民事纠纷。指民事法律地位平等的自然人、法人、其他社会组织相互之间基于财产关系和人身关系而发生的纠纷。物业管理纠纷大部分属于民事纠纷，主要表现为：服务合同纠纷（违约纠纷）、侵权纠纷、不动产相邻关系纠纷、无因管理纠纷等。

（2）经济纠纷。正确地说是经济管理和协作纠纷。指存在经济组织隶属关系地位不平等的个人与其所在经济组织之间、下级组织与其上级组织之间或者依法依合同结

成经济协作性隶属关系的不同经济组织之间，基于经济利益关系和组织管理职责关系而发生的纠纷。其主要表现为：基于营业性物业管理委托合同而在承发包当事人（物业服务企业与特定业主及业主委员会）之间发生的经营管理权限纠纷；有关单位依物业管理法规应当相互协助而未尽协助职责而发生的纠纷等。

（3）行政纠纷。狭义是指行政机关在行使管理职权过程中与自然人、法人和其他组织之间发生的具体行政行为争执及连带利益（如行政赔偿）争执，广义还包括对抽象行政行为即行政规范性文件内容规范的争执。在物业管理行政法律关系中，主要有在物业管理的行政主管机关的行政指导和行政监督的具体行政行为纠纷，以及其他相关行政部门监督管理或干预物业管理活动引起的纠纷。

（4）刑事纠纷。指个人和法人单位的行为触犯刑事法规而引起的纠纷。有些物业管理纠纷首先表现为民事经济纠纷或行政纠纷，但由于未得到及时的解决或未得到公正、公平、合理的解决，就很容易使当事人矛盾冲突尖锐化、剧烈化，使纠纷扩大，演变成刑事纠纷。

2. 按纠纷中的基本权利性质和特点不同，可以将物业管理纠纷划分为四大类

（1）物业管理产权类纠纷。主要是物业所有权方面的业主专有权与业主团体共有权辖属范围的确认纠纷，业主团体共有权与托付物业服务企业的物业经营管理权行使之间的权限划分和确认纠纷，物业使用权人与业主及业主团体之间发生的使用权益确认纠纷等。

（2）物业管理债权类纠纷。主要是与物业管理服务有关的合同之债、侵权之债等债权债务关系纠纷。例如物业管理服务违约纠纷、物业管理行为失误致人损害的赔偿纠纷、车辆保管纠纷、无因管理之债纠纷等。

（3）物业管理行政权类纠纷。主要是物业管理行政主管机关和其他有关行政部门在行使职权的具体行政行为中与行政相对人之间发生的行政权限和行政权行使是否违法、是否得当、是否显失公正的争执。例如，违法建筑和违法搭建的行政确认与行政执法强行拆除引起的纠纷等。

（4）物业管理自治权类纠纷。主要是业主、物业使用权人、业主大会、业主委员会等业主团体自治的行政指导和监督部门相互之间在团体民主自治权益方面发生的纠纷。例如，业主不执行管理规约的有关规定或不执行业主会议续筹物业维修基金的分摊决定而引起的纠纷。

三、物业管理纠纷产生的原因

当前引发物业管理纠纷的原因，有历史的和现实的，有内部的和外部的，有社会的和个人的，有主观的和客观的，有管理体制上的和工作上的等各种具体原因。归纳起来，大致有以下几个主要原因：

1. 物业管理专业优质服务供不应求

随着人们的社会生活水平的提高，人们不仅对物业管理专业服务的需求量在迅速

增加，而且对服务的期望值亦即对服务质量的要求也相应提高。但是中国物业服务企业起步较迟，大部分企业的专业水准和员工综合素质不是很高，因而在专业优质服务供给上难以满足众多业主们的需要。

2. 对新生事物的法律规范不健全和行政管理工作欠得力

物业管理、业主团体自治管理都属于在 20 世纪 90 年代中期才纳入国家规范化轨道的新生事物，对实践经验的追踪调研总结或立法工作没有制度化，使得有关法规的健全完善工作滞后于新生事物发展所提出的法制要求。这就使得物业管理和业主自治管理实施过程中所发生的新型纠纷失范，没有可依据的对应规范来对新型纠纷作出处理，从而造成一些纠纷长期难以解决，困扰当事人和行政主管机关。加上一些物业管理的行政主管部门及其工作人员，对业主自治管理的自治道理认识模糊，对自治管理与物业管理的关系未能准确理解，因而在具体行使行政指导和监督职权时，未能及时、有效地以行政手段保护业主团体自治的合法权益，引发行政纠纷。

3. 纠纷当事人缺乏民主自治和法律常识或民主法制观念淡薄

一些涉及业主团体自治事务的纠纷当事人，未能真正把握民主自治的精神和原则，不正当行使或者滥用自己的成员权，人为地在业主团体内部制造派别对立纠纷和其他纠纷；有的纠纷当事人并不缺乏民主法律知识，但民主法制观念淡薄，订了业主公约、服务合同之后不认真履行从而酿成纠纷；有的纠纷当事人有意或无意地将不同主体间的法律关系相混淆，把原本不属于物业管理服务范围的法律关系硬牵扯到物业服务企业身上而引发纠纷。

总之，造成当前物业管理纠纷的原因是相当复杂的，但是，就一件具体的物业管理纠纷而言，可能只有一两个主要原因。因此，对具体的物业管理纠纷应实事求是地作具体分析，从而针对原因找出妥善合法解决纠纷的有效对策。

第二节　物业管理纠纷的处理方式和程序

物业管理的纠纷各种各样，产生的原因也不尽相同，因此处理纠纷的时候，在坚持一些基本的处理原则的基础上，根据产生纠纷的原因分别采取不动的处理方式。同时在处理纠纷过程中对一些事项要特别注意。

一、物业管理纠纷的处理原则

1. 物业管理纠纷处理的合法原则

物业管理纠纷处理的合法原则是处理物业管理纠纷时适用法律的原则。在法律、法规或者规章并不完善的情况下，物业管理权利义务的确定和争议的处理既要符合基本法律，如《民法通则》《房地产法》及其他相关法律的规定和精神，也要尊重当事人依法设立的合同。

2. 物业管理纠纷的地域管辖原则

物业管理纠纷的地域管辖原则是处理不动产或与不动产有关的争议的基本准则。但实践中，有些当事人是自行约定仲裁条款的，则不受地域管辖的限制。

3. 物业管理纠纷尊重协议和合同的原则

因合同和其他民事活动引发的纠纷，应重视当事人之间的约定，以当事人之间达成的合同和协议为基础进行处理，尤其要尊重当事人关于纠纷解决方式的约定，对于双方议定的条款，只要不与现行法规冲突，就可以作为调解纠纷的依据。

4. 着重调解的原则

着重调解的原则主要适用于民事性质的物业管理纠纷，如合同纠纷或侵权纠纷。着重调解的原则不仅是在诉讼或仲裁阶段要经过调解程度，在合法的前提下要尽量遵循当事人意愿自治的原则，及时解决纠纷，便利执行。另外，还要充分发挥一些社会服务组织的调解功能，如通过物业管理协会和消费者权益组织，以及一些法律服务机构主持调解一些纠纷。这样，一方面可以节省纠纷解决成本，另一方面也有利于维持当事人之间的良好关系。

二、物业管理民事纠纷的处理方式和程序

物业管理民事纠纷处理方式，概括起来有以下几种：①当事人各方自行协商和解；②各方当事人请求第三人调解；③当事人之间约定仲裁；④司法诉讼。这几种方式孰优孰劣，难作评定，当事人可以自己决定。自行协商和解是双方直接对话解决纠纷的方式，而后面三种则是借助第三方解决纠纷的方式。

1. 协商

协商是由物业管理纠纷当事人双方或多方本着实事求是的精神，依据有关法规业主公约和所订合同中的规定，直接进行磋商，通过摆事实、讲道理的办法来查明事实、分清是非，在自愿互谅、明确责任的基础上，共同商量达成一致意见，按照各自过错的有无、大小和对方受损害的程度，自觉承担相应的责任，以便及时地自行解决物业管理纠纷的一种处理纠纷的方式。

2. 调解

调解是指当事人之间发生物业管理纠纷时，由国家规定的有管辖权的第三人来主持引导当事人进行协商活动，坚持自愿原则和合法原则，运用对当事人进行利害分析、说服教育的方法，促使当事人双方相互谅解，自愿达成协议，平息纠纷争端的一种方式。调解按调解主持人的身份不同可分为民间调解、行政调解和司法调解三种。

(1) 民间调解。广义包括人民调解委员会调解、律师调解、当事人请调停人调解；狭义仅指人民调解委员会调解民间纠纷，具有民间性质。其调解虽有一定约束力，但要靠当事人自觉履行，一方不履行调解书内容，民调委和另一方当事人皆不能强制其执行。

(2) 行政调解。是指在特定的国家行政主管机关主持下进行的调解，具有行政性质。行政调解书具有法律效力，若一方不执行，主管机关虽无权强制其执行，但另一方当事人可以持行政调解书向有管辖权的法院申请强制执行；若达成调解协议的一方翻悔了，要推翻行政调解书写明的协议，就必须到法院起诉，如不经过司法程序，就不能推翻原来的行政调解。

(3) 司法调解。指法院调解，又称诉讼内调解，具有司法性质。法院受审案件中的民事部分，可以在审判人员主持下进行调解，一般只有在调解不成时，才依法作出判决。即使一审作了判决，到了上诉二审的时候还是可以调解的，如果调解成立，一审判决即视为撤销。

3. 仲裁

仲裁是指由物业管理纠纷当事人依据仲裁法，双方自愿达成协议选定仲裁机构并由其主持调解或对纠纷作出裁决的一种处理纠纷方式。依据我国《仲裁法》规定，仲裁委员会不按行政区划层层设立，可以在设区的市、省级人民政府所在地的市设立，并且仲裁不实行级别管辖和地域管辖。仲裁委员会只受理平等主体的公民、法人和其他组织之间发生的合同纠纷和其他财产权益纠纷。

可以通过仲裁途径解决的应是民事性质的争议，主要是基于合同的纠纷或财产权益纠纷。依据我国《仲裁法》的规定：平等主体的公民、法人或其他组织之间发生的合同纠纷和其他财产权益纠纷，可以仲裁。

仲裁庭管辖物业管理纠纷的依据是当事人认定的协议。仲裁协议有两种方式：一种方式是在订立合同时就约定一个条款，说明一旦有争议就提交仲裁，这叫仲裁条款；另一种方式是双方当事人出现纠纷后临时达成提交仲裁庭的书面协议。仲裁协议要写明以下内容：第一，请求仲裁的意思表示；第二，仲裁事项；第三，选定的仲裁委员会。如一个在广州履行的合同写明“有关本合同的争议，双方应协商解决，无法协商时提交广州仲裁委员会仲裁。”则该合同的争议依法应由广州仲裁委员会处理。达成仲裁协议的争议，不得向法院起诉；即使起诉，法院也不受理。

物业管理纠纷仲裁处理的一般程序如下。

(1) 一方当事人向选定的仲裁委员会提交仲裁申请书；

(2) 仲裁委员会收到申请书后 5 日内决定立案或不立案；

(3) 立案后在规定期限内将仲裁规则和仲裁员名册送申请人，并将仲裁申请书副本和仲裁规则、仲裁员名册送达被申请人；

(4) 被申请人在规定期限内答辩，双方按名册选定仲裁员。普通程序审理时由三名仲裁员组成，双方各选一名仲裁员，仲裁委员会制定一名首席仲裁员；案情简单、争议小的，可以适用简易程序，由一名仲裁员审理；

（5）开庭：庭审调查质证、辩论、提议调解；

（6）制作调解书或调解不成时制作裁决书；

（7）当事人向法院申请执行。

与司法审判的两审终审制不同，仲裁裁决是一裁终局。除非当事人有《仲裁法》第 58 条所规定的理由，可以自收到裁决书之日起 6 个月内提出撤销裁决申请外，否则当事人应当履行裁决。一方当事人不履行的，另一方当事人可以依照民事诉讼法的有关规定向法院申请执行。

4. 民事诉讼

诉讼是法院在物业管理纠纷诉讼当事人和其他诉讼参加人的参加下，依法审理和解决物业管理纠纷案件的活动，以及在该活动中形成的各种关系的总和。诉讼是解决争议纠纷的最基本的方式，也是最后的方式。诉讼的管辖机关是人民法院。与仲裁明显不同，人民法院依法对已提交诉讼的当事人的管辖是强制性的。

物业管理民事纠纷的诉讼程序大体上有以下几个步骤。

（1）当事人一方（原告）提交起诉状，起诉至法院；

（2）法院审查立案后将起诉状副本送达被告；

（3）被告提交答辩状；

（4）开庭：法院调查、辩论、调解；

（5）制作调解书或一审判决书；

（6）双方均不上诉，则判决书生效；或一方不服提起上诉，进入第二审程序；

（7）第二审审理：制作二审调解书或下达二审判决书，此为终审判决，不得上诉；

（8）执行；

（9）审判监督程序，如申诉。

无论仲裁还是民事诉讼，均应贯彻合法公正的原则，即以事实为根据，以法律为准绳。由于物业管理法规规章不健全，实践中应注重《民法》《房地产法》《合同法》《物权法》等一般法律与物业管理专门法规及地方性法规规章的衔接，并依据《宪法》的原则处理好法规的效力认定和冲突的解决；同时，在诉讼或仲裁活动中，对业主、业主大会、业主委员会的代表地位和诉权，请求权行使要有明确的了解和认可，处理好单个业主的意见与小区业主集中意志的关系，确认业主委员会在物业管理纠纷中的代表地位，以便及时处理纠纷，理顺关系，建立良好的物业管理秩序和符合法律原则的权利义务关系。

三、物业管理行政纠纷的处理方式和程序

1. 行政复议

行政复议是指公民、法人或者其他组织认为行政机关的具体行政行为侵犯其合法权益，依法向上级行政机关提出申请，由受理申请的行政机关对具体行政行为依法进行审查并作出处理决定的活动。对于行政机关来说，行政复议是行政机关系统内部自我监督的一种重要形式；对于行政相对方来说，行政复议是对其被侵犯的权益的一种救济手段或途径。行政复议具有以下特征。

（1）行政复议是行政机关的行政行为。行政复议是行政机关行使职权的行为，是上级行政机关对下级行政机关行使监督权的一种形式。因此，行政复议是一种行政行为。

（2）行政复议是以行政争议为处理对象的行为。行政争议是由于相对人认为行政机关行使行政管理权，侵犯其合法权益而引起的争议。行政复议只以行政争议为处理对象，它不解决民事争议和其他争议。

（3）行政复议是由行政相对人提起的一种依申请而产生的行为。行政复议应由行政相对人提出，行政相对人不提出复议申请，行政机关不能自主启动行政复议程序。

2. 行政诉讼

行政诉讼是指公民、法人或者其他组织认为，行政机关和法律、法规授权的组织的具体行政行为侵犯其合法权益，依法向人民法院起诉，人民法院在当事人和其他诉讼参与人的参加下，对具体行政行为进行审理并作出裁决的活动。通俗地说，行政诉讼也就是“民告官”的诉讼。行政诉讼具有以下特征。

（1）行政诉讼是解决行政管理纠纷的一种诉讼活动。公民、法人或者其他组织认为行政机关和行政机关工作人员的具体行政行为侵犯其合法权益，可以寻求司法保护。

（2）行政诉讼的原告是认为行政机关及法律、法规授权的组织作出的具体行政行为侵犯其合法权益的公民、法人或者其他组织。

（3）行政诉讼的被告是行使国家行政管理权的行政机关及法律、法规授权的组织。首先，行政机关或经法律法规授权的组织在实施具体行政行为的过程中，处于主导地位，行政相对人必须服从，它不需要以原告身份提起诉讼的方式来实现具体行政行为。其次，作出具体行政行为的虽是行政机关工作人员，但因其职务行为是代表行政机关作出的，也不能成为行政诉讼的被告。

四、物业管理纠纷处理注意事项

1. 物业管理纠纷的管辖问题

确定物业管理纠纷案件的管辖问题，是正确审理此类案件的前提。物业管理纠纷

的管辖问题，应以物业管理纠纷的具体类型来确定。目前当事人一般都在物业所在地的法院起诉，并把物业所在地作为业主或使用人的住所地，而有些受诉法院也未分清物业管理纠纷的不同类型而予以受理。要注意审查何处为被告住所地、何处为合同履行地。

2. 物业管理的合同的法律效力问题

审查物业管理合同的效力，关系到正确处理纠纷，维护法律严肃性的问题。在物业管理纠纷中，主要涉及三类合同，一为物业管理服务合同，即业主或管委会与物业管理公司或开发商签订的由房地产开发商或物业管理公司对建筑物及其附属物进行有偿管理服务的书面协议：通常所说的物业管理合同主要是指物业管理服务合同；二为物业管理承包合同即房地产开发商或物业管理公司与另一物业管理公司签订的将物业管理权发包给另一物业管理公司承包的书面协议；三为物业委托管理合同，即房地产开发商与物业管理公司签订的将物业管理权委托给物业管理公司管理的书面协议。在审理中，应区分合同的不同性质，注意判定合同的效力，以正确处理物业管理纠纷。

（1）注意审查物业管理服务合同的效力。在审查物业管理服务合同（或称聘用管理合同）时，应主要从当事人是否具备民事主体资格和相应的民事权利能力、民事行为能力，合同的内容是否合法来审查其效力。还应注意审查合同的内容是否合法。

（2）注意审查物业委托管理合同的效力。在考察物业委托管理合同时应注意审查合同的当事人和合同的内容。业主或代表业主的管委会委托、聘用物业管理公司提供管理服务，据此所签订的物业委托管理合同，实质上是属于前述物业管理服务合同，如无其它致合同无效的情形，所签订的物业委托管理合同应确认有效。业主将物业委托给其选定的物业管理公司管理，是基于业主对所选定的物业管理公司物业管理能力的信任，物业管理公司既无权将享有的受托管理权转包、转让，也无权另行委托他人对业主的物业进行管理。而且，根据民法理论，转委托成立的前提必须是经委托人（即业主）同意，接受委托进行物业管理的物业管理公司擅自将管理权转托他人行使，所签订的物业委托管理合同，侵犯了业主的利益，实施了无权转委托的行为，应确认合同无效。

第三节　物业管理常见纠纷类型及处理

物业管理是一个从物业开发规划开始分阶段、分期逐步全面推开的过程，同时也是物业管理服务的多种经营、多类提供依其共性或关联密切性而自然构成不同板块的过程。物业管理法规对不同阶段和不同板块的物业管理服务关系的组控也各有一些特殊规范必须或可供适用。

一、前期物业管理阶段

在前期物业管理阶段，物业管理的纠纷一般集中在以下三个方面：

1. 业主以其未签订前期物业管理合同为由而拒绝履行合同

例如，某业主入住新购房产后，以前期物业管理合同是房产商而非其与物业服务企业签订，对其不发生效力为由，拒绝缴付物业管理费，物业服务企业在多次催讨不成情况下，向法院提出诉讼，法院判决该业主按照前期物业管理合同的约定缴付物业管理费。

2. 物业服务企业利用前期物业管理的特殊性侵犯业主的合法权益

例如，某房产开发企业与某物业服务企业（系由该房产企业设立）签订前期物业管理合同，委托该物业服务企业对小区实施物业管理，委托期限为 8 年，每平方米收费 2.5 元（同等物业收费 1.2 元）。业主相继入住后，发现小区管理混乱，物业服务差，收费相比同等其他物业高出许多，业主因此不满，矛盾纠纷不断产生。

3. 房屋装饰装修期纠纷

住宅工程初装饰，是指新建住宅工程户门以内的部分项目，在施工阶段只完成初步装饰。由于初装饰是二次装饰的基础，其标高、坡度、平整度、棱角等质量要求不能降低，竣工验收时观感质量评定的基准分不变，其质量标准按国家《建筑安装工程质量检验评定标准》及有关规定执行。

原有房屋装饰装修时，业主所委托的设计施工队伍，应当是经建设行政主管部门进行资质审查，并取得资质证书的从事建筑装饰装修的企业。未取得建筑装饰装修资质证书而进行建筑装饰装修的设计、施工队伍，要受到行政处罚，并可处以装饰装修工程造价 3%以下的罚款。为保护业主利益，物业服务企业在办理业主申请装修装饰事务中，应审核装修施工队伍的来源及资质证书，提醒业主不要贪图省钱找装修“游击队”来施工，以免日后发生装修质量纠纷和难以索赔。

原有房屋装饰装修时，对影响原有房屋结构稳定和承载能力的装饰装修工程要严格实行审批制。凡涉及拆改主体结构和明显加大荷载的，必须严格按照《建筑装饰装修管理规定》第 8 条的规定办理装饰装修。

二、业主委员会自治主持下的物业管理阶段

业主委员会成立后，前期物业管理转入业主团体自治管理与专业化物业管理相结合的运行阶段。

1. 物业服务企业的辞退纠纷

按不少地方现行物业管理法规规定，只有物业管理委托合同期满，或者接受委托的物业服务企业提供的管理服务未能达到政府部门（深圳规定）和委托合同规定的管

理服务效果标准或者有其他违约行为的，业主委员会或委托方才可以决定终止委托合同（江苏省规定）。

2. 业主人身或财产受到损害，造成的物业纠纷

例如，在打架斗殴中，涉及物业管理公司负责管理的物业的损失。

3. 物业维修、更新费用纠纷

根据权利与义务相一致原则和损失与赔偿相等称原则来处理物业管理辖区内的房屋维修、更新的费用纠纷。

（1）属于业主独有（房屋室内）部分的自用部位和自用设备的维修、更新费用由业主负责。

（2）房屋使用人承租的，依中国《合同法》第 220 条规定：出租人应当履行租赁物的维修义务，但当事人另有约定的除外。其第 221 条规定：承租人在租赁物需要维修时可以要求出租人在合理期限内维修。出租人未履行维修义务的，承租人可以自行维修，维修费用由出租人负担。因维修租赁物影响承租人使用的，应当相应减少租金或者延长租期。

（3）房屋共用部位和共用设施设备的维修、更新费用，由整幢房屋本体业主按照各自拥有的建筑面积比例共同承担，1989 年 11 月 1 日建设部第 5 号令《城市异产毗连房屋管理规定》第 9 条，比较详细地规定了凡异产毗连房屋发生自然损坏（因不可抗力造成的损坏，视同自然损坏），所需修缮费用的处理原则。深圳市的规定突出了住宅维修基金，由业主按规定分摊，分期缴纳，房屋共用部位、共用设施设备由物业管理公司组织定期养护和维修，其费用从住宅维修基金中支出。

（4）物业管理区域内的水、电、气、通信、有线电视等管线及其他属公用事业部门专项管理的设施，也可以委托物业服务企业管理维护，并承担相应费用。

（5）属人为损坏的，由该行为人负责承担维修、更新费用或者给予赔偿。

（6）物业出现严重损坏而影响业主、使用人权益和公共安全时，区、县房地产行政主管机关应当督促限期维修；必要时，房地产行政主管部门可以采取排险解危的强制措施，排险解危的费用由当事人承担。（参见 1989 年 7 月 8 日建设部第 11 号令《城市房屋修缮管理规定》）

（7）房屋的共用部位、共用设施设备维修时，相邻业主、使用人应当予以配合。因相邻业主、使用人阻挠维修造成其他业主、使用人财产损失的，责任人应当负责赔偿。反之，依不动产相邻关系法理及规定，因物业维修、装修造成相邻业主、使用人的自用部位、自用设备损坏或者其他财产损失的，责任人应当负责修复或赔偿。

4. 物业的使用纠纷

物业的使用纠纷是因涉及公共秩序、公共环境卫生、公共利益的利用物业行为违法或不正当所引发的纠纷。处理这类纠纷应适用社会公益优先保障原则、维护相关行

政管理秩序原则和尊重物业所有权属原则。

物业管理法规明列出物业使用关系中的禁为行为：损害房屋承重结构和破坏房屋外貌；占用、损坏房屋的共用部位、共用设施或者移装共用设施设备；在天井、庭园、平台、屋顶以及道路或者其他场地搭建建筑物、构筑物；侵占绿地、毁坏绿化；乱设摊点、集贸市场；乱倒垃圾、杂物；在建筑物、构筑物上乱张贴、涂写、刻画；随意停放车辆和鸣喇叭；发出超出规定标准的噪声；排放有毒、有害物质；从事业主公约所禁止的营业；法律、法规及政府规章所禁止的其他行为。对违反强行性禁为规范的行为人，不仅业主、使用权人、居民、业主委员会、物业服务企业有权劝阻制止和举报，而且有关行政主管部门的执法监察机构有权依法予以行政处罚。

物业管理从业人员特别是物业服务企业经理层人员及行政主管机关的工作人员，应在日常工作和学习中，注意收集、研究物业管理实务纠纷案例分析资料和相关法学理论文著，以利于不断提高自己依法办事的工作水平和理论水平。

本章小结

物业管理纠纷是指自然人、法人、其他社会组织、国家有关行政管理部门相互之间在物业管理的民事、经济、行政活动中，因对同一项与物业有关或与物业管理服务有关或与具体行政行为有关的权利和义务有相互矛盾（对立、对抗）的主张和请求，而发生的具有财产性质的争执。

物业管理纠纷的处理原则有物业管理纠纷处理的合法原则；物业管理纠纷的地域管辖原则；物业管理纠纷尊重协议和合同的原则；着重调解的原则。

物业管理民事纠纷处理方式有：协商、调解；仲裁、司法诉讼。

物业管理行政纠纷的处理方式有行政复议和行政诉讼。

复习思考题

一、简答

1. 物业管理纠纷处理方式有哪些?

2. 物业管理纠纷现状如何？发展趋势怎样?

3. 物业管理纠纷的处理原则怎样?

4. 物业管理纠纷的特点有哪些?

二、案例分析

1. 某住宅小区二楼业主谢先生度假回来后发现，家中积满了污水，经查是因为该门栋下水管道倒灌所致，谢先生以开发商产品存在质量问题和物业服务企业没有履行管理职责为由，要求开发商和物业服务企业给予损失赔偿，但开发商称此楼已通过竣工验收，是合格的，所以无责任；物业服务企业称下水道是通畅的，也不应该负管理责任，两者都拒绝赔偿。

试分析：本案属于哪一类的物业管理纠纷？谁应承担责任？为什么？

2. 新城市湖丽小区现有1900多户业主，常住户1300多家。旧“管家”伟诚物业管理有限公司是原建设单位伟业房地产公司旗下的物业管理有限公司。2002年10月底，小区业主委员会成立后，因为不满伟诚物业管理有限公司挪用物业专项维修资金等问题，通过招标选取了另一“管家”——新立物业管理有限公司，并于2002年12月16日进驻小区行使物业管理权。由于有许多内部矛盾和建设单位历史遗留问题没有得到解决，伟诚物业管理有限公司不肯退出，新立物业管理有限公司无法接管，加上小区业主之间意见分歧很大，有支持新立的，也有支持伟诚的，以至于矛盾重重，愈演愈烈。

有道是一山不容二虎。2003年6月15日，矛盾的升级终于演变为两个“管家”的大规模暴力事件，小区价值上百万元的消防监控系统被砸，价值50多万元的收费亭被破坏，近20人在斗殴中受伤，最后不得不动用武警、防暴警察来平息这场“战斗”。最后，为了避免矛盾的进一步恶化，新立物业管理有限公司主动先撤出该小区。

2003年7月，业主委员会向新城市湖丽小区所在地的区法院提起民事诉讼（起诉），要求建设单位和伟诚物业管理有限公司交出管理权。2003年9月25日，新区法院对此案作出一审判决，判令伟诚物业管理有限公司和建设单位——伟业房地产公司于判决生效之日起30天内移交小区物业管理权给业主委员会。但是伟诚物业管理有限公司和伟业房地产公司不服，向新城市中级人民法院提出了上诉。2004年2月，新城市中级人民法院终审维持了原审判决。2004年4月，伟诚物业管理有限公司又因挪用540万元专项维修资金被新城市国土房管局吊销了资质证书。但二审终审判决生效后，伟诚物业管理有限公司仍没有撤出该小区。旧“管家”在小区的物业管理几乎处于瘫痪状态。业主委员会向法院申请强制执行。2004年5月14日，新城市某区法院的执行局5名执行法官到该小区办公室，宣读了法院的执行通知书。物业管理档案资料以及办公室首先移交给了业主委员会。旧“管家”陆续从停车场收费亭、小区控制中心等物业管理岗位上走下来，小区的机房和控制中心也进行了交接和登记。一场物业管理权争夺大战终于落幕了。

问：

（1）本案经过了哪些民事诉讼程序？

（2）本案能否采取仲裁方式加以解决？为什么？

（3）伟诚物业管理有限公司如对市国土房管局吊销资质证书不服可以采取什么方式解决？为什么？

第六章　业主自治管理制度

学习目标

1. 了解业主自治管理的基本内涵；
2. 了解业主、业主大会、业主委员会的权利与义务；
3. 学习业主大会召开、业主委员会产生的程序与方式；
4. 掌握业主自治管理的主要内容和法律性质。

案例导入

承租人是否受管理规约约束

2005 年 9 月，余某购买了上海某小区内一处高档住宅公寓。购房时须签署上海市商品房合同附件《房屋使用管理规约》，余某一家详细审阅该小区第一期管理规约并签字承诺遵守。该管理规约与《房屋使用管理规约》为同一内容，随后在该小区首次业主代表大会通过生效，其中有“不得改变房屋任何部分的外貌，也不得堵塞任何窗户和封闭阳台，如违反规定，管理者有权于任何时间拆去，无须事先通知”的规定。

2008 年 3 月，余某将房屋出租给刘某，约定租赁期为 10 年，由刘某负责装修，余某承担 70%的费用。刘某在装修时将空调外机移到阳台外墙的公共结构部位，并在阳台上加装窗户。为此，该小区业主委员会根据《上海市物业管理条例》和业主管理规约的约定，要求刘某拆除。刘某以自己并非业主，也没有在“管理规约”上签名为由拒绝。业主委员会遂向某区人民法院起诉，请求判令余某和刘某拆除装在阳台外墙上的空调外机和在阳台上加装的窗户。

法院经审理认为，余某一家购房时签字承诺遵守第一期的管理规约，即表示同意将空调外机安装在住房阳台内。余某在明知的情况下，仍与房产开发商签订了购房合同，应视作接受空调外机安装位置、并愿意承担会给自己使用阳台带来不便的后果。随后余某将房屋出租给刘某，刘某装修时擅自把空调外机移到阳台外墙的公共部位，并在阳台上加装窗户，其行为违反了《上海市物业管理条例》和小区管理规约，破坏了房屋外貌，损害了其他业主的利益。故法院判决，刘某在 10 日内拆除装在阳台外墙上的空调外机和装在阳台上的加装窗户。余某承担连带责任。

业主拖欠物业费被限制坐飞机

2009 年 6 月，何某因拖欠物业费，被某物业服务企业诉至武汉仲裁委员会。2010 年 2 月，武汉仲裁委员会裁决何某及其女儿连带支付某物业服务企业 2 万余元。裁决生效后，何某未主动履行义务，同年，该物业服务企业向法院申请执行，何某仍以各种理由拒绝执行。江夏区法院将何某及其女儿列入“黑名单”。2014 年 1 月 23 日，何某在购买机票时，被民航系统拦截下来。获知实情后，何某后悔不已，立即跟法官联系，得知自己如果不还款将寸步难行。1 月 26 日，法院一上班，何某即赶来将钱款全部还清。

第一节　业　主

一、业主的含义及与相关概念的区别

业主，即物业的主人，在一般意义上是指物业的所有权人。我国《物业管理条例》（以下简称《条例》）第 6 条将业主界定为房屋的所有权人。业主既是业主个体自治法律关系的基本主体，又是业主团体自治法律关系的构成主体，业主和依法成立、接受业主委托从事物业管理活动的物业服务企业一起共同构成了物业管理法律关系的主体。在实践活动中，应注意区分业主和以下相关概念的区别。

1. 房地产开发商与业主

在房地产的实践活动中，常常将房地产开发商称为第一业主，而将购房人称为“小业主”。房地产开发商在对房屋进行开发兴建时，基于对房地产的投资和开发，在房屋建成后通常先由他们取得房屋的所有权，从而成为第一业主，属于广义上的业主。第一业主将其建成后房屋出售给各购买人，或购买人再将其购买的房屋转让给他人，这些购买人和受让人便被称为小业主。我国现行立法上所谓的业主仅指小业主，并不包括以开发商身份出现的第一业主。因为，在物业尚未出售时，开发商仅对房屋的建设、质量等负责并承担出售房屋的风险，而并未实际发生物业管理活动，故在此阶段，尚不存在法律意义上的业主。即使所谓的第一业主将部分房屋出售给自己，他则成为物业的所有权人，与其他业主的权利和义务并无区别。基于此，我们认为，第一业主和小业主的提法在法律意义上并不妥当。

2. 物业使用权人与业主

从民法角度审视，物业使用权人与业主的关系是使用权人和所有权人的关系。物业使用权人是指物业的承租人、借用人或其他实际使用物业的人。他们仅对物业享有占有、使用或一定条件下的收益权，而没有处分权。业主是物业的所有权人，对物业

依法享有占有、使用、收益和处分的全部权利。

3. 物业服务企业与业主

物业服务企业是依法成立，接受业主委托从事物业管理活动的企业。它的主要职能是受业主的委托，依据物业管理委托合同，对物业的房屋建筑及其设备、市政公用设施、绿化、卫生、交通、治安和环境等管理项目进行维护、修缮和整治，并向物业所有人或使用人提供综合性的有偿服务。它与业主的关系是一种物业服务合同关系，即双方在平等、自愿的基础上就物业服务所达成的一致协议。尽管物业服务企业的职能涉及个别管理行为，但它与业主之间所形成的关系仍是一种民事法律关系，而非行政法律关系。

从上述可以看出，房地产开发商与业主的关系是基于商品房的买卖行为而产生的一种法律关系；物业使用权人与业主的关系是基于业主行使其所有权的行为而产生的一种法律关系，物业服务企业与业主的关系是基于物业的管理行为而产生的一种法律关系。

二、业主的权利

在物业管理活动中，业主基于对房屋的所有权享有对物业和相关共同事务进行管理的权利。这些权利有些由单个业主享有和行使，有些只能通过业主大会来实现。《条例》规定业主在物业管理活动中享有的权利包括以下内容。

（1）按照物业服务合同的约定，接受物业服务企业提供的服务；

（2）提议召开业主大会会议，并就物业管理的有关事项提出建议；

（3）提出制定和修改管理规约、业主大会议事规则的建议；

（4）参加业主大会会议，行使投票权；

（5）选举业主委员会委员，并享有被选举权；

（6）监督业主委员会的工作；

（7）监督物业服务企业履行物业服务合同；

（8）对物业共用部位、共用设施设备和相关场地使用情况享有知情权和监督权；

（9）监督物业共用部位、共用设施设备专项维修资金的管理和适用；

（10）法律、法规规定的其他权利。

三、业主的义务

权利和义务是相对应的，《条例》规定业主在物业管理活动中应当履行的义务主要有。

（1）遵守管理规约、业主大会议事规则；

（2）遵守物业管理区域内物业共用部位和共用设施设备的使用、公共秩序和环境卫生的维护等方面的规章制度；

（3）执行业主大会的决定和业主大会授权业主委员会作出的决定；

（4）按照国家有关规定交纳专项维修资金；

（5）按时交纳物业服务费用；

（6）法律、法规规定的其他义务。

四、业主在实践中应注意的几个问题

1. 业主与物业服务企业之间是一种平等的民事法律关系

业主与物业服务企业之间的法律关系是基于物业管理服务合同产生的。在物业管理服务合同中，合同的主体，即业主和物业服务企业是相互独立、相互平等的民事主体；物业管理合同的内容，即权利和义务是民事性质的权利和义务。合同本身是双方在自愿、平等的基础上就物业管理服务的基本内容所达成的一致协议。因此，双方对该合同均负有诚实信用、忠实履行的义务，任何一方违约都要承担相应的法律责任。实践中，物业服务企业应转变观念，要以服务者而非管理者的身份来对待业主。当然，业主也应配合物业服务企业确保正常的物业管理服务。

2. 业主能否放弃物业管理服务

我们认为，业主不应放弃物业管理服务。从民事权利的性质来讲，民事权利权利人是可以放弃的。但在物业管理法律关系中，业主接受物业管理服务的权利已不仅是业主个人的权利，而具有了成员权的性质，即业主基于其对建筑物的区分所有权，已经成为公共管理中的一员。在此情况下，由于物业管理服务具有集体的公益性，业主不能通过放弃自己对公益的享有而不履行一定的公益义务。如在物业管理区域内，业主不能以自己不享受物业管理服务为由而拒绝交纳物业管理费。

3. 物业占有人或使用人有违约或侵权行为，业主是否承担责任

业主为物业管理服务合同的主体，然而在该合同的实际履行过程中，尽管实际履行的主体大多数仍为业主，但也可能不是业主而是物业的占有人或使用人。我们认为，业主与物业服务企业之间的法律关系不同于占有人或使用人与物业服务企业之间的法律关系。业主与物业服务企业之间是一种物业服务合同关系；业主与物业的实际占有人或使用人之间可能是一种借用合同关系，也可能是一种租赁合同关系等。物业的实际占有人或使用人与物业服务企业之间并不直接发生法律关系。基于合同法的基本理论，合同一方当事人仅对另一方当事人产生权利义务的约束力。因此，物业的实际占有人或使用人在使用物业的过程中，如果实施了某种侵权行为或未按照物业管理服务合同的要求履行义务时，针对侵权行为，受害人均可请求责令加害人承担相应的法律后果；针对违约行为，物业服务企业只能够向业主提起主张，而无权直接向物业的占有人或使用人提起。至于业主就占有人或使用人的违约行为承担责任后，他有权向占有人或使用人提起追偿。

第二节　业主大会

一、业主大会的组成和性质

业主大会由物业管理区域内的全体业主组成，代表和维护物业管理区域内全体业主在物业管理活动中的合法权利，履行相应的义务。业主大会是业主参与物业管理活动的组织形式，有权依据法律法规的规定和管理规约的约定，决定物业管理区域内的所有物业管理事项。物业管理区域内的业主，都必须遵守业主大会制定的管理规约和业主大会议事规则，遵守业主大会制定的各项规章制度，并执行业主大会作出的决定。

业主大会和业主委员会应当依法履行职责，不得作出与物业管理无关的决定，不得从事与物业管理无关的活动。

二、业主大会的筹备与成立

1. 成立业主大会的原则规定

业主大会根据物业管理区域的划分成立，一个物业管理区域只能成立一个业主大会。《条例》规定："同一个物业管理区域内的业主，应当在物业所在地的去、县人民政府房地产行政主管部门或者街道办事处、乡镇人民政府的指导下成立业主大会，并选举产生业主委员会。但是，只有一个业主的，或者业主人数较少且经全体业主一致同意，决定不成立业主大会的，由业主共同履行业主大会、业主委员会职责。"

2. 业主大会的筹备

根据《业主大会和业主委员会指导规则》的规定，物业管理区域内，已交付的专有部分面积超过建筑物总面积 50%时，建设单位应当按照物业所在地的区、县房地产行政主管部门或者街道办事处、乡镇人民政府的要求，及时报送下列筹备首次业主大会会议所需的文件资料：①物业管理区域证明；②房屋及建筑物面积清册；③业主名册；④建筑规划总平面图；⑤交付使用共用设施设备的证明；⑥物业服务用房配置证明；⑦其他有关的文件资料。

符合成立业主大会条件的，区、县房地产行政主管部门或者街道办事处、乡镇人民政府应当在收到业主提出筹备业主大会申请后 60 日内，负责组织、指导成立首次业主大会会议筹备组。

首次业主大会会议筹备组由业主代表、建设单位代表、街道办事处、乡镇人民政府代表和居民委员会代表组成。筹备组成员人数应为单数，其中，业主代表人数不低于筹备组总人数的一半，筹备组组长由街道办事处、乡镇人民政府代表担任。

业主大会筹备组应当做好以下筹备工作：①确认并公示业主身份、业主人数以及所拥有的专有部分面积；②确定首次业主大会会议召开的实践、地点、形式和内容；③草拟管理规约、业主大会议事规则；④依法确定首次业主大会会议表决规则；⑤制定业主委员会委员候选人产生办法，确定业主委员会委员候选人名单；⑥制定业主委员会选举办法；⑦完成召开首次业主大会会议的其他准备工作。上述内容应当在首次业主大会会议召开 15 日前以书面形式在物业管理区域内公告。业主对公告内容有异议的，筹备组应当记录并作出答复。

3. 业主大会的成立

业主大会自首次业主大会会议表决通过管理规约、业主大会议事规则，并选举产生业主委员会之日起成立。

业主大会成立后，业主委员会应当自选举产生之日起 30 日内，持下列文件向物业所在地的区、县房地产行政主管部门和街道办事处、乡镇人民政府办理备案手续：①业主大会成立和业主委员会选举的情况；②管理规约；③业主大会议事规则；④业主大会决定的其他重大事项。

业主委员会办理备案手续后，可持备案证明向公安机关申请刻制业主大会印章和业主委员会印章。

三、业主大会的职责

《业主大会和业主委员会指导规则》明确了业主大会的十项职责：①制定和修改业主大会议事规则；②制定和修改管理规约；③选举业主委员会或者更换业主委员会委员；④制定物业服务内容、标准以及物业服务收费方案；⑤选聘和解聘物业服务企业；⑥筹集和使用专项维修资金；⑦改建、重建建筑物及其附属设施；⑧改变共有部分的用途；⑨利用共有部分进行经营以及所得收益的分配与使用；⑩法律法规或者管理规约确定应由业主共同决定的事项。

四、业主大会会议

1. 定期会议和临时会议

业主大会会议分为定期会议和临时会议。业主大会定期会议，应当按照业主大会议事规则的规定由业主委员会组织召开。当出现下列情况之一时，业主委员会应当及时组织召开业主大会临时会议：①经专有部分占建筑物总面积 20%以上且占总人数 20%以上业主提议的；②发生重大事故或者紧急事件需要及时处理的；③业主大会议事规则或者管理规约规定的其他情况。

召开业主大会会议，应当于会议召开 15 日以前通知全体业主，住宅小区召开业主大会会议，还应当同时告知与物业管理区域相关的居民委员会。

2. 业主大会会议形式

业主大会会议可以采用集体讨论的形式，也可以采用书面征求意见的形式；但应当有物业管理区域内专有部分占建筑物总面积过半数的业主且占总人数过半数的业主参加。采用书面征求意见形式的，应当将征求意见书送交每一位业主，无法送达的，应当在物业管理区域内公告。凡需投票表决的，表决意见应由业主本人签名。

3. 业主投票权数的确定

业主大会确定业主投票权数，可以按照下列方法认定专有部分面积和建筑物总面积；①专有部分面积按照不动产登记簿记载的面积计算；尚未进行登记的，暂按测绘机构的实测面积计算；尚未进行实测的，暂按房屋买卖合同记载的面积计算；②建筑物总面积，按照前项的统计总和计算。

业主大会确定业主投票权数，可以按照下列方法认定业主人数和总人数；①业主人数，按照专有部分的数量计算，一个专有部分按一人计算。但建设单位尚未出售和虽已出售但尚未交付的部分，以及同一买受人拥有一个以上专有部分的，按一人计算；②总人数，按照前项的统计总和计算。

4. 业主代理人和代表人

业主因故不能参加业主大会会议的，可以书面委托代理人参加。代理人应当在业主委托书的授权范围内行使代理权，如投票、发表意见、参加表决等。

物业管理区域内业主人数较多的，可以按照幢、单元、楼层等为单位，推选一名业主达标参加业主大会会议，推选及表决办法应当在业主大会议事规则中规定。

5. 业主大会决定事项的表决

业主大会会议决定筹集和使用专项维修资金以及改造、重建建筑物及其附属设施的，应当经专有部分占建筑物总面积 2/3 以上的业主且占总人数 2/3 以上的业主同意；决定其他共有和共同管理权利事项的，应当经专有部分占建筑物总面积过半数且占总人数过半数的业主同意。

第三节 业主委员会

一、业主委员会的职责

业主委员会由业主大会依法选举产生，履行业主大会赋予的职责，执行业主大会决定的事项，接受业主的监督。业主委员会主要履行以下职责：①执行业主大会的决定和决议；②召集业主大会会议，报告物业管理实施情况；③与业主大会选聘的物业服务企业签订物业服务合同；④及时了解业主、物业使用人的意见和建议，监督和协助物业服务企业履行物业服务合同；⑤监督管理规约的实施；⑥督促业主交纳物业服务费及其他相关费用；⑦组织和监督专项维修资金的筹集和使用；⑧调解业主之间因物业使用、维护和管理产生的纠纷；⑨业主大会赋予的其他职责。

二、业主委员会委员的任职条件和资格终止

1. 业主委员会委员的任职条件

业主委员会由业主大会会议选举产生，由5～11人单数组成。业主委员会委员应当是物业管理区域内的业主，并符合以下条件：①具有完全民事行为能力；②遵守国家有关法律、法规；③遵守业主大会议事规则、管理规约，模范履行业主义务；④热心公益事业，责任心强，公正廉洁；⑤具有一定的组织能力；⑥具备必要的工作时间。

业主委员会委员实行任期制，每届任期不超过5年，可连选连任，业主委员会委员具有同等表决权。业主委员会应当自选举之日起7日内召开首次会议，推选业主委员会主任和副主任。

2. 业主委员会委员的资格终止

业主委员会委员有下列情况之一的，其委员资格自行终止：①因物业转让、灭失等原因不再是业主的；②丧失民事行为能力的；③依法被限制人身自由的；④法律、法规以及管理规约规定的其他情形。

业主委员会委员有下列情况之一的，由业主委员会1/3以上委员或者持有20%以上投票权数的业主提议，业主大会或者业主委员会根据业主大会的授权，可以决定是否终止其委员资格：①以书面形式提出辞职请求的；②不履行委员职责的；③利用委员资格谋取私利的；④拒不履行业主义务的；⑤侵害他人合法权益的；⑥因其他原因不宜担任业主委员会委员的。

业主委员会委员资格终止的，应当自终止之日起3日内将其保管的档案资料，印章及其他属于全体业主所有的财物移交业主委员会。

3. 业主委员会会议

业主委员会应当按照业主大会议事规则的规定及业主大会的决定召开会议，经1/3以上业主委员会委员的提议，应当在7日内召开业主委员会会议。业主委员会会议由主任召集和主持，主任因故不能履行职责，可以委托副主任召集。业主委员会会议应有过半数的委员出席，作出的决定必须经全体委员半数以上同意。业主委员会委员不能委托代理人参加会议。

4. 业主委员会的补选与换届

业主委员会任期内，委员出现空缺时，应当及时补足。业主委员会委员候补办法由业主大会决定或者在业主大会议事规则中规定。业主委员会委员人数不足总数的1/2时，应当召开业主大会临时会议，重新选举业主委员会。

业主委员会任期届满前 3 个月，应当组织召开业主大会会议，进行换届选举，并报告物业所在地的区、县房地产行政主管部门和街道办事处、乡镇人民政府。

5. 业主委员会的工作经费

业主大会、业主委员会工作经费由全体业主承担。工作经费可以由业主分摊，也可以从物业共有部分经营所得收益中列支。工作经费的收支情况，应当定期在物业管理区域内公告，接受业主监督。工作经费筹集、管理和适用的具体办法由业主大会决定。

第四节　管理规约

管理规约是区分所有建筑物的业主行使共同管理权的契约性文件，是物业管理区域内业主共同制定并遵守的行为准则。《条例》第 17 条规定："管理规约应当对有关物业的使用、维护、管理，业主的共同利益，业主应当履行的义务，违反规约应当承担的责任等事项依法作出约定。管理规约对全体业主具有约束力。"

一、管理规约

1. 管理规约的概念

管理规约是由全体业主共同制定的，规定业主在物业管理区域内有关物业使用、维护、管理等涉及业主共同利益事项的，对全体业主具有普遍约束力的自律性规范。

管理规约一般以书面形式订立，要求全体业主共同遵守。

2. 管理规约的主要内容

根据《条例》，管理规约应当包括以下四个方面的内容。

(1) 有关物业的使用、维护、管理事项；

(2) 业主的共同利益；

(3) 业主应当履行的义务；

(4) 违反管理规约应当承担的责任。

在《条例》的基础上，《业主大会和业主委员会指导规则》进一步明确管理规约应当对下列主要事项作出规定：①物业的使用、维护、管理；②专项维修资金的筹集、管理和使用；③物业共用部分的经营与收益分配；④业主共同利益的维护；⑤业主共同管理权的行使；⑥业主应尽的义务；⑦违反管理规约应当承担的责任。

3. 管理规约的法律效力

管理规约对物业管理区域内的全体业主具有约束力。其含义包括两个方面，一是管理规约对物业使用人发生法律效力；二是管理规约对物业继受人（新业主）发生法律效力。

二、临时管理规约

1. 临时管理规约的概念

《条例》第22条规定："建设单位应当在销售物业之前，制定临时管理规约，对有关物业的使用、维护、管理，业主的共同利益，业主应当履行的义务，以及违反公约应当承担的责任等事项依法作出约定。"

2. 临时管理规约的制定

（1）临时管理规约制定的主体。临时管理规约一般由建设单位在出售物业之前预先制定。临时管理规约只存在于前期物业管理阶段，具有过渡性质。

（2）临时管理规约制定的时间。《条例》规定建设单位制定临时管理规约的时间为物业销售之前。

3. 相关主体的法律义务

（1）建设单位不得侵害物业买受人权益的义务；

（2）建设单位对临时管理规约的明示和说明义务；

（3）物业买受人书面承诺遵守临时管理规约的义务。

4. 临时管理规约的内容

（1）物业的自然状况与权属状况。

（2）业主使用物业应当遵守的规则；包括相邻权规定、房屋装饰装修规定、共用部位共用设施设备的使用规定、使用物业的禁止性规定等。

（3）维修养护物业应当遵守的规则；如物业维修养护中业主应当相互配合与协助、涉及公共利益与公共安全的物业维修养护、保修责任与住宅专项维修资金的交存、使用和管理。

（4）涉及业主共同利益的事项。

（5）违约责任。

本章小结

业主，即物业的主人，在一般意义上是指物业的所有权人。业主在物业管理活动中享有的权利包括以下内容：按照物业服务合同的约定，接受物业服务企业提供的服务；提议召开业主大会会议，并就物业管理的有关事项提出建议；提出制定和修改管理规约、业主大会议事规则的建议；参加业主大会会议，行使投票权；选举业主委员会委员，并享有被选举权；监督业主委员会的工作；监督物业服务企业履行物业服务合同；对物业共用部位、共用设施设备和相关场地使用情况享有知情权和监督权；监督物业共用部位、共用设施设备专项维修资金的管理和适用等。业主在物业管理活动中应当履行的义务主要有：遵守管理规约、业主大会议事规则；遵守物业管理区域内物业共用部位和共用设施设备的使用、公共秩序和环境卫生的维护等方面的规章制度；执行业主大会的决定和业主大会授权业主委员会作出的决定；按照国家有关规定交纳专项维修资金；按时交纳物业服务费用。

业主大会由物业管理区域内的全体业主组成，代表和维护物业管理区域内全体业主在物业管理活动中的合法权利，履行相应的义务。业主大会根据物业管理区域的划分成立，一个物业管理区域只能成立一个业主大会。业主大会会议分为定期会议和临时会议。

业主委员会由业主大会依法选举产生，履行业主大会赋予的职责，执行业主大会决定的事项，接受业主的监督。业主委员会应当按照业主大会议事规则的规定及业主大会的决定召开会议。

管理规约是由全体业主共同制定的，规定业主在物业管理区域内有关物业使用、维护、管理等涉及业主共同利益事项的，对全体业主具有普遍约束力的自律性规范。管理规约一般以书面形式订立，要求全体业主共同遵守。

复习思考题

一、简答

1. 业主的含义是什么？业主具有哪些权利和义务？
2. 业主大会有哪些特征？它的职责是什么？
3. 什么是业主委员会？业主委员会的地位如何？
4. 业主委员会的职责有哪些？
5. 业主委员会的章程包括哪些内容？
6. 业主委员会委员应具备哪些条件？
7. 管理规约有哪些主要内容？

二、案例分析

业主购买了一套期房，住房建成后开发商通知其办理入住手续。在办理入住手续时，物业管理公司提出两个要求：第一，签订业主公约；第二，签订 3 年物业管理协议。该业主拒绝了物业管理公司的要求，结果是物业管理公司以此为由不给业主钥匙。

试分析此案。

第七章　物业服务合同

学习目标

1. 了解物业服务合同的概念及其特征和种类；
2. 理解并掌握物业服务合同订立的原则和程序；
3. 理解并掌握物业服务合同的主要内容；
4. 理解物业服务合同的履行、转让和终止，以及违约责任。

案例导入

前期物业服务合同条款侵犯了业主的权益怎么办

2009年3月，鲍先生购买禹州住宅小区三居室一套。4月入住后发现，某房地产开发公司委托的某物业服务企业在与开发商签订的前期物业服务合同中有许多问题，侵犯了消费者权益，其中规定“业主有责任保证管理公司可收取任何费用。物业服务企业不承担保障业主人身及财产安全的责任”。业主鲍先生把服务业服务企业推上了被告席，诉称：开发商与某物业服务企业签订的前期物业服务合同规定有许多问题，侵犯了业主权益，请求法院支持其要求变更或解除合同规定的诉讼请求。

被告辩称：原告购买禹州住宅小区住房时就表明，原告将接受被告的管理，而同时也表明原告接受了该物业服务企业与开发商签订的“前期物业服务合同”。前期物业服务合同是开发商与物业服务企业签订，原告无权拒绝承认。“前期物业服务合同”中的约定事项由开发商与物业服务企业约定，是双方协商一致约定的有效条款，原告个人无权就该类条款提出变更或拒绝承认的请求，人民法院应查明事实，驳回原告的诉讼请求。

试分析：鲍先生的要求是否合理？为什么？

人民法院审理查明，本案中订立的“前期物业服务合同”确实存在着许多问题，侵犯了业主的权益，其中有些条款排除了被告方的主要责任，加重了业主的责任。根据《合同法》有关规定，人民法院判决认定“前期物业服务合同”无效。

第一节　合同概述

一、合同的概念和特征

1. 概念

《合同法》规定的合同，是平等主体的自然人、法人、其他组织之间设立、变更、终止民事权利义务关系的协议。

2. 特征

合同具有如下法律特征：

（1）合同是一种民事法律行为。合同以意思表示为要素，并且按照意思表示的内容赋予法律效果，故为民事法律行为，而非事实行为。

（2）合同是两方以上当事人的意思表示一致的民事法律行为。合同的成立必须有两方以上的当事人，他们相互为意思表示，并且意思表示相一致。这是合同区别于单方法律行为的重要标志。

（3）合同是以设立、变更、终止民事权利义务关系为目的的民事法律行为。任何法律行为均有目的性，合同的目的性在于设立、变更、终止民事权利义务关系。

（4）合同是当事人各方在平等、自愿的基础上实施的民事法律行为。在民法上，当事人各方在订立合同时的法律地位是平等的，其所作的意思表示是民主自愿的。

二、合同的分类

1. 双务合同与单务合同

根据当事人双方对权利义务的分担方式，合同可以分为双务合同与单务合同。双务合同是指双方当事人相互享有权利、承担义务的合同。如买卖、租赁、承揽等合同均属此类。单务合同是指当事人一方只享受权利，另一方只承担义务的合同。如，赠与合同、借用合同等。

2. 有偿合同与无偿合同

根据当事人取得权益是否必须付出相应代价为标准，合同分为有偿合同与无偿合同。有偿合同是指当事人一方享有合同规定的权益，必向对方当事人偿付相应代价的合同，如，买卖、租赁、保险等合同。无偿合同是指当事人一方享有合同规定的权益，不必向对方当事人偿付相应代价的合同。如赠与、借用等合同。

3. 诺成性合同与实践性合同

根据合同的成立是否须交付标的物为标准，合同分为诺成性合同和实践性合同。

诺成性合同是指当事人各方的意思表示一致即成立的合同。实践性合同，又称要物合同，是指除双方当事人的意思表示一致以外，尚须交付标的物才能成立的合同。

4. 要式合同与非要式合同

根据合同的成立是否必须采用法律要求的形式为标准，合同分为要式合同与非要式合同。要式合同是指法律要求必须具备一定的形式的合同；非要式合同是指法律不要求必须具备一定的形式的合同。

5. 为订约人自己利益订立的合同与为第三人利益订立的合同

根据是否为订约人自己的利益订立合同，分为为订约人自己利益订立的合同与为第三人利益订立的合同。为订约人自己利益订立的合同，是指合同当事人为自己约定并享受利益，第三人与合同当事人相互之间不得主张合同权利和追究合同责任的合同；为第三人利益订立的合同，是指当事人为第三人设定了合同的权利，由第三人取得利益的合同。

6. 有名合同与无名合同

根据法律是否设有规范并赋予一个特定名称，分为有名合同与无名合同。有名合同，又称典型合同，是指法律设有规范，并赋予一定名称的合同；如买卖、借款、租赁等合同；无名合同，又称非典型合同，是指法律尚未特别规定，亦未赋予一定名称的合同。

三、合同订立的基本原则

1. 平等原则

平等，是指当事人无论地位的尊卑、经济的优劣、行政职位的高低，在法律地位上一律平等，任何一方不受他方意志的支配，不得无偿剥夺和占有他方财产，不得只享受权利不承担义务。《合同法》第 3 条规定："合同当事人的法律地位平等，一方不得将自己的意志强加给另一方。"

2. 合同自由原则

《合同法》第 4 条规定："当事人依法享有自愿订立合同的权利，任何单位和个人不得非法干预。"合同自由要求在合同订立中减少公权力的干预。但是，现代各国法律也普遍承认，契约自由不可能是绝对的，自由应该符合法律、行政法规的要求，并不得损害国家利益、他人利益，也不能违背社会公共利益。

3. 公平原则

《合同法》第 5 条规定："当事人应当遵循公平原则确定各方的权利和义务。"

4. 诚实信用原则

《合同法》第 6 条规定："当事人行使权利、履行义务应当遵循诚实信用原则。"

5. 守法原则

《合同法》第7条规定："当事人订立、履行合同，应当遵守法律、行政法规，尊重社会公德，不得扰乱社会经济秩序，损害社会公共利益。"

6. 效力法定原则

《合同法》第8条规定："依法成立的合同，对当事人具有法律约束力。当事人应当按照约定履行自己的义务，不得擅自变更或者解除合同。依法成立的合同，受法律保护。"

四、合同的内容和形式

1. 合同内容

合同，作为民事法律行为，其内容就是合同条款（意思表示的表现形式）。为了示范较完备的合同条款，《合同法》第12条规定了如下条款，提示缔约人。

（1）当事人的名称或者姓名和住所。这是一切合同的主要条款。当事人是合同权利义务的承受者，没有当事人，合同权利义务就失去存在的意义，因此，订立合同必须要有当事人这一条款。当事人由其名称或姓名及住所加以特定化、固定化，所以，合同必须具明当事人的名称或姓名及住所。

（2）标的。这也是一切合同的主要条款。标的是合同权利义务指向的对象。标的条款必须清楚地写明标的名称，以使标的特定化，能够界定权利义务。

（3）质量和数量。标的的质量需订得详细具体，如标的技术指标、质量要求、规格、型号等都要明确。标的的数量要确切。

（4）价款或者报酬。价款是取得标的物所应支付的代价，报酬是获得服务所应支付的代价。

（5）履行期限、地点和方式。履行期限直接关系到合同义务完成的时间，涉及当事人的期限利益，也是确定违约与否的因素之一。履行地点是确定验收地点的依据，还是确定诉讼管辖的依据之一。履行方式，如是一次交付还是分期分批交付，同样事关当事人的物质利益，合同应写明。

（6）违约责任。违约责任是促使当事人履行义务，使守约方免受或少受损失的法律措施，对当事人的利益关系重大，合同对此应予以明确。如违约致损的计算方法、赔偿范围等。

（7）解决争议的方法。解决争议的方法，指有关解决争议的程序、法律适用、检验或鉴定机构的选择等。

2. 合同形式

《合同法》第10条规定："当事人订立合同，有书面形式、口头形式和其他形式。"

（1）口头形式。是指当事人以口头约定的方式订立的合同。

（2）书面形式。书面形式是指合同书、信件和数据电文（包括电报、电传、传真、电子数据交换和电子邮件）等可以有形地表现所载内容的形式。《合同法》规定，法律、行政法规规定采用书面形式的，应当采用书面形似。当事人约定采用书面形式的，应当采用书面形式。

（3）其他形式。实践中，其他形式的合同包括：车票、船票、机票等合同凭证；保险单、实际履行行为等。

第二节　物业服务合同概述

一、物业服务合同的概念和特征

1. 物业服务合同的概念

物业服务合同是指业主或建设单位与依据法律程序公开招标或选聘确定的物业服务企业就物业服务的有关内容达成一致，并以书面形式明确双方权利义务关系的协议。

2. 物业服务合同的特征

（1）物业服务合同的双方当事人都有特定的身份。物业服务合同的委托方主要有两个：一是房地产建设单位，在业主委员会成立前作为物业服务合同的一方当事人；一个是业主委员会，在业主委员会成立后作为物业服务合同的一方当事人。受托方是物业服务企业。

需要指出的是，虽然物业服务合同是对业主提供服务的合同，但由于物业服务企业实施的物业管理活动是对一定区域内的全部物业进行管理服务，也就是为全体业主服务，所以某一个或数个业主不能作为物业管理合同的主体。由于业主人数众多，想法也不统一，这就需要业主大会的执行机构——业主委员会，代表大多数业主的意志与物业服务企业签订物业服务合同。

（2）物业服务合同是以约定有关当事人在物业服务中的权利与义务关系为主要内容。物业服务合同以物业管理服务为核心。围绕物业管理服务，有关当事人经过充分的协商，拟定各方在物业管理服务方面的权利与义务关系。

（3）物业服务合同是双务合同、有偿合同、诺成合同、要式合同。物业服务合同是双务合同，在物业服务合同中，双方当事人都享有权利，同时承担义务。如物业服务企业要提供合同约定的服务，业主应按约向区域管理企业支付费用。物业服务合同是有偿合同，物业服务企业提供的是有偿服务，业主要缴纳物业服务费用。物业服务合同是业主委员会与物业服务企业就合同内容达成一致后签订的合同，是为诺成合同。根据相关法律，物业服务合同必须采用书面形式订立，所以，物业服务合同为要式合同。

二、物业服务合同的种类

物业服务合同可以分为前期物业服务合同和物业服务合同两大类。

1. 前期物业服务合同

前期物业服务合同是在业主、业主大会选聘物业服务企业之前，建设单位选聘物业服务企业时与物业服务企业签订的旨在明确双方权利义务关系的协议。

需要指出的是，前期物业服务合同的当事人双方是建设单位和物业服务企业，业主并非当事人，在业主委员会成立并选聘物业服务企业之前，此合同对业主仍有约束力。因此，前期物业服务合同必须为业主设定相应的权利和义务。《物业管理条例》第25条规定："建设单位与物业买受人签订的买卖合同应当包含前期物业服务合同约定的内容。"第26条规定："前期物业服务合同可以约定期限；但是，期限未满、业主委员会与物业服务企业签订的物业服务合同生效的，前期物业服务合同终止。"以保证业主的合法权益。

2. 物业服务合同

物业服务合同是由业主委员会与业主大会选聘的物业服务企业就物业管理事项以及双方权利义务而订立的书面物业服务合同。当新建物业入住率达到一定比例（通常为50%或者50%以上）时，应召开业主大会，由业主大会选聘物业服务企业，并由业主委员会代表业主与物业服务企业签订物业服务合同。

三、物业服务合同的内容和形式

1. 内容

根据《合同法》第12条规定，合同一般包括以下条款：当事人的名称或者姓名住所；标的；数量；质量；价款或者报酬；履行期限、地点和方式；违约责任；解决争议的方法等。与一般合同相比，物业服务合同的内容更具有复杂性，根据《物业管理条例》，物业服务合同应对物业管理事项、服务质量、服务费用、双方的权利义务、专项维修资金的管理与使用、物业管理用房、合同期限、违约责任等内容进行约定。

（1）双方当事人的姓名或名称、住所。

（2）物业管理项目。即接受管理的物业名称、位置、面积、竣工时间等。

（3）物业管理事项。如房屋的使用、维修、养护；消防、电梯、机电设备、路灯、连廊、自行车房、园林绿化养护和管理；清洁卫生；车辆行驶及停泊；公共秩序；房地产主管部门规定或委托管理合同规定的其他物业管理事项。

（4）物业服务质量。对物业服务质量的标准和具体要求作出约定。

（5）物业服务费用。物业服务收费，是指物业服务企业按照物业服务合同的约定，对房屋及配套设施设备和相关场地进行维修、养护、管理，维护相关区域内的环境卫生和秩序，向业主所收取的费用。物业服务的收费情况比较复杂，不同地区，不同的管理事项，收费标准也不同。《物业服务收费管理办法》规定："物业服务收费应当遵循合理、公开及费用与服务水平相适应的原则。""物业服务收费应当区分不同物业的性质和特点分别实行政府指导价和市场调解价。具体定价形式由省、自治区、直辖市人民政府价格主管部门会同房地产行政主管部门确定。

（6）双方权利义务。对双方的权利义务加以约定。如委托方享受服务，支付相关费用。受托方提供服务，收取费用等。

（7）专项维修资金的管理与使用。

（8）物业管理用房。对物业管理用房的位置和使用方式等作出约定。《物业管理条例》第 38 条规定："物业管理用房的所有权依法属于业主。未经业主大会同意，物业服务企业不得改变物业管理用房的用途。"

（9）合同期限。即合同的起止日期。

（10）违约责任。

2. 形式

物业服务合同是要式合同，所以物业服务合同必须采用书面形式。

第三节　物业服务合同的订立程序及效力

一、物业服务合同的订立

1. 合同订立的程序

（1）要约。要约是指一方当事人以缔结合同为目的，向对方当事人提出合同条件，希望对方当事人接受的意思表示。在商业活动及对外贸易中，要约常被称作发价、发盘、出盘、报价等。要约必须是要约人向相对人所作出的含有合同条件的意思表示，必须具有缔结合同的目的，要约的内容必须具体确定和完整。

要约到达受要约人时即生效，即对要约人产生法律的约束力，要约人不得撤回、随意撤销或对要约加以限制、变更和扩张。同时，受约人在要约生效时即取得承诺的权利。如果要约人要撤回要约，必须在要约生效之前，即只要要约撤回的通知先于或同时与要约到达受约人，就可产生撤回的效力。要约的撤销只有在符合一定条件时才被允许。《合同法》第 18 条规定，要约可以撤销，但撤销要约的通知应当于受约人发出承诺通知前到达受约人。但法律规定，有些要约不得撤销。如合同法规定，要约中规定了承诺期间或者以其他形式明示要约不可撤销；受约人有理由相信该项要约是不可撤销的，而且受约人已经为履行合同作了准备工作。

（2）承诺。承诺是指受约人作出的同意要约以成立合同的意思表示。在商业交易中，承诺又称为接盘。

承诺通知到达要约人时生效。承诺的撤回必须在撤回通知先于或同时与承诺到达要约人，才发生阻止承诺生效的效力。如果撤回的通知迟于承诺到达要约人，因承诺已经生效，则不发生承诺撤回的效果。

2. 前期物业服务合同订立的程序

前期物业管理，是指在业主、业主大会选聘物业服务企业之前，由建设单位选聘物业服务企业实施的物业管理。国家提倡建设单位按照房地产开发与物业管理相分离的原则，通过招投标的方式选聘具有相应资质的物业服务企业。为了规范物业管理招投标活动，保护招投标当事人的合法权益，促进物业管理市场的公平竞争，建设部于2003年6月26日发布了《前期物业管理招投标管理暂行办法》的通知。该通知规定，前期物业服务合同按以下程序签订：

（1）招标。前期物业管理招标分为公开招标和邀请招标。招标人采取公开招标方式的，应当在公共媒介上发布招标公告，并同时在中国住宅与房地产信息网和中国物业管理协会网上发布免费招标公告。招标人采取邀请招标方式的，应当向3个以上物业服务企业发出投标邀请书。

（2）投标。投标人应当按照招标文件的内容和要求编制投标文件，投标文件应当对招标文件提出的实质性要求和条件作出响应。

（3）开标、评标和中标。开标应当在招标文件确定的提交投标文件截止时间的同一时间公开进行。评标由招标人依法组建的评标委员会负责。招标人应当在投标有效期截止时限30日内确定中标人。招标人和中标人应当自中标通知书发出之日起30日内，按照招标文件和中标人的投标文件订立书面合同。

3. 物业服务合同的订立程序

物业服务合同依一般的合同订立程序进行，与一般合同不同的是如下两点。

（1）业主大会选聘物业服务企业。由于物业服务合同的一方当事人为业主，因此，合同的签订首先需要业主选定物业服务企业。业主选择物业服务企业的方式是通过业主大会。根据《物业管理条例》的规定，选聘和解聘物业服务企业属于业主大会的特殊决定事项，即需要经物业管理区域内全体业主所持投票权2/3以上通过。

（2）业主委员会代表业主与物业服务企业签订物业服务合同。通常情况下，在一个物业管理区域内业主人数众多，业主委员会作为业主大会的执行机构，是全体业主的代表，业主大会通过的决定对该物业管理区域内的全体业主具有法律约束力，业主委员会代表业主签订的物业服务合同其效力同样涉及全体业主。

二、物业服务合同的效力

1. 物业服务合同生效的条件

《合同法》第44条规定，依法成立的合同，自成立时生效。法律、行政法规规定应当办理批准、登记等手续生效的，依照其规定。物业服务合同有其特殊性，产生法律效力还需具备以下几个条件。

（1）主体合格。

物业服务合同的主体是业主或房地产开发建设单位、物业服务企业。作为一方当事人，业主为数众多，因此物业服务合同是由业主委员会代表业主签订，这就要涉及业主委员会的主体资格问题。我国目前在立法上将业主委员会确定为业主大会的执行机构，在地位上从属于业主大会，而业主大会的法律地位并不明确，各国对业主大会的主体资格也没有一个统一的规定。从理论上看，业主大会不具有法人资格。因为现行法律只要求业主委员会在成立后向主管部门备案，没有要求其依法进行登记注册，业主大会本身也没有独立的资金，不能独立承担民事责任，所以它既不具备企业法人资格，也不具备社团法人资格。但在建筑物区分所有的情况下，全体业主依据其对房屋的专有权和对建筑物共用部位的持分权，依法对该物业管理区域内的事务享有知情权、决定权、监督权等。因此，在法律上应该承认业主大会的主体资格。业主委员会作为业主大会的执行机构，代表业主与物业服务企业签订物业服务合同，这表明业主委员会只有经过业主大会的授权，与业主大会选聘的物业服务企业签订物业服务合同才具有法律效力，由此产生的法律后果对全体业主产生约束力。否则，该物业服务合同不具有法律效力。

房地产开发建设单位是前期物业服务合同的一方当事人。在确认其主体资格时，主要考虑其法人的资格问题，即是否具备法人条件及相应的权利能力、行为能力。

物业服务企业作为另一方当事人，其主体资格除必须是法人外，更多考虑的因素是物业服务企业的资质问题。《物业管理条例》第32条规定："从事物业管理活动的企业应当具有独立的法人资格。国家对从事物业管理活动的企业实行资质管理制度。"《物业服务企业资质管理办法》对物业服务企业资质等级的划分、各资质等级物业服务企业的条件、及各资质等级物业服务企业可以承接的物业管理项目等作出了具体规定。凡不具备相应资质等级的物业服务企业签订的物业服务合同应认定为无效合同。

（2）双方意思表示真实自愿。

合同的签订必须是双方真实意思表示，任何一方都不能将自己的意思强加于另一方，意思表示的不真实、不自由都有可能导致合同的无效或被撤销。物业服务合同中，对于意思表示是否真实自愿主要存在以下两个问题。一是建设单位与物业服务企业签订的前期合同对业主仍有约束力。如果建设单位与业主在签订的购房合同中有欺诈、胁迫或其他侵犯业主合法权益的行为，业主可据此提出前期物业服务合同无效或撤销。

二是物业服务合同是业主委员会代表业主与物业服务企业签订的。业主委员会代表的应该而且只能是大多数业主的意思，要使合同的每一项内容都得到全体业主的同意是十分困难的，因而经过业主大会讨论通过的决定，对全体业主具有法律约束力。

（3）内容合法。

合同法规定，有恶意串通，损害国家、集体或者第三人利益；以合法形式掩盖非法目的；损害社会公共利益的行为，合同无效。

（4）形式合乎要求。

物业服务合同为要式合同。根据《物业管理条例》的规定，物业服务合同应当采取书面的形式。

2. 物业服务合同效力欠缺的后果

凡一方以欺诈、胁迫的手段或者乘人之危，使对方在违背真实意思的情况下订立的合同，受损害方有权请求人民法院或者仲裁机构变更或者撤销。合同被确认无效后，履行中的合同应当终止履行，尚未履行的不得履行。对因履行无效合同而产生的财产后果进行处理。

（1）返还财产。合同无效或者被撤销后，因该合同取得的财产，应当予以返还；不能返还或者没有必要返还的，应当折价补偿。

（2）赔偿损失。有过错的一方应当赔偿对方因此所受到的损失，双方都有过错的，应当各自承担责任。

（3）追缴财产。当事人恶意串通，损害国家、集体或者第三人利益的，因此取得的财产收归国家所有或者返还集体、第三人。

第四节 物业服务合同的履行、变更和转让、解除和终止

一、物业服务合同的履行

1. 物业服务合同履行的概念

物业服务合同的履行，是指当事人双方根据物业服务合同的内容，各自享受相应的权利和完成相应的义务。

2. 物业服务合同条款不明确的履行原则

根据《合同法》的规定，当事人应当遵循诚实信用原则，根据合同的性质、目的和交易习惯履行通知、协助、保密等义务。物业服务合同生效后，当事人就质量、价款或者报酬等内容没有约定或者约定不明确的，可以协议补充；不能达成补充协议的，

按照合同有关条款或者交易习惯确定。仍不能确定的，适用下列规定：

（1）质量要求不明确的，按照国家标准、行业标准履行；没有国家标准、行业标准的，按照通常标准或者符合合同目的的特定标准履行。

（2）价款或者报酬不明确的，按照订立合同时履行地的市场价格履行；依法应当执行政府定价或者政府指导价的，按照规定履行。

（3）履行期限不明确的，债务人可以随时履行，债权人也可以随时要求履行，但应当给对方必要的准备时间。

（4）履行方式不明确的，按照有利于实现合同目的的方式履行。

（5）履行费用的负担不明确的，由履行义务一方负担。

3. 有关物业服务合同履行中的价格变动问题

执行政府定价或者政府指导价的，在物业服务合同约定的交付期限内政府价格调整时，按照交付时的价格计价。逾期交付标的物的，遇价格上涨时，按照原价格执行；价格下降时，按照新价格执行。逾期提取标的物或者逾期付款的，遇价格上涨时，按照新价格执行；价格下降时，按照原价格执行。

4. 物业服务合同履行的中止

应当先履行债务的当事人，有确切证据证明对方有下列情形之一的，可以中止履行：经营状况严重恶化；转移财产、抽逃资金，以逃避债务；有丧失或者可能丧失履行债务能力的其他情形。当事人没有确切证据中止履行的，应当承担违约责任。当事人依照上述规定中止履行的，应当及时通知对方。对方提供适当担保时，应当恢复履行。中止履行后，对方在合理期限内未恢复履行能力并且未提供适当担保的，中止履行的一方可以解除合同。

需要注意的是，合同生效后，当事人不得因姓名、名称的变更或者法定代表人、负责人、承办人的变动而不履行合同义务。

二、物业服务合同的变更和转让

1. 物业服务合同的变更

物业服务合同的变更，是指在合同有效成立后，合同当事人不变，仅改变合同的权利义务。

根据合同法的规定，当事人协商一致，可以变更合同。法律、行政法规规定变更合同应当办理批准、登记等手续的，依照其规定。

当事人对合同变更的内容约定不明确的，推定为未变更。

2. 物业服务合同的转让

物业服务合同的转让，是指合同当事人一方将合同权利义务的全部或部分转让给第三人。《物业管理条例》第 40 条规定：“物业服务企业可以将物业管理区域内的专项服务业务委托给专业性服务企业，但不得将该区域内的全部物业管理一并委托给他人。

三、物业服务合同的解除和终止

1. 物业服务合同的解除

物业服务合同的解除，是指在物业服务合同有效成立后，当解除条件具备时，因当事人一方或双方的意思表示，使合同关系自始或仅向将来消灭的行为。

《合同法》第 93 条规定：“当事人协商一致，可以解除合同。当事人可以约定一方解除合同的条件。解除合同的条件成熟时，解除权人可以解除合同。”满足下列条件之一的，当事人可以解除合同。

（1）因不可抗力致使不能实现合同目的；

（2）在履行期限届满之前，当事人一方明确表示或者以自己的行为标明不履行主要债务；

（3）当事人一方迟延履行主要债务，经催告后在合理期限内仍未履行；

（4）当事人一方迟延履行债务或者有其他违约行为致使不能实现合同目的；

（5）法律规定的其他情形。

满足条件解除合同的，应当通知对方。合同自通知到达对方时解除。对方有异议的，可以请求人民法院或者仲裁机构确认解除合同的效力。法律、行政法规规定解除合同应当办理批准、登记手续的，依照其规定。

合同解除后，尚未履行的，终止履行；已经履行的，根据履行情况和合同性质，当事人可以要求恢复原状、采取其他补救措施，并有权要求赔偿损失。

2. 物业服务合同的终止

物业服务合同的终止，是指合同权利义务关系的终止。物业服务合同有下列情况之一的，合同的权利义务终止：

（1）合同期满。物业服务合同中约定的合同期满，业主大会决定不再续聘的，物业服务合同终止。

（2）合同解除。符合合同解除条件，双方达成一致解除合同的，物业服务合同终止。

（3）因不可抗力使合同提前终止。

（4）其他法律规定或当事人约定终止合同的情况。

需要注意的是，业主委员会的改选不影响合同的效力。业主转移房屋所有权时，应将物业服务合同作为房屋转移的一个附件，新的权利人受物业服务合同约束。

本章小结

合同，是平等主体的自然人、法人、其他组织之间设立、变更、终止民事权利义务关系的协议。根据不同的分类方法，合同可以分为不同的类别。合同的订立要遵循平等、合同自由、公平、诚实信用、守法、效力法定等原则。合同条款包括当事人、标的、质量和数量、价款或报酬、履行期限地点方式、违约责任、解决争议的方法等。合同的形式有口头、书面和其他形式。

物业服务合同是指业主或建设单位与依据法律程序公开招标或选聘确定的物业服务企业就物业服务的有关内容达成一致，并以书面形式明确双方权利义务关系的协议。物业服务合同是双务合同、有偿合同、诺成合同、要式合同。物业服务合同可以分为前期物业服务合同和物业服务合同两大类。物业服务合同应对物业管理事项、服务质量、服务费用、双方的权利义务、专项维修资金的管理与使用、物业管理用房、合同期限、违约责任等内容进行约定。

合同订立的程序包括要约和承诺。主体合格、意思表示真实、内容合法、形式合乎法律要求的物业服务合同依法收到法律保护。

除遇不可抗力事件外，当事人双方均应按照合同内容履行自己的义务，否则将承担法律责任。凡不具备生效条件的为无效合同、可撤销合同或效力待定合同，由此产生的法律后果是返还财产、赔偿损失、追缴财产。

物业服务合同违约责任，是指合同当事人因自己行为违反物业服务合同约定的义务而应当承担的法律责任。承担违约责任并不以当事人主观上的过错为前提条件，除非能证明有法定的免责事由或双方协商一致的免责条款。违约责任的承担方式有继续履行、赔偿损失、支付违约金等。

复习思考题

一、简答

1. 简述合同的概念和特征。
2. 合同订立的原则有哪些？
3. 合同有哪些主要的条款？有哪些形式？
4. 简述物业服务合同的概念和特征。
5. 物业服务合同的主要内容有哪些？
6. 物业服务合同生效的条件是什么？
7. 解释什么是物业服务合同的变更、转让、解除和终止。
8. 物业服务合同的违约责任的形式有哪些？

二、案例分析

2003 年 9 月，李先生在某小区购买了一处房屋，当年 9 月 27 日，李先生和开发商、物业服务企业签订了《物业管理公约》，其中的公约附件中明确规定“业主不得在屋顶公共部位安装太阳能热水器”。2002 年 8 月，李先生在自家的屋顶安装了太阳能热水器，9 月，物业服务企业将李先生诉至法院，要求其拆除屋顶的热水器，并恢复原状。

李先生认为，小区的全体业主并没有对其安装太阳能热水器的行为提出异议，也没有授权物业服务企业起诉；而热水器安装在自家的屋顶上，他人无权干涉。

试分析此案。

第八章　物业管理相关法律法规应用

学习目标

1. 掌握《民法通则》的关于民事主体、民事权利、民事责任的基本内容；
2. 理解《物业服务收费管理办法》对物业服务成本构成内容的规定；
3. 理解《物业服务企业资质管理办法》的具体内容；
4. 了解《房屋建筑工程质量管理办法》规定的保修期限和保修程序；
5. 掌握《住宅室内装饰装修管理办法》中的禁止行为；
6. 掌握《住宅专项维修资金管理办法》的使用程序。

案例导入

被树干砸伤，物业服务企业是否应当承担责任

2012 年 11 月 4 日，洛阳的杨先生走到一小区门口时，旁边一椿树的枝干突然落下，杨先生当场被砸倒，被诊断为脑震荡、头皮裂伤、左踝骨折、背部软组织损伤，在医院住了 17 天。在得知树木归某物业服务企业管理后，杨先生和家人多次与该公司协商，均未果，于是将其告到法院。

法院经审理查明，根据洛阳涧西区综合管理局长安路办事处执法大队出具的说明以及证人证言，致杨先生受伤的椿树属于该物业服务企业管理。主审法官认为，侵害公民身体造成伤害的，应当承担赔偿责任。该物业服务企业提供物业服务，对小区绿化等公用设施和财产有维修、养护和管理的义务。最终，法院判决该物业服务企业赔偿杨先生医疗费、误工费、护理费等共计 20223.3 元。

物管贴大字报是否违法

武汉江汉区一小区物管与业主王某发生矛盾，2013 年 8 月 4 日物管在小区门口贴"大字报"，称业主煽动其他业主不交物业费和电费，并分送给房管局、供电局、派出所等机构报备，同时散发给业委会成员及部分业主。业主王某认为物管公司侵害了自己的名誉权，遂将物管公司告上法庭，要求该公司停止侵害，赔偿精神抚慰金 2 万元。

法院判决：2013 年 12 月法院审理认为，物管公司行为在一定程度上贬低了王某全

家人格，侵害了名誉权，但不支持2万元精神抚慰金，判决物管公司在判决生效5日内在小区内刊登道歉函（内容经法院审核），向王某全家人赔礼道歉。

第一节 中华人民共和国民法通则

一、民法概述

1. 民法的概念和调整对象

民法是调整平等主体的自然人、法人和其他组织之间的财产关系和人身关系的法律规范的总和。它以平等民事主体之间的财产关系和人身关系为调整对象。

民法的体系以民事主体制度、物权制度、债和合同制度、人格权制度、知识产权制度、债权责任制度、婚姻家庭继承制度为基本框架。

2. 民法的基本原则

民法的基本原则是民事主体进行民事活动的基本准则。我国的民法基本原则主要包括平等原则、自愿原则、公平原则、诚实信用原则、公序良俗原则和权利不得滥用原则。

（1）平等原则，也称为法律地位平等原则，指在民事活动中一切当事人法律地位平等，任何一方不得将自己的意志强加给对方。同时，法律对当事人提供平等的法律保护，我国《民法通则》第3条规定："当事人在民事活动中的地位平等。"

（2）自愿原则，即当事人依自己的自由意志进行民事活动。当事人依法享有自愿订立合同的权利，任何单位和个人不得非法干预。

（3）公平原则，指法律行为内容的确定，应当遵循公平的原则。公平原则包括两层含义：一是立法者和裁判者在民事立法和司法的过程中应维持民事主体之间的利益均衡；二是民事主体应依据社会公认的公平观念从事民事活动，以维持当事人之间的利益均衡。

（4）诚实信用原则，指民事主体在民事活动中要诚实、守信用，善意地行使权利和履行义务。

（5）公序良俗原则，指法律行为的内容及目的不得违反公共秩序或善良风俗。我国《民法通则》第7条规定："民事活动应当尊重社会公德，不得损害社会公共利益，扰乱社会经济秩序。"

（6）权利不得滥用原则，指一切民事权利的行使，不得超过其正当界限，行使权利超过其正当界限，则构成权利滥用，应当承担侵权责任或其他法律后果。

3. 民事法律关系

《民法通则》规定，民法调整平等主体的公民、法人之间、公民和法人之间的财产关系和人身关系。

民事法律关系是根据民事法律规范确立的以民事权利义务为内容的社会关系。民事法律关系的构成要素包括主体、客体、内容。民事法律关系的主体，是指参与民事法律关系，享受民事权利和承担民事义务的人。民事法律关系的客体，是指民事法律关系中的权利义务共同指向的对象，一般认为包括物、行为、智力成果、人身利益和权利。民事法律关系的内容，是指民事法律关系主体所享有的权利和承担的义务。

二、民事主体

我国的民事主体主要包括自然人、法人、其他组织和国家。

1. 自然人

自然人即生物学意义上的人，是基于出生而取得民事主体资格的人。其外延包括本国公民、外国公民和无国籍人。

（1）自然人的民事权利能力。自然人的民事权利能力，是指法律赋予自然人享有民事权利、承担民事义务的资格。公民从出生时起到死亡时止，具有民事权利能力，依法享有民事权利，承担民事义务。自然人的民事权利能力非依法律规定不能受限制或被剥夺，而且自然人自己也不能放弃或转让。对于未出生胎儿的法律地位的确认，我国《继承法》规定："遗产分割时，应当保留胎儿的继承份额。胎儿出生时是死体的，保留的份额按照法定继承办理。"

（2）自然人的民事行为能力。自然人的民事行为能力，是指自然人能够通过自己独立的意思表示，进行民事行为的能力。判断自然人是否具有民事行为能力，一方面要达到一定的年龄，具备一定的社会活动经验；另一方面还要有正常的精神状态，能留理智地进行民事活动。我国现行民事立法就是以自然人的年龄和精神健康状况作为确定自然人民事行为能力状况的依据。根据《民法通则》的规定，按照年龄阶段的不同和理智是否正常，将自然人的民事行为能力划分为完全民事行为能力、限制民事行为能力和无民事行为能力三种。

①完全民事行为能力，是指自然人具有的通过自己独立的意思表示进行民事行为的能力。依据我国《民法通则》第 11 条规定，18 周岁以上的公民是成年人，具有完全民事行为能力，可以独立进性民事活动，是完全民事行为能力人。16 周岁以上不满 18 周岁的公民，以自己的劳动收入为主要生活来源的，视为完全民事行为能力人。

②限制民事行为能力，是指自然人独立通过意思表示进行民事行为的能力受到一定的限制。依据《民法通则》规定，10 周岁以上的未成年人是限制民事行为能力人；不能完全辨认自己行为的精神病人是限制民事行为能力人。限制行为能力人可以做出与其年龄、智力、精神健康状况相适应的民事行为，其他的民事行为由其法定代理人代理，或者征得其法定代理人的同意。

③无民事行为能力，是指自然人不具有以自己独立的意思表示进行民事行为的能

力，其不具有独立实施法律行为的资格。根据《民法通则》第 12 条及第 13 条的规定，不满 10 周岁的未成年人是无民事行为能力人；不能辨认自己行为的精神病人是无民事行为能力人。无民事行为能力人由法定代理人代理其民事活动。《民法通则》第 58 条规定，无民事行为能力人实施的民事行为无效。

（3）监护。监护是指对未成年人和精神病人的人身、财产及其他合法权益进行监督和保护的一种民事法律制度。根据《民法通则》规定，我国监护人的设定方式有以下几种。

1）法定监护，指监护人是由法律直接规定而设置的监护。

未成年人的父母是未成年人的法定监护人。未成年人的父母已经死亡或者没有监护能力的，应由下列有监护能力的人担任监护人：①祖父母、外祖父母；②兄、姐；③与未成年人关系密切、愿意承担监护责任，又经未成年人父、母的所在单位或者未成年人住所地的居民委员会、村民委员会同意的其他亲属和朋友。没有以上监护人的，由未成年人父、母的所在单位或者未成年人住所地的居民委员会、村民委员会或者民政部门担任监护人。

无民事行为能力或限制民事行为能力的精神病人，应由下列人员担任监护人：①配偶；②父母；③成年子女；④其他近亲属；⑤与精神病人关系密切的、愿意承担监护责任，又经精神病人的所在单位或者住所地的居民委员会、村民委员会同意的其他亲属和朋友。没有以上监护人的，应由精神病人的所在单位或者住所地的居民委员会、村民委员会或者民政部门担任监护人。

2）协议确定监护人。有监护资格的人之间协议确定监护人的，应当由协议确定的监护人对被监护人承担监护责任。

3）委托监护。监护人可以将监护职责部分或者全部委托给他人。

2. 法人

法人是指具有民事权利能力和民事行为能力，依法独立享有民事权利和承担民事义务的组织。

（1）法人的分类。

我国《民法通则》中将法人分为企业法人、机关法人、事业单位法人和社会团体法人。

企业法人是指以营利为目的、独立从事商品生产和经营活动的法人。企业法人根据其组织形式，可分为公司法人和非公司法人。

机关法人是指依法从事国家管理活动，并因行使职权需要而具备相应的民事权利能力和民事行为能力的国家机关。

事业单位法人是指从事非营利性的各项社会公益事业的具有法人资格的事业单位。

社会团体法人是指由自然人自愿组成，为实现会员共同意愿，按照其章程开展活动的非营利性社会组织法人。

（2）法人的成立。

法人的成立应具备下列条件。

①依法成立。法人成立必须合法，其设立目的和宗旨要符合国家利益和社会公共利益的要求，其组织机构、设立方式等应当符合法律的要求。

②有必要的财产或经费。拥有必要的财产或经费，是法人享有民事权利和承担民事义务的物质基础，也是其得以独立承担法律责任的财产保障。

③有自己的名称、组织机构和场所。法人的成立应当有自己的名称、组织机构和场所。

④满足法律规定的其他条件。法人的成立还需满足法律规定的其他条件。如《公司法》第 11 条规定，成立公司必须根据公司法制定公司章程。

（3）法人的民事权利能力和民事行为能力。

法人的民事权利能力，是指法人能够以自己的名义参与民事法律关系并取得民事权利和承担民事义务的资格。法人自成立之时起具有民事权利能力。

法人的民事行为能力，是法人以自己的独立意志进行民事行为的能力。法人的民事行为能力与权利能力同时产生、同时终止。

3. 其他组织

其他组织是指不具有法人资格但可以自己的名义进行民事活动的组织。在我国，其他组织主要指个体工商户、农村承包经营户、个人合伙等。

三、民事行为

民事行为，是指以意思表示为核心要素的表示行为。在我国，民事行为包括民事法律行为、无效的民事行为、可撤销可变更的民事行为、效力待定的民事行为。

1. 民事法律行为

民事法律行为，是指以意思表示为要素，民事主体实施的以发生民事法律后果为目的的合法行为。民事法律行为是指合法的、有效的民事行为，从成立时起即具有法律约束力。民事法律行为应当具备以下条件：①行为人具有相应的民事行为能力；②当事人意思表示真实；③不违反法律或者社会公共利益。

2. 无效民事行为

无效民事行为，是指已经成立的民事行为，因不具备民事法律行为的生效条件，自始、确定和当然不发生行为人意思之预期效力的民事行为。无效民事行为包括以下几类：①无民事行为能力人实施的；②限制民事行为能力人依法不能独立实施的；③一方以欺诈、胁迫的手段或者乘人之危，使对方在违背真实意思的情况下所为的；④恶意串通，损害国家、集体或者第三人利益的；⑤违反法律或者社会公共利益的；⑥经济合同违反国家指令性计划的；⑦以合法形式掩盖非法目的的。

无效的民事行为，从行为开始起就没有法律约束力。

3. 可变更、可撤销民事行为

可变更、可撤销民事行为，是指行为人因意思表示瑕疵而不真实，当事人可以请求人民法院或者仲裁机构予以变更或者撤销的民事行为。可变更、可撤销的民事行为包括以下几类：①行为人对行为内容有重大误解的；②显失公平的。被撤销的民事行为从行为开始起无效。

四、民事权利

民事权利是民事主体依法享有并受法律保护的利益范围或者得为某种行为（作为或不作为）以实现某种利益的可能性。民事权利主要是财产权和人身权。财产权是指以财产利益为内容，直接体现财产利益的权利，包括物权、债权、知识产权，一般具有可让与性，在受到侵害时需以财产方式予以救济。人身权是指与主体的人格、身份不可分离且不直接具有财产权益的权利，包括人格权和身份权。人身权一般不具有可让与性，在受到侵害时首先应当以非财产的方式予以救济。这里仅简要介绍债权和人身权。

1. 债权

（1）债的概念。

债是按照合同的约定或者根据法律的规定，在当事人之间产生的特定的权利和义务关系。享有权利的人是债权人，负有义务的人是债务人。债作为一种法律关系，由三个要素构成：债的主体、债的内容和债的客体。其中，债的内容包括债权和债务。债权是指债权人享有的请求债务人为特定行为的权利。债务是指债务人按照合同约定或法律规定应履行的义务。

（2）债的发生原因。

债的发生原因，又称债的发生根据，主要包括合同、不当得利、无因管理和侵权行为 4 种。

合同是平等主体的自然人、法人、其他组织之间设立、变更、终止民事权利义务关系的协议。合同依法成立后，即在合同当事人之间发生债权债务关系，一方当事人有权请求另一方按照合同约定履行其负担的义务。合同是最常见、最主要的债的发生原因。

无因管理，是指没有法定的或者约定的义务，为避免他人利益受损失而对他人的事务进行管理或者服务的行为。无因管理一经成立，管理人与本人间就发生债权债务关系，管理人有权请求本人偿还管理所支出的必要费用，本人有义务偿还。因无因管理所产生的债称为无因管理之债。

不当得利是指没有合法根据获得利益而使他人利益受损的事实。《民法通则》第 92

条规定："没有合法根据，取得不当利益，造成他人损失的，应当将取得的不当利益返还受损失的人。"因此，利益受损的一方可以请求获得不当利益的另一方返还其不当获得的利益。

侵权行为，是指行为人实施的侵害他人合法权益的行为，其中包含作为和不作为两种情形。行为人侵害他人的财产权利或人身权利，应当依法承担民事责任。

2. 人身权

人身权是指民事主体依法享有的，与其自身不可分离亦不可转让的没有直接财产内容的法定民事权利。

人身权包括人格权和身份权。人格权是指民事主体依法固有的为维护自身独立人格所必备的，以人格利益为客体的权利。人格权主要包括生命权、健康权、姓名权、名誉权、肖像权和一般人格权等。身份权是指民事主体基于某一特定的身份而产生的与人身有关的权利。身份权主要包括亲属全、监护权、男女平等权以及知识产权中的人身权等。

根据我国《民法通则》第 98 条规定，人身权主要有以下种类：

(1) 生命健康权。

(2) 姓名权和名称权。公民享有姓名权，有权决定、使用根据规定改变自己的姓名，禁止他人干涉、盗用、假冒。法人、个体工商户、个人合伙享有名称权。企业法人、个体工商户、个人合伙有权使用、依法转让自己的名称。

(3) 肖像权。未经本人同意，不得以营利为目的使用公民的肖像。

(4) 名誉权。公民的人格尊严受法律保护，禁止用侮辱、诽谤等方式损害公民、法人的名誉。

(5) 荣誉权。禁止非法剥夺公民、法人的荣誉称号。

(6) 婚姻自主权。禁止买卖、包办婚姻和其他干涉婚姻自由的行为。

五、民事责任

民事责任，是指民事主体因违反合同或者不履行其他民事义务所应承担的民事法律后果。民事责任可分为合同责任和非合同责任，合同责任包括缔约过失责任和合同违约责任，非合同责任包括侵权民事责任、不当得利返还民事责任、无因管理责任。合同责任在合同法部分介绍，这里仅介绍侵权责任。

1. 侵权责任概述

我国 2009 年颁布的《侵权责任法》是目前民事侵权责任承担的主要依据。侵权责任，指因侵权行为而发生的民事责任。侵权责任的构成要件包括：①侵害行为。即行为人实施的侵害他人合法权益的作为或者不作为。②损害事实。是指侵权行为给受害人造成的不利后果，包括财产损害、人身损害和精神损害。③因果关系。是指侵权人实施的行为好损害后果之间存在因果上的联系。④过错。是指行为人通过其实施的侵害行为所表现出来的法律上的故意和过失状态。

2. 侵权责任的归责原则

侵权责任的归责原则，是指基于一定的归责事由确定侵权责任承担的法律原则。按照《民法通则》和《侵权责任法》的规定，归责原则包括过错责任原则（含过错推定归责原则）、无过错责任原则（即严格责任原则）和公平责任原则。

（1）过错责任原则。

是指以过错作为归责的最终构成要件。即行为人的侵权行为给对方造成损害，须行为人在主观上存在过错才承担相应的民事责任。过错责任是侵权责任的一般归责原则，除法律法规规定的特别侵权行为外，一般侵权行为均适用过错归责原则。

（2）过错推定责任原则。

是指基于法律的特别规定，推定加害人存在过错而应承担侵权责任，加害人能够证明自己没有过错的除外。主要情形有：①机动车与非机动车驾驶人、行人之间发生交通事故，机动车驾驶者适用过错推定；②建筑物、构筑物或者其他设施及其搁置物、悬挂物发生脱落、坠落，建筑物、构筑物或者其他设施倒塌之人损害，堆放物之人损害，适用过错推定；③林木折断造成他人损害时，对林木所有人或管理人适用过错推定；④动物园发生动物致人损害时，对动物园适用过错推定；⑤幼儿园、学校或者其他教育机构因未尽到教育、管理职责致在其学习、生活的无民事行为能力人或者限制民事行为能力人受到人身损害，教育机构应承担相应责任，除非教育机构能证明其已尽管理职责。

（3）无过错责任原则。

又称严格责任原则，是指基于法律的特别规定，受害人能够证明损害是加害人的行为或者物件所致，加害人就应当承担民事责任，而不论其是否存在主观上的过错，除非加害人能够证明存在法定抗辩是由。目前法律规定承担无过错责任的情形主要有：①被监护人致人损害，监护人承担无过错责任；②用人单位对工作人员的行为侵害他人承担无过错责任；③个人之间形成劳务关系，提供劳务一方因劳务造成他人损害，由接受劳务一方承担侵权责任；④产品缺陷致人损害时，生产者承担无过错责任；⑤高度危险作业致人损害的，侵害人承担无过错责任；⑥环境污染致人损害的，排污单位承担无过错责任；⑦饲养的动物致人损害的，饲养人承担无过错责任。

（4）公平责任原则。

是指加害人和受害人对造成的损害事实均没有过错，而根据公平的观念，在考虑当事人的财产状况、支付能力等实际情况的基础上，由双方分担损失。

3. 民事责任的承担方式

结合《民法通则》第 134 条和《侵权责任法》第 15 条第 1 款的规定，承担民事责任的方式包括 10 种：停止侵害；排除妨碍；消除危险；返还财产；恢复原状；修理、重作、更换；赔偿损失；支付违约金；消除影响、恢复名誉；赔礼道歉。

第二节　物业服务收费管理办法

物业管理是一种有偿的经营性服务，其价格的形成应当遵通循等价有偿的市场原则，由业主和物业服务企业通过合同协商确定。但考虑到目前物业管理市场发育还不完善，需要国家对物业管理收费进行必要的指导和规范。目前，我国规范物业服务收费的法律法规主要是《中华人民共和国价格法》《物业管理条例》《物业服务收费管理办法》等。《物业服务收费管理办法》对全国的物业收费方式、物业成本计算标准作出了新规定，是指导和规范我国物业服务收费行为的重要依据。

一、物业服务收费应遵循的原则

1. 合理原则

合理原则是指在物业管理实际操作中，核定收费时应充分考虑物业服务企业的利益，既要有利于物业服务企业的价值补偿，也要考虑业主的经济承受能力。国内物业管理市场尚处于发展阶段，具体收费标准应当因地制宜、以物业管理服务发生的成本为基础，结合物业管理公司的服务质量、服务深度进行合理核定，使业主的承受力与物业管理实际水平，服务深度相平衡。

2. 公开原则

公开原则要求物业管理公司公开服务项目和收费标准，规范物业管理公司对用户提供的特约有偿服务，并实行明码标价，定期向业主公布收支情况，主动接受业主监督。

物业管理服务收费作为公益性服务价格，必须明码标价并在小区的显著位置将服务内容、标准和项目进行公示。

3. 质价相符原则

质价相符原则，指物业管理服务的收费标准应与服务质量相适应。《城市住宅小区物业管理服务收费暂行办法》第 11 条规定，“物业管理单位应当严格遵守国家的价格法规和政策，执行规定的收费办法和收费标准，努力提高服务质量，向住户提供质价相称的服务。不得收费不服务或多收费少服务。”也就是说物业管理服务收费标准高，服务的项目就多，所提供的管理水平和服务质量也高；物业管理服务收费的标准低，所提供的服务内容就少，服务的要求就低。物业管理单位不可高标准收费低质量服务。

4. 合法竞争原则

物业管理服务作为一种有偿服务，在市场经济体制下，需要有其投资、生产、交易的市场，没有进入市场的物业管理服务不是真正的商品，物业管理服务纳入商品经济轨道，就必然形成物业管理市场。为了规范和推动物业管理市场的有序竞争，制定和实施物业服务收费的合法竞争原则是十分必要的。不得恶意压低价格，扰乱正常市场秩序。

5. 政府监管原则

物业管理服务合同基本上属于格式合同。所谓格式合同是指其条款由一方当事人为了与众多相对人订立合同而单方面事先制订，相对人只有接受与否的自由而无法就合同条款进行个别谈判。由于格式合同剥夺了相对人就合同具体条款进行谈判的自由，因此，为了保护相对人的利益，国家对格式合同实施政府监管原则，物业管理合同包括收费合同作为格式合同亦不例外。

二、物业服务成本构成

物业服务成本或者物业服务支出构成一般包括以下 9 个部分：

（1）物业服务人员的工资、社会保险和按规定提取的福利费等；

（2）物业共用部位、共用设施设备的日常运行、维护费用；

（3）物业管理区域清洁卫生费用；

（4）物业管理区域绿化养护费用；

（5）物业管理区域秩序维护费用；

（6）办公费用；

（7）物业服务企业固定资产折旧费用；

（8）物业共用部位、共用设施设备及公众责任保险费用；

（9）经业主同意的其他费用。

物业共用部位、共用设施设备的大修中修、更新改造费用，应通过专项维修资金支出，不得计入物业服务成本。

三、物业服务费的定价方法

物业服务费应根据所提供服务的性质、特点等不同情况，分别实行政府指导价和市场定价。为物业产权人、使用人提供的公共卫生清洁、公共设施的维修保养和保安、绿化等有公共性服务以及代收缴水电费、煤气费、有线电视费、电话费等公众代办性质的服务收费，实行政府指导价。凡属于物业产权人、使用人个别需求提供的特约服务，除政府物价部门规定有统一收费标准外，服务收费实行市场定价。

1. 政府指导价

政府指导价也是一种政策性定价，它是政府物价部门根据当地经济发展水平、物业管理市场的发育程度，以及物业管理服务等级标准等因素，在征询物业管理行政主管部门的意见后公布的基准价及其浮动幅度。物业管理单位可在政府指导价格规定幅度内确定具体收费标准。政府指导价仅是一个幅度价，具体收费标准由业主与物业服务企业根据规定的基准价和浮动幅度，结合服务内容、服务质量、服务深度等因素，在物业服务合同中约定。另外，随着市场的发展及物业状况的改变，政府指导价应适时加以调整。

2. 市场调节价

市场调节价是一种市场定价形式，它是指物业服务收费标准由物业服务企业与业主协商议定，然后将收费项目和收费标准向当地物价部门备案的一种价格形式。收费标准的确定，既要有利于物业管理服务的价值补偿，也要考虑到物业产权人、使用人的经济承受能力。

实行市场调节价的物业服务收费标准需要调整时，应由业主大会或共同履行业主大会、业主委员会职责的全体业主与物业服务企业协商确定。

随着物业管理市场的逐步成熟和完善，居民收入水平的逐步提高，以及社会对物业管理认识的加深及观念的正确转变，市场调节价将会成为物业服务的主要价格形式。

物业服务价格是物业管理市场经济关系的核心问题，也是物业服务企业和广大业主、使用人乃至全社会都十分关心并非常敏感的问题，直接关系到物业管理市场的基本秩序，以及物业管理工作的顺利开展。因此，《物业服务收费管理办法》明确规定："物业服务企业应当按照政府价格主管部门的规定实行明码标价，在物业管理区域内的显著位置，将服务内容、服务标准以及收费项目、收费标准等有关情况进行公示。"同时还规定，政府价格主管部门会同房地产行政主管部门，应当加强对物业服务企业的服务内容、服务标准和收费项目、收费标准的监督。物业服务企业违反价格法律、法规和规定，由政府价格主管部门依据《中华人民共和国价格法》和《价格违法行为行政处罚规定》予以处罚。

四、物业服务收费的收费方式

根据《物业服务收费管理规定》，业主与物业服务企业可以采取包干制或者酬金制等形式约定物业服务费用。

包干制是指由业主向物业服务企业支付固定物业服务费用，盈余或者亏损均由物业服务企业享有或者承担的物业服务计费方式。实行物业服务费用包干制的，物业服务费用的构成包括物业服务成本、法定税费和物业服务企业的利润。

酬金制是指在预收的物业服务资金中按约定比例或者约定数额提取酬金支付给物业服务企业，其余全部用于物业服务合同约定的支出，结余或者不足均由业主享有或者承担的物业服务计费方式。

实行物业服务费用酬金制的，预收的物业服务资金包括物业服务支出和物业服务企业的酬金。预收的物业服务支出属于代管性质，为交纳费用的业主所有，物业服务企业不得将其用于物业服务合同约定以外的支出。

物业服务企业应当向业主大会或者全体业主公布物业服务资金年度预决算，并每年不少于1次公布物业服务资金的收支情况。物业服务收费采取酬金制方式，物业服务企业或者业主大会可以按照物业服务合同约定，聘请专业机构对物业服务资金年度预决算和物业服务资金的收支情况进行审计。

五、物业服务费用的分担原则

在物业服务费用的分担中应遵循谁受益、谁付费的原则。也就是说，为哪一部分业主支出的物业管理费用就应当由哪一部分业主承担。

为进一步解决物业公共部分服务费用的分担问题、保护使用人的合法权益及保障房屋的正常使用，《城市异产毗连房屋管理规定》第9条规定：异产毗连房屋发生自然损坏（因不可抗力造成的损坏，视同自然损坏），所需修缮费用依下列原则处理。

(1) 共有房屋主体结构中的基础、柱、梁、墙的修缮，由共有房屋所有人份额比例分担。

(2) 共有墙体的修缮（包括因结构需要而涉及的相邻部位的修缮），按两侧均分后，再由每侧房屋所有人按份额比例分担。

(3) 楼盖的修缮，其楼面与顶棚部位，由所在层房屋所有人负责；其结构部位，由毗连层上下房屋所有人按份额比例分担。

(4) 屋盖的修缮。①不上人屋盖，由修缮所及范围覆盖下各层的房屋所有人按份额比例分担；②可上人屋盖（包括屋面和周边护拦），如为各层所共用，由修缮所及范围覆盖下各层的房屋所有人按份额比例分担；如仅为若干层使用，使用层的房屋所有人分担一半，其余一半由修缮所及范围覆盖下层房屋所有人按份额比例分担。

(5) 楼梯及楼梯间（包括出屋面部分）的修缮。①各层共用楼梯，由房屋所有人按份额比例分担。②为某些层所专用的楼梯，由其专用的房屋所有人按份额比例分担。

(6) 房屋共用部位必要的装饰，由受益的房屋所有人按份额比例分担。

(7) 房屋共有、共用的设备和附属建筑（如电梯、水泵、暖气、水卫、电照、沟管、垃圾道、化粪池等）的修缮，由所有人按份额比例分担。

因使用不当造成异产毗连房屋损坏的，由责任人负责修缮。

六、物业服务收费的其他相关规定

1. 物业服务交纳义务人的规定

在物业已经出卖并交付给业主的，业主是交纳服务费的义务人。由于业主是物业的所有人，同时物业服务合同是由业主委员会代表业主与物业服务企业签订的，所以业主是合同的当事人，由其享有物业服务合同所产生的权利同时也应当由其负担物业管理合同所创设的义务，在物业管理服务合同业主一方的主要义务便是交纳物业服务费。

业主将物业交付给他人使用时，业主与物业使用人约定由物业使用人交纳物业服务费用的，从其约定，业主负连带交纳责任。物业发生产权转移时，业主或者物业使用人应当结清服务费用或者物业服务资金。

当物业尚未出售或虽已出售但是尚未交付给业主时，物业管理合同的当事人是物业服务企业与房地产开发单位（即建设单位），所以物业服务费应当由房地产开发单位支付。

业主或物业使用人违反物业服务合同约定逾期不缴纳服务费用的，业主委员会应当督促其限期缴纳；逾期仍不缴纳的，物业服务企业可以依法追缴。

2. 特约性服务收费的规定

特约性服务收费，是物业服务企业为满足业主、物业使用人的个别要求，而与其约定提供专门服务所收取的费用。

根据《物业服务收费管理办法》第 44 条规定，物业服务企业可以根据业主的委托提供物业服务合同约定以外的服务项目，服务报酬由双方约定。如果业主需要物业服务企业提供物业管理合同中约定的服务以外的其他服务的，如水电维修、商务服务、家政服务、车辆寄存保管等，必须与物业服务企业单独订立委托合同，就服务的种类、标准、服务费用的数额及其支付的方式、时间等做出具体的约定。合同一经成立生效当事人必须按照合同的约定履行合同，否则就会构成违约行为从而须承担违约责任。

对于特约服务的种类及费用完全由当事人自行约定，其不适用政府监管原则。

3. 公共代办性服务收费的规定

根据《物业服务收费管理办法》第 45 条规定，物业管理区域内，供水、供电、供气、供热、通信、有线电视等单位应当向最终用户收取有关费用。物业服务企业委托代收费用的，不得向业主等用户收取手续费等额外费用。

以收取电费为例，物业服务企业代收电费时不得向业主等用户收取额外的手续费，是因为供电等单位是收取电费的权利人，用户则是交纳电费的义务人，物业服务企业不是合同的当事人，因此，既不享有权利也不负有义务，如果其代理收取该费用是作为供电等单位的代理人，是接受供电等单位的委托，为这些单位处理事务，那么要收取手续费也应当向其委托人（即供电单位等）而不是向用户收取。

4. 物业服务收费明码标价的规定

为进一步规范物业服务收费行为，提高物业服务收费透明度，维护业主和物业服务企业的合法权益，促进物业管理行业的健康发展，国家发展改革委员会、建设部根据《中华人民共和国价格法》《物业管理条例》和《关于商品和服务实行明码标价的规定》，制定《物业服务收费明码标价的规定》。规定要求物业服务企业向业主提供服务应当标明服务项目、收费标准等有关情况。标示内容包括：物业服务企业名称、收费对象、服务内容、服务标准、计费方式、计费起始时间、收费项目、收费标准、价格管理形式、收费依据、价格举报电话 12358 等。

实行政府指导价的物业服务收费应当同时标明基准收费标准、浮动幅度，以及实际收费标准。实行明码标价的方式一般为在物业管理服务区域内的显著位置或收费地点，采取公告栏、公示牌、收费表、收费清单、收费手册、多媒体终端查询等。

物业服务企业接受委托代收供水、供电、供气、供热、通信、有线电视等有关费用的，也应当依照规定实行明码标价。实行明码标价的物业服务收费的标准等发生变化时，物业服务企业应当在执行新标准前 1 个月，将所标示的相关内容进行调整，并应标示新标准开始实行的日期。

物业服务企业违反价格法律、法规和规定的，由政府价格主管部门依据《中华人民共和国价格法》和《价格违法行政处罚规定》予以处罚。

第三节　物业服务企业资质管理办法

《物业管理条例》（以下简称《条例》）第 32 条规定："国家对从事物业管理活动的企业实行资质管理制度"。2004 年 3 月，建设部发布《物业服务企业资质管理办法》，规定了物业服务企业资质的条件、分级、申请、审批和年检等内容。2007 年 11 月，建设部对《物业服务企业资质管理办法》进行了修订，取消了企业资质年检的有关规定。

一、物业服务企业的性质和成立条件

《条例》明确规定，从事物业管理活动的企业，必须具备独立的法人资格。按照《民法通则》的规定，法人是具有民事权利能力和民事行为能力，依法独立享有民事权利和承担民事义务的组织。物业服务企业应当具备下列条件：

（1）依法成立；

（2）有必要的财产或者经费；

（3）有自己的名称、组织机构和场所；

（4）能够独立承担民事责任。

二、物业服务企业的资质等级

1. 取得各级资质的条件

《物业服务企业资质管理办法》规定，物业服务企业资质等级分为一、二、三级。各资质等级物业服务企业的条件如下：

（1）一级资质。

①注册资本人民币500万元以上；

②物业管理专业人员以及工程、管理、经济等相关专业类的专职管理和技术人员不少于30人。其中，具有中级以上职称的人员不少于20人，工程、财务等业务负责人具有相应专业中级以上职称。

③物业管理专业人员按照国家有关规定取得职业资格证书。

④管理两种类型以上物业，并且管理各类物业的房屋建筑面积分别占下列相应计算基数的百分比之和不低于100%：

a. 多层住宅200万平方米；

b. 高层住宅100万平方米；

c. 独立式住宅（别墅）15万平方米；

d. 办公楼、工业厂房及其他物业50万平方米。

⑤建立并严格执行服务质量、服务收费等企业管理制度和标准，建立企业信用档案系统，有优良的经营管理业绩。

（2）二级资质。

①注册资本人民币300万元以上。

②物业管理专业人员以及工程、管理、经济等相关专业类的专职管理和技术人员不少于20人。其中，具有中级以上职称的人员不少于10人，工程、财务等业务负责人具有相应专业中级以上职称。

③物业管理专业人员按照国家有关规定取得职业资格证书。

④管理两种类型以上物业，并且管理各类物业的房屋建筑面积分别占下列相应计算基数的百分比之和不低于100%。

a. 多层住宅100万平方米；

b. 高层住宅50万平方米；

c. 独立式住宅（别墅）8万平方米；

d. 办公楼、工业厂房及其他物业20万平方米。

⑤建立并严格执行服务质量、服务收费等企业管理制度和标准，建立企业信用档案系统，有良好的经营管理业绩。

（3）三级资质。

①注册资本人民币50万元以上。

②物业管理专业人员以及工程、管理、经济等相关专业类的专职管理和技术人员不少于10人。其中，具有中级以上职称的人员不少于5人，工程、财务等业务负责人具有相应专业中级以上职称。

③物业管理专业人员按照国家有关规定取得职业资格证书。

④有委托的物业管理项目。

⑤建立并严格执行服务质量、服务收费等企业管理制度和标准，建立企业信用档案系统。

2. 资质证书的颁发和管理

国务院建设主管部门负责颁发和管理一级物业服务企业资质证书。省、自治区人民政府建设主管部门负责颁发和管理二级物业服务企业资质证书，直辖市人民政府房地产主管部门负责二级和三级物业服务企业资质证书的颁发和管理，并接受国务院建设行政主管部门的指导和监督。设区的市的人民政府房地产房地产主管部门负责三级物业服务企业资质证书的颁发和管理，并接受省、自治区人民政府建设主管部门的指导和监督。

3. 资质等级与项目承接

物业服务企业经主管部门审查核定资质等级后，按照以下规定承接物业管理项目：

（1）一级资质物业服务企业可以承接各种物业管理项目。

（2）二级资质物业服务企业可以承接 30 万平方米以下的住宅项目和 8 万平方米以下的非住宅项目的物业管理业务。

（3）三级资质物业服务企业可以承接 20 万平方米以下的住宅项目和 5 万平方米以下的非住宅项目的物业管理业务。

三、物业服务企业资质等级的申请与核定

1. 新设立物业服务企业的资质申请

新设立的物业服务企业应当自领取营业执照之日起 30 日内，持下列文件向工商注册所在地直辖市、设区的市的人民政府房地产主管部门申请资质：①营业执照；②企业章程；③验资证明；④企业法定代表人的身份证明；⑤物业管理专业人员的职业资格证书和劳动合同，管理和技术人员的职称证书和劳动合同。

新设立的物业服务企业，其资质等级按照最低等级核定，并设一年的暂定期。

2. 物业服务企业资质等级的核定

申请核定资质等级的物业服务企业，应当向房地产主管部门提交下列材料：①企业资质等级申报表；②营业执照；③企业资质证书正、副本；④物业管理专业人员的职业资格证书和劳动合同，管理和技术人员的职称证书好劳动合同，工程、财务负责人的职称证书和劳动合同；⑤物业服务合同复印件；⑥物业管理业绩材料。

资质审批部门应当自受理企业申请之日起 20 个工作日内，对符合相应资质等级条件的企业核发资质证书。

四、物业服务企业资质证书的变更、注销与撤销

1. 资质的变更和注销

（1）物业服务企业的名称、法定代表人等事项发生变更的，应当在办理变更手续后30日内，到原资质审批部门办理资质证书变更手续。

（2）物业服务企业发生分立、合并的，应当在向工商行政管理部门办理变更手续后30日内，到原资质审批部门申请办理资质证书注销手续，并重新核定资质等级。

（3）物业服务企业破产、歇业或者其他原因终止业务活动的，应当在办理营业执照注销手续后15日内，到原资质审批部门办理资质证书注销手续。

2. 资质证书的撤销

《物业服务企业资质管理办法》第18条规定：有下列情形之一的，资质审批部门或者其上级主管部门，根据利害关系人的请求或者根据职权可以撤销资质证书。

（1）审批部门工作人员滥用职权、玩忽职守作出物业服务企业资质审批决定的；

（2）超越法定职权作出物业服务企业资质审批决定的；

（3）违反法定程序作出物业服务企业资质审批决定的；

（4）对不具备申请资格或者不符合法定条件的物业服务企业颁发资质证书的；

（5）依法可以撤销审批的其他情形。

第四节　房屋建筑工程质量保修办法

根据《建设工程质量管理条例》的规定，建设工程实行质量保修制度。建设工程承包单位在向建设单位提交竣工验收报告时，应当向建设单位出具质量保修书。2000年6月30日原建设部发布了《房屋建筑工程质量保修办法》，明确规定了房屋建筑工程质量保修。

房屋建筑工程质量保修，是指对房屋建筑工程竣工验收后在保修期限内出现的质量缺陷，予以修复。质量缺陷，是指房屋建筑工程的质量不符合工程建设强制性标准及合同的约定。房屋建筑工程在保修范围和保修期限内出现质量缺陷，施工单位应当履行保修义务，并对造成的损失承担赔偿责任。建设单位和施工单位应当在工程质量保修书中约定保修范围、保修期限和保修责任等，双方约定的保修范围、保修期限必须符合国家有关规定。另外，房地产开发企业售出的商品房保修，还应当执行《城市房地产开发经营管理条例》和《商品房销售管理办法》的有关规定。

一、房屋建筑工程的最低保修期限

《房屋建筑工程质量保修办法》第7条规定：在正常使用条件下，房屋建筑工程的

最低保修期限为：

（1）地基基础工程和主体结构工程，为设计文件规定的该工程的合理使用年限；

（2）屋面防水工程、有防水要求的卫生间、房间和外墙面的防渗漏，为5年；

（3）供热与供冷系统，为2个采暖期、供冷期；

（4）电气管线、给排水管道、设备安装为2年；

（5）装修工程为2年。其他项目的保修期限由建设单位和施工单位约定。

第8条规定：房屋建筑工程保修期从工程竣工验收合格之日起计算。

二、房屋建筑工程的保修程序

第9条规定：房屋建筑工程在保修期限内出现质量缺陷，建设单位或者房屋建筑所有人应当向施工单位发出保修通知。施工单位接到保修通知后，应当到现场核查情况，在保修书约定的时间内予以保修。发生涉及结构安全或者严重影响使用功能的紧急抢修事故，施工单位接到保修通知后，应当立即到达现场抢修。

第10条规定：发生涉及结构安全的质量缺陷，建设单位或者房屋建筑所有人应当立即向当地建设行政主管部门报告，采取安全防范措施；由原设计单位或者具有相应资质等级的设计单位提出保修方案，施工单位实施保修，原工程质量监督机构负责监督。

第11条规定：保修完成后，由建设单位或者房屋建筑所有人组织验收。涉及结构安全的，应当报当地建设行政主管部门备案。

第12条规定：施工单位不按工程质量保修书约定保修的，建设单位可以另行委托其他单位保修，由原施工单位承担相应责任。

第13条规定：保修费用由质量缺陷的责任方承担。

三、房屋建筑工程的损害赔偿

第14条规定：在保修期限内，因房屋建筑工程质量缺陷造成房屋所有人、使用人或者第三方人身、财产损害的，房屋所有人、使用人或者第三方可以向建设单位提出赔偿要求。建设单位向造成房屋建筑工程质量缺陷的责任方追偿。

第15条规定：因保修不及时造成新的人身、财产损害，由造成拖延的责任方承担赔偿责任。

第17条规定：下列情况不属于本办法规定的保修范围：①因使用不当或者第三方造成的质量缺陷；②不可抗力造成的质量缺陷。

第五节　住宅室内装饰装修管理办法

住宅室内装饰装修是建筑装饰装修的重要组成部分，直接关系到广大居民的切身利益。为了加强住宅室内装饰装修管理，保证装饰装修工程质量和安全，维护公共安全和公众利益，根据有关法律、法规，原建设部于 2002 年颁布了《住宅室内装饰装修管理办法》。在城市从事住宅室内装饰装修活动，实施对住宅室内装饰装修活动的监督管理，应当遵守本办法。

一、住宅装饰装修的概念

住宅室内装饰装修，是指住宅竣工验收合格后，业主或者住宅使用人（以下简称装修人）对住宅室内进行装饰装修的建筑活动。

住宅室内装饰装修应当保证工程质量和安全，符合工程建设强制性标准。

二、住宅室内装饰装修的一般规定

1. 住宅室内装饰装修的禁止行为

（1）未经原设计单位或者具有相应资质等级的设计单位提出设计方案，变动建筑主体和承重结构；

（2）将没有防水要求的房间或者阳台改为卫生间、厨房间；

（3）扩大承重墙上原有的门窗尺寸，拆除连接阳台的砖、混凝土墙体；

（4）损坏房屋原有节能设施，降低节能效果；

（5）其他影响建筑结构和使用安全的行为。

建筑主体，是指建筑实体的结构构造，包括屋盖、楼盖、梁、柱、支撑、墙体、连接接点和基础等。承重结构，是指直接将本身自重与各种外加作用力系统地传递给基础地基的主要结构构件和其连接接点，包括承重墙体、立杆、柱、框架柱、支墩、楼板、梁、屋架、悬索等。

2. 住宅室内装饰装修的注意事项

（1）装修人的特别注意事项。装修人从事住宅室内装饰装修活动，未经批准，不得有下列行为：搭建建筑物、构筑物；改变住宅外立面，在非承重外墙上开门、窗；拆改供暖管道和设施；拆改燃气管道和设施。所列第一项、第二项行为，应当经城市规划行政主管部门批准；第三项行为，应当经供暖管理单位批准；第四项行为应当经燃气管理单位批准。

（2）增加楼面荷载的注意事项。住宅室内装饰装修超过设计标准或者规范增加楼面荷载的，应当经原设计单位或者具有相应资质等级的设计单位提出设计方案。

（3）改动防水层的注意事项。改动卫生间、厨房间防水层的，应当按照防水标准制订施工方案，并做闭水试验。

（4）装修企业的注意事项。装饰装修企业必须按照工程建设强制性标准和其他技术标准施工，不得偷工减料，确保装饰装修工程质量。装饰装修企业从事住宅室内装饰装修活动，应当遵守施工安全操作规程，按照规定采取必要的安全防护和消防措施，不得擅自动用明火和进行焊接作业，保证作业人员和周围住房及财产的安全。

(5) 装修人和装饰装修企业的共同注意事项。装修人和装饰装修企业从事住宅室内装饰装修活动，不得侵占公共空间，不得损害公共部位和设施。

三、住宅室内装饰装修的开工申报与监督

1. 开工申报

装修人在住宅室内装饰装修工程开工前，应当向物业服务企业或者房屋管理机构（以下简称物业管理单位）申报登记。非业主的住宅使用人对住宅室内进行装饰装修，应当取得业主的书面同意。

物业管理单位应当将住宅室内装饰装修工程的禁止行为和注意事项告知装修人和装修人委托的装饰装修企业。装修人对住宅进行装饰装修前，应当告知邻里。

装修人，或者装饰装修企业，应当与物业管理单位签订住宅室内装饰装修管理服务协议。禁止物业管理单位向装修人指派装饰装修企业或者强行推销装饰装修材料。

2. 开工监督

物业管理单位应当按照住宅室内装饰装修管理服务协议实施管理，发现装修人或者装饰装修企业有本办法第 5 条行为的，或者未经有关部门批准实施本办法第 6 条所列行为的，或者有违反本办法第 7 条、第 8 条、第 9 条规定行为的，应当立即制止；已造成事实后果或者拒不改正的，应当及时报告有关部门依法处理。对装修人或者装饰装修企业违反住宅室内装饰装修管理服务协议的，追究违约责任。

有关部门接到物业管理单位关于装修人或者装饰装修企业有违反本办法行为的报告后，应当及时到现场检查核实，依法处理。

任何单位和个人对住宅室内装饰装修中出现的影响公众利益的质量事故、质量缺陷及其他影响周围住户正常生活的行为，都有权检举、控告、投诉。

四、住宅室内装饰装修的委托与承接

承接住宅室内装饰装修工程的装饰装修企业，必须经建设行政主管部门资质审查，取得相应的建筑业企业资质证书，并在其资质等级许可的范围内承揽工程。

装修人委托企业承接其装饰装修工程的，应当选择具有相应资质等级的装饰装修企业。

装修人与装饰装修企业应当签订住宅室内装饰装修书面合同，明确双方的权利和义务。

五、室内环境质量

装饰装修企业从事住宅室内装饰装修活动，应当严格遵守规定的装饰装修施工时间，降低施工噪声，减少环境污染。

住宅室内装饰装修过程中所形成的各种固体、可燃液体等废物，应当按照规定的位置、方式和时间堆放和清运。严禁违反规定将各种固体、可燃液体等废物堆放于住宅垃圾道、楼道或者其他地方。

住宅室内装饰装修工程使用的材料和设备必须符合国家标准，有质量检验合格证明和有中文标识的产品名称、规格、型号、生产厂厂名、厂址等。禁止使用国家明令淘汰的建筑装饰装修材料和设备。

装修人委托企业对住宅室内进行装饰装修的，装饰装修工程竣工后，空气质量应当符合国家有关标准。装修人可以委托有资格的检测单位对空气质量进行检测。检测不合格的，装饰装修企业应当返工，并由责任人承担相应损失。

六、竣工验收与保修

住宅室内装饰装修工程竣工后，装修人应当按照工程设计合同约定和相应的质量标准进行验收。验收合格后，装饰装修企业应当出具住宅室内装饰装修质量保修书。

物业管理单位应当按照装饰装修管理服务协议进行现场检查，对违反法律、法规和装饰装修管理服务协议的，应当要求装修人和装饰装修企业纠正，并将检查记录存档。

住宅室内装饰装修工程竣工后，装饰装修企业负责采购装饰装修材料及设备的，应当向业主提交说明书、保修单和环保说明书。

在正常使用条件下，住宅室内装饰装修工程的最低保修期限为两年，有防水要求的厨房、卫生间和外墙面的防渗漏为五年。保修期自住宅室内装饰装修工程竣工验收合格之日起计算。

第六节　住宅专项维修资金管理办法

2007 年 12 月，根据《物权法》《物业管理条例》等法律、行政法规，建设部会同财政部发布了《住宅专项维修资金管理办法》，对加强住宅专项维修资金的管理，保障住宅共用部位、共用设施设备的维修和正常使用，维护住宅专项维修资金所有者的合法权益，都起着重要的作用。

一、住宅专项维修资金的定义、管理原则和监管部门

1. 住宅专项维修资金的定义

住宅专项维修资金，是指专项用于住宅共用部位、共用设施设备保修期满后的维修和更新、改造的资金。

共用部位，是指根据法律、法规和房屋买卖合同，由单幢住宅内业主或者单幢住

宅内业主及与之结构相连的非住宅业主共有的部位，一般包括：住宅的基础、承重墙体、柱、梁、楼板、屋顶以及户外的墙面、门厅、楼梯间、走廊通道等。

共用设施设备，是指根据法律、法规和房屋买卖合同，由住宅业主或者住宅业主及有关非住宅业主共有的附属设施设备，一般包括电梯、天线、照明、消防设施、绿地、道路、路灯、沟渠、池、井、非经营性车场车库、公益性文体设施和共用设施设备使用的房屋等。

2. 管理原则

住宅专项维修资金管理实行专户存储、专款专用、所有权人决策、政府监督的原则。

3. 监管部门

国务院建设主管部门会同国务院财政部门负责全国住宅专项维修资金的指导和监督工作。县级以上地方人民政府建设（房地产）主管部门会同同级财政部门负责本行政区域内住宅专项维修资金的指导和监督工作。

二、住宅专项维修资金的交存

1. 交存主体

下列物业的业主应当按照本办法的规定交存住宅专项维修资金：

（1）住宅，但一个业主所有且与其他物业不具有共用部位、共用设施设备的除外；

（2）住宅小区内的非住宅或者住宅小区外与单幢住宅结构相连的非住宅。

前款所列物业属于出售公有住房的，售房单位应当按照本办法的规定交存住宅专项维修资金。

业主交存的住宅专项维修资金属于业主所有。从公有住房售房款中提取的住宅专项维修资金属于公有住房售房单位所有。

2. 住宅专项维修资金的交存金额

（1）商品住宅的业主、非住宅的业主按照所拥有物业的建筑面积交存住宅专项维修资金，每平方米建筑面积交存首期住宅专项维修资金的数额为当地住宅建筑安装工程每平方米造价的5%～8%。直辖市、市、县人民政府建设（房地产）主管部门应当根据本地区情况，合理确定、公布每平方米建筑面积交存首期住宅专项维修资金的数额，并适时调整。

（2）出售公有住房的，按照下列规定交存住宅专项维修资金，业主按照所拥有物业的建筑面积交存住宅专项维修资金，每平方米建筑面积交存首期住宅专项维修资金的数额为当地房改成本价的2%。售房单位按照多层住宅不低于售房款的20%、高层住宅不低于售房款的30%，从售房款中一次性提取住宅专项维修资金。

3. 住宅专项维修资金的交存方式

（1）商品住宅的业主应当在办理房屋入住手续前，将首期住宅专项维修资金存入住宅专项维修资金专户。

（2）已售公有住房的业主应当在办理房屋入住手续前，将首期住宅专项维修资金存入公有住房住宅专项维修资金专户或者交由售房单位存入公有住房住宅专项维修资金专户。公有住房售房单位应当在收到售房款之日起 30 日内，将提取的住宅专项维修资金存入公有住房住宅专项维修资金专户。

（3）未按本办法规定交存首期住宅专项维修资金的，开发建设单位或者公有住房售房单位不得将房屋交付购买人。

（4）业主分户账面住宅专项维修资金余额不足首期交存额 30%的，应当及时续交。成立业主大会的，续交方案由业主大会决定。未成立业主大会的，续交的具体管理办法由直辖市、市、县人民政府建设（房地产）主管部门会同同级财政部门制定。

三、住宅专项维修资金的管理

1. 业主大会成立前住宅专项维修资金的管理

业主大会成立前，已售公有住房住宅专项维修资金，由物业所在地直辖市、市、县人民政府财政部门或者建设（房地产）主管部门负责管理。

2. 业主大会成立后住宅专项维修资金的管理

业主大会成立后，应当按照下列规定划转业主交存的住宅专项维修资金：

（1）业主大会应当委托所在地一家商业银行作为本物业管理区域内住宅专项维修资金的专户管理银行，并在专户管理银行开立住宅专项维修资金专户。开立住宅专项维修资金专户，应当以物业管理区域为单位设账，按房屋户门号设分户账。

（2）业主委员会应当通知所在地直辖市、市、县人民政府建设（房地产）主管部门；涉及已售公有住房的，应当通知负责管理公有住房住宅专项维修资金的部门。

（3）直辖市、市、县人民政府建设（房地产）主管部门或者负责管理公有住房住宅专项维修资金的部门应当在收到通知之日起 30 日内，通知专户管理银行将该物业管理区域内业主交存的住宅专项维修资金账面余额划转至业主大会开立的住宅专项维修资金账户，并将有关账目等移交业主委员会。

住宅专项维修资金划转后的账目管理单位，由业主大会决定。业主大会应当建立住宅专项维修资金管理制度。业主大会开立的住宅专项维修资金账户，应当接受所在地直辖市、市、县人民政府建设（房地产）主管部门的监督。

四、住宅专项维修资金的使用

1. 使用原则

住宅专项维修资金应当专项用于住宅共用部位、共用设施设备保修期满后的维修和更新、改造，不得挪作他用。住宅专项维修资金的使用，应当遵循方便快捷、公开透明、受益人和负担人相一致的原则。

2. 分摊规则

住宅共用部位、共用设施设备的维修和更新、改造费用，按照下列规定分摊：

（1）商品住宅之间或者商品住宅与非住宅之间共用部位、共用设施设备的维修和更新、改造费用，由相关业主按照各自拥有物业建筑面积的比例分摊。

（2）售后公有住房之间共用部位、共用设施设备的维修和更新、改造费用，由相关业主和公有住房售房单位按照所交存住宅专项维修资金的比例分摊；其中，应由业主承担的，再由相关业主按照各自拥有物业建筑面积的比例分摊。

（3）售后公有住房与商品住宅或者非住宅之间共用部位、共用设施设备的维修和更新、改造费用，先按照建筑面积比例分摊到各相关物业。其中，售后公有住房应分摊的费用，再由相关业主和公有住房售房单位按照所交存住宅专项维修资金的比例分摊。

3. 使用程序

住宅专项维修资金划转业主大会管理前，需要使用住宅专项维修资金的，按照以下程序办理：

（1）物业服务企业根据维修和更新、改造项目提出使用建议；没有物业服务企业的，由相关业主提出使用建议；

（2）住宅专项维修资金列支范围内专有部分占建筑物总面积 2/3 以上的业主且占总人数 2/3 以上的业主讨论通过使用建议；

（3）物业服务企业或者相关业主组织实施使用方案；

（4）物业服务企业或者相关业主持有关材料，向所在地直辖市、市、县人民政府建设（房地产）主管部门申请列支；其中，动用公有住房住宅专项维修资金的，向负责管理公有住房住宅专项维修资金的部门申请列支；

（5）直辖市、市、县人民政府建设（房地产）主管部门或者负责管理公有住房住宅专项维修资金的部门审核同意后，向专户管理银行发出划转住宅专项维修资金的通知；

（6）专户管理银行将所需住宅专项维修资金划转至维修单位。

住宅专项维修资金划转业主大会管理后，需要使用住宅专项维修资金的，按照以下程序办理：

（1）物业服务企业提出使用方案，使用方案应当包括拟维修和更新、改造的项目、费用预算、列支范围、发生危及房屋安全等紧急情况以及其他需临时使用住宅专项维修资金的情况的处置办法等；

（2）业主大会依法通过使用方案；

（3）物业服务企业组织实施使用方案；

（4）物业服务企业持有关材料向业主委员会提出列支住宅专项维修资金；其中，动用公有住房住宅专项维修资金的，向负责管理公有住房住宅专项维修资金的部门申请列支；

（5）业主委员会依据使用方案审核同意，并报直辖市、市、县人民政府建设（房地产）主管部门备案；动用公有住房住宅专项维修资金的，经负责管理公有住房住宅专项维修资金的部门审核同意；直辖市、市、县人民政府建设（房地产）主管部门或者负责管理公有住房住宅专项维修资金的部门发现不符合有关法律、法规、规章和使用方案的，应当责令改正；

（6）业主委员会、负责管理公有住房住宅专项维修资金的部门向专户管理银行发出划转住宅专项维修资金的通知；

（7）专户管理银行将所需住宅专项维修资金划转至维修单位。

4. 使用禁止和限制

下列费用不得从住宅专项维修资金中列支：

（1）依法应当由建设单位或者施工单位承担的住宅共用部位、共用设施设备维修、更新和改造费用；

（2）依法应当由相关单位承担的供水、供电、供气、供热、通信、有线电视等管线和设施设备的维修、养护费用；

（3）应当由当事人承担的因人为损坏住宅共用部位、共用设施设备所需的修复费用；

（4）根据物业服务合同约定，应当由物业服务企业承担的住宅共用部位、共用设施设备的维修和养护费用。

在保证住宅专项维修资金正常使用的前提下，可以按照国家有关规定将住宅专项维修资金用于购买国债。

5. 紧急情况下维修资金的使用

维修资金的使用有着严格的程序和限制，虽有效防止了维修资金的滥用，但也造成确需使用时的使用困难。特别是一些紧急情况下，物业得不到及时修缮，存在较大的安全隐患。正是在这种情况下，以北京市为首，一系列城市制定了紧急情况使用维修资金的办法。如《长沙市物业专项维修资金管理办法》规定，发生下列情形之一，需要立即对物业项目进行维修和更新、改造的，维修费用可以直接从相关业主物业专项维修资金中列支：

（1）电梯故障危及人身安全的；

（2）消防、电力、供水、供气系统出现功能障碍或者部分设备损坏严重等重大安全隐患或者紧急情况的；

（3）屋面、外墙防水局部损坏、渗漏严重的；

（4）楼体单侧外墙饰面脱落，玻璃幕墙炸裂等危及人身安全的；

（5）其他发生危及人身安全和房屋使用安全的紧急情况。

五、住宅专项维修资金的监督管理

直辖市、市、县人民政府建设（房地产）主管部门，负责管理公有住房住宅专项维修资金的部门及业主委员会，应当每年至少一次与专户管理银行核对住宅专项维修资金账目，并向业主、公有住房售房单位公布下列情况：

（1）住宅专项维修资金交存、使用、增值收益和结存的总额；

（2）发生列支的项目、费用和分摊情况；

（3）业主、公有住房售房单位分户账中住宅专项维修资金交存、使用、增值收益和结存的金额；

（4）其他有关住宅专项维修资金使用和管理的情况。

业主、公有住房售房单位对公布的情况有异议的，可以要求复核。

六、住宅专项维修资金违法行为的法律责任

挪用住宅专项维修资金的，由县级以上地方人民政府建设（房地产）主管部门追回挪用的住宅专项维修资金，没收违法所得，可以并处挪用金额2倍以下的罚款；构成犯罪的，依法追究直接负责的主管人员和其他直接责任人员的刑事责任。

物业服务企业挪用住宅专项维修资金，情节严重的，除按前款规定予以处罚外，还应由颁发资质证书的部门吊销资质证书。

直辖市、市、县人民政府建设（房地产）主管部门挪用住宅专项维修资金的，由上一级人民政府建设（房地产）主管部门追回挪用的住宅专项维修资金，对直接负责的主管人员和其他直接责任人员依法给予处分；构成犯罪的，依法追究刑事责任。

直辖市、市、县人民政府财政部门挪用住宅专项维修资金的，由上一级人民政府财政部门追回挪用的住宅专项维修资金，对直接负责的主管人员和其他直接责任人员依法给予处分；构成犯罪的，依法追究刑事责任。

本章小结

掌握《民法通则》中民法的基本原则：平等原则，自愿原则，公平原则，诚实信

用原则，公序良俗原则，权利不得滥用原则。侵权责任的归责原则为：过错责任原则、过错推定责任原则、无过错责任原则和公平责任原则。

《物业服务收费管理办法》对物业服务收费方式、物业成本计算标准作出了规定，是指导和规范我国物业服务收费行为的重要依据。

《物业服务企业资质管理办法》就物业服务企业的资质等级标准、资质等级的管理等作出了相应的规定。

《房屋建筑工程质量保修办法》对房屋建筑工程的最低保修期限作出了规定：地基基础工程和主体结构工程，为设计文件规定的该工程的合理使用年限；屋面防水工程、有防水要求的卫生间、房间和外墙面的防渗漏，为5年；供热与供冷系统，为2个采暖期、供冷期；电气管线、给排水管道、设备安装为2年；装修工程为2年。

《住宅室内装饰装修管理办法》对装修过程中的禁止行为和注意事项作出了规定。

《住宅专项维修资金管理办法》对物业专项维修资金的管理和使用作出了具体的规定。

复习思考题

一、简答

1. 物业服务收费应遵循哪些原则？
2. 简述物业服务收费的来源有哪些？
3. 物业服务费主要有哪些用途？
4. 怎样理解包干制和酬金制？
5. 怎样理解物业服务收费的市场调节价？
6. 专项维修基金的用途是什么？其使用应遵循怎样的原则？

二、案例分析

2008年4月，陆某在北京市某高档住宅小区购买了一套房子，在办理入住手续时物业服务企业向他出示了小区住宅管理公约和物业收费标准，陆某对该小区物业收费之高产生疑问。因为按物业服务企业的标准计算，他每年要付费1万多元，是陆某原住小区物业服务企业收费的4倍多。陆某认为其收费太高拒绝接受，物业服务企业说不签就不可入住。因此，陆某与物业服务企业产生了纠纷。

试分析：物业服务企业的收费标准如何确定？陆某该怎么做？

第九章　解读国务院《物业管理条例》

学习目标

1. 理解《物业管理条例》的指导思想和立法原则；
2. 了解《物业管理条例》的主要内容；
3. 掌握物业管理的七项基本制度。

案例导入

业主可否以服务质量为由拒缴物业服务费

荣某在某花园小区购买一套三居室。2007 年 1 月在入住时签署了前期物业服务合同，并缴纳了半年的物业服务费，此后到 2009 年 6 月长达两年时间一直未缴。物业服务企业一直按管理合同规定的事项和服务质量标准开展工作，其服务得到了大多数业主的认可。荣某以服务水平不高，本人未能享受到优质服务为由拒交，与物业服务企业发生了纠纷，物业服务企业在多次催收物业服务费未果的情况下向法院递了诉状。原告物业服务企业诉请：要求法院依法判决荣某缴纳所欠的物业服务费及利息。被告荣某辩称：原告服务水平不高，被告未能享受到合同约定的服务质量标准，故被告不缴物业服务费是有一定根据的。

根据《物业管理条例》第 7 条第 5 款规定，业主在物业管理活动中，应按时交纳物业服务费用。第 42 条规定，业主应当根据物业服务合同的约定缴纳物业服务费用。业主与物业使用人约定由物业使用人交纳物业服务费用的，从其约定，业主负连带缴纳责任。已竣工但尚未出售或者尚未交给物业买受人的物业，物业服务费用由建设单位缴纳。

因此，业主应按合同约定，按时缴纳物业服务费。业主对物业服务企业有意见应按照管理规约规定向物业服务企业反映，向业主委员会汇报，必要时由业主委员会向物业服务企业下达整改通知。如果物业服务企业接到通知后仍旧没有认真改正，那么业主委员会有权提前解聘和辞退物业服务企业，如果物业服务企业不理睬，可依法诉讼，讨回公道。

2003 年 9 月 1 日，《物业管理条例》正式实施。《条例》的颁布与实施，是我国物业管理发展历史上一件具有里程碑意义的大事，标志着我国物业管理进入了法制化、规范化发展的新时期。

第一节 《物业管理条例》概述

一、指导思想和立法原则

《物业管理条例》（以下简称《条例》）在坚持民法基本原则和立法法的原则下，突出了发展为重、平衡利益、保护弱者的立法理念。《条例》的立法指导思想，主要表现在以下三个方面：一是强调保护业主的财产权益，协调单个业主与全体业主的共同利益关系；二是强调业主与物业服务企业是平等的民事主体，是服务与被服务的关系；三是强调业主与物业服务企业通过公平、公开和协商方式处理物业管理事项。

《条例》在立法过程中，主要遵循以下几个基本原则。

1. 物业管理权利和财产权利相对应的原则

物业管理权利是业主财产权利的重要组成部分。《条例》对业主权利义务的规定，其实就是明确了业主作为建筑物区分所有权人的权利义务。对业主在首次业主大会会议上的投票权的规定，是基于业主拥有的财产权份额，将业主的物业管理权利相应建立在对自有房屋拥有的财产权基础之上。

2. 维护全体业主合法权益的原则

为维护全体业主的合法权益，《条例》既对物业服务企业的行为、业主大会的职责及其涉及业主共同利益事项的表决、个别业主不按合同约定交纳物业管理费用损害全体业主利益的行为、有关政府部门行政监督管理责任等作了明确规定，也对建设单位、公用事业单位等物业管理相关主体依法应当履行的义务作了详尽规定。在处理行政处罚和承担民事责任关系方面，《条例》设定的法律责任充分体现了优先保护全体业主利益的原则。

3. 现实性与前瞻性有机结合的原则

《条例》注重保持法规、政策的持续性和承继性，对被实践证明是行之有效的制度，如前期物业管理招投标、物业服务企业资质管理制度，予以保留。《条例》注重肯定实践成果，将在实践中积累的良好经验，如加强街道办事处、乡镇人民政府对业主大会的指导和监督等，确立为法律规范。对于如何解决现实中存在的问题，如开发企业不缴纳未售出物业的物业服务费用、任意扩大物业服务企业的治安责任、公用事业单位向物业服务企业转嫁责任等，《条例》作出了明确规定。《条例》贯穿着眼未来、着眼发展的指导思想，设立的业主大会和住宅专项维修资金等制度，符合市场经济的基本规律，符合未来立法趋势。

4. 从实际出发，实事求是的原则

我国各地区的物业管理发展很不平衡，沿海地区与中西部地区、大城市与中小城市，在物业管理市场发育程度、市场环境、管理服务水平等方面差异较大。《条例》在坚持法律制度统一性的前提下，充分考虑各地区的实际情况，对房地产开发与物业管理分业经营、物业管理区域划分等问题仅作出原则性规定，有的规定的具体执行办法，授权省、自治区、直辖市制定。

二、主要内容

1. 第一章 总则

本章共5条，对《条例》的立法目的、调整对象和适用范围、倡导原则和行政管理体制等做了规定。

2. 第二章 业主及业主大会

本章共15条，规定了业主的概念、权利与义务，业主大会的组成、宗旨、成立条件、职责、会议制度、议事规则，业主委员会的性质、职责与组成，管理规约的内容、法律效力，业主大会、业主委员会与居民委员会的关系等内容。本章对规范业主行为，保障业主合法权益，促进物业管理活动的健康发展将起到重要作用。

3. 第三章 前期物业管理

本章共11条，是关于前期物业管理的规定，包括前期物业服务合同、临时管理规约、前期物业管理招标投标、物业承接查验、物业资料的移交、物业管理用房、物业的保修责任等内容。

本章的一个基本思想，就是通过制度的建立和完善，明确建设单位的责任，打破旧有的“谁开发、谁管理”的模式，增强前期物业管理的透明度，如对前期物业服务合同签订的特殊要求、住宅前期物业管理招投标制度的推行等，都体现了这个思想。

4. 第四章 物业管理服务

本章共18条，旨在明确物业管理服务中各方主体的权利义务关系。本章的各条规定，明确了物业管理当事人之间的法律关系，促进物业管理活动的顺利开展。

5. 第五章 物业的使用与维护

本章共7条，对物业的使用与维护相关问题进行了规范。本章规定对于规范业主、物业服务企业以及供水、供电、供气、供热、通信、有限电视等单位的行为，保障物业的正常使用与维护，具有十分重要的意义。

6. 第六章 法律责任

本章共13条，规定了物业服务中相关主体的违法行为对应的法律后果。《条例》

的法律责任有以下几个方面的特点。

(1) 行政责任和民事责任并存。物业管理本质上是一类特殊的民事关系，即使在其中的一方主体——广大业主中，还存在着单个业主利益和全体业主共同利益的冲突。同时，物业服务企业的违法行为往往损害的是多数业主的公共利益，不仅要承担民事责任，而且要服从行政机关的监督，因此，物业管理中的违法行为，可能同时构成民事违法和行政违法。《条例》在设定法律责任时，对行政责任和民事责任都做了相应的规定。

(2) 为了处理好行政处罚和承担民事责任之间的关系，《条例》在设定法律责任时遵循了以下原则：凡是能够通过承担民事责任解决的，不再设定行政处罚的原则；确实涉及违反行政管理规定，损害公共利益。需要给予行政处罚的，则优先保证民事责任的承担，以充分体现优先保护全体业主利益的原则。

(3) 体现了业主自我管理、自我监督的原则。由于物业管理中涉及单个业主和全体业主共同利益的矛盾，当业主的某些违法行为损害全体业主共同利益时，由业主先进行自我管理、自我约束，然后再追究相应的法律责任。

7. 第七章　附则

附则是关于《条例》生效日期的规定，明确《条例》自 2003 年 9 月 1 日起实施。按照法律不溯及既往的一般原理，《条例》生效以前的物业管理活动，不适用《条例》的规定。

第二节　物业管理的七项基本制度

一、业主大会制度

业主大会制度是《条例》确定、《物权法》确认的一项基本制度。

《条例》第 9 条规定：一个物业管理区域成立一个业主大会。

《条例》确立了业主大会和业主委员会并存、业主大会决策、业主委员会执行的制度，规定物业管理区域内全体业主组成业主大会，业主大会代表和维护物业管理区域内全体业主的合法权益。业主委员会作为业主大会的执行机构，可以在业主大会的授权范围内就某些物业管理事项作出决定，但物业管理重大事项的决定只能由业主大会作出。

2009 年 12 月，住房和城乡建设部制定并印发了《业主大会和业主委员会指导规则》，进一步规范了业主大会和业主委员会的活动，推进了业主大会制度建设的进程。

二、管理规约制度

《条例》第 17 条规定：管理规约应当对有关物业的使用、维护、管理，业主的共同利益，业主应当履行的义务，违反规约应当承担的责任等事项依法作出约定。

管理规约应当尊重社会公德，不得违反法律、法规或者损害社会公共利益。

管理规约对全体业主具有约束力。

三、物业承接查验制度

《条例》第 28 条规定：物业服务企业承接物业时，应当对物业共用部位、公用设施设备进行查验。

《条例》第 37 条规定：物业服务企业承接物业时，应当与业主委员会办理物业验收手续。

四、前期物业管理招投标制度

《条例》第 24 条规定：国家提倡建设单位按照房地产开发与物业管理相分离的原则，通过招投标的方式选聘具有相应资质的物业服务企业。

住宅物业的建设单位，应当通过招投标的方式选聘具有相应资质的物业服务企业；投标人少于 3 个或者住宅规模较小的，经物业所在地的区、县人民政府房地产行政主管部门批准，可以采用协议方式选聘具有相应资质的物业服务企业。

五、物业服务企业资质管理制度

《条例》第 32 条规定：国家对从事物业管理活动的企业实行资质管理制度。具体办法由国务院建设行政主管部门制定。

六、物业管理从业人员职业资格制度

《条例》第 33 条规定：从事物业管理的人员应当按照国家有关规定，取得职业资格证书。

七、住宅专项维修资金制度

《条例》第 54 条规定：住宅物业、住宅小区内的非住宅物业或者与单幢住宅楼结构相连的非住宅物业的业主，应当按照国家有关规定交纳专项维修资金。

专项维修资金属于业主所有，专项用于物业保修期满后物业共用部位、共用设施设备的维修和更新、改造，不得挪作他用。

专项维修资金收取、使用、管理的办法由国务院建设行政主管部门会同国务院财政部门制定。

本章小结

《条例》在坚持民法基本原则和立法法的原则下，突出了发展为重、平衡利益、保护弱者的立法理念。

《条例》在立法过程中，主要遵循以下几个基本原则：物业管理权利和财产权利相对应的原则；维护全体业主合法权益的原则；现实性与前瞻性有机结合的原则；从实际出发，实事求是的原则。

物业管理的七项基本制度：业主大会制度；管理规约制度；物业承接查验制度；前期物业管理招投标制度；物业服务企业资质管理制度；物业管理从业人员职业资格制度；住宅专项维修资金制度。

复习思考题

一、简答

1.《物业管理条例》的指导思想和立法原则是什么？

2. 谈谈你对物业管理七项基本制度的理解。

二、案例分析

为了向业主介绍物业服务企业的便民服务项目，物业服务企业在其办公室门前竖立了一块便民服务项目标识牌。某天下午，当地刮起了十级台风，标识牌被台风刮倒。该物业服务企业的工作人员见状便将其平放在地上，准备台风过后重新安装。不久，又一阵台风将标识牌刮起达 2 米多高，向小区里飘移近 20 多米后突然下坠，恰好击中匆忙从外边赶回来的业主李某头上，致李某当场昏迷。巡逻保安员立即将李某送往医院抢救。经医院诊断，李某的头部后脑皮层被划开 7 厘米长、深达骨膜，前额有 2 厘米的挫伤，左上肢有长达 10 厘米的划伤，并有轻度脑震荡。物业服务企业为李某垫付了手续费、住院费、医疗费等共计 2000 余元。李某出院后，物业服务企业称李某被砸伤是由于不可抗力（不能预见、不能避免、不能克服的客观情况）造成的，要求李某返还垫付的医疗费。李某认为，自己是被管理处的标识牌砸伤，自己不仅不应向管理处返还垫付的医疗费用，物业服务企业还应支付自己出院后的复查费用和误工损失费，遂将物业服务企业诉至法院，要求赔偿自己的损失。

试分析此案。

第十章　物业交易法律制度

学习目标

1. 了解物业交易的概念、特征和原则；

2. 了解物业转让的概念及其合法有效的要件，理解物业转让合同的内容，掌握物业转让的程序；

3. 了解物业租赁的概念，理解并掌握物业租赁合同的主要内容，理解租赁双方的权利义务；

4. 了解物业抵押的概念及其法律特征，理解物业抵押的程序，掌握物业抵押双方当事人的权利义务。

案例导入

物业转让后，原租赁合同是否有效

李某2011年4月底与赵某签订了房屋租赁合同，李某将两间私房租赁给赵某，租期两年，并办理了登记备案手续。同年9月李某告知赵某他打算将这两间房子卖掉，赵某表示无意购买。李某便将这两间房子于次年1月卖给了乔某，双方订立了房屋买卖协议，办理了登记过户手续。乔某取得房屋所有权后，要求赵某搬迁，赵某拿出房屋租赁合同。双方争执不下，后乔某起诉至法院。

案例分析

在房屋出租以后，出租人仍是该房屋的所有人，他只是将其所有权的四项权能中的占有权和使用权暂时让渡给了承租人，他仍享有收益权和对房屋的处分权。因此，他可以将已出租的房屋出卖、赠与、典当或抵押。但是，根据有关法律的规定，房屋所有人如果欲将出租房屋出卖，须提前3个月通知承租人，承租人在同等条件下享有优先购买权。在本案中，李某在欲将出租房屋出卖以前，提前4个月通知了赵某，在赵某明确表示不打算购买的情况下，也即主动放弃自己的优先购买权的情况下，才将房屋卖给了乔某，双方签订了书面买卖协议，并办理了过户手续，此房屋买卖合同具有法律效力，亦应受到法律保护。

再有一点就是，无论是公有房屋还是私有房屋，在租赁期间，房屋的所有人将房屋予以出卖、赠与、典当或抵押后，原房屋租赁合同继续有效。在本案中，乔某虽取得了房屋的所有权，但是对于前任房主签订的租赁合同，仍须继续履行。这里需要注意的是，李某和赵某签订的房屋租赁合同，是在有关部门办理了登记备案手续，故合同具有法律效力，是受法律保护的。

最后法院判定房屋买卖合同有效，但赵某仍可继续使用该房屋至2013年4月底。

案例导入

租赁房屋的维修责任由谁负责

某先生2004年年初租了一套小区住宅，因当时房屋比较新，就没有和业主在租赁合同中约定有关维修费用、维修项目和条款。4月起，该房屋的卫生间屋顶就一直漏水，而且水管也出现渗漏现象。该租户与物业联系，要求他们维修，但物业说他们只负责维修整个小区的公共使用部分。因此，该租户不得不与业主联系，业主却说，房屋现在由谁使用，维修也应由谁负责。因此，该租户十分困惑，在租赁合同未明确的情况下，房屋出了问题是否应由业主来维修？同时在业主与物业管理公司未尽维修责任的情况下，该租户能否因此不交物业管理费和房租？

案例分析

本案例中，物业服务费是由承租人交纳的，但是物业管理费不含业主所购房屋内部设施、设备的维修费用。小区的物业管理公司没有义务为其维修房屋。在租赁合同没有约定由谁维修房屋的情况下，应由出租人承担维修义务。承租人在租赁物需要维修时可以要求出租人在合理期限内维修。出租人未履行维修义务的，承租人可以自行维修，维修费用由出租人承担。

交纳租金与出租人维修房屋是两个不同的法律关系。如该租户不能如期交纳租金，是要承担逾期交租的违约责任的。在存在物业租赁关系的物业管理活动中，各法律关系当事人应该就自己的权利义务进行确认，明了自己的权利范围和应该承担的义务范围。

第一节 物业交易概述

一、物业交易的概念和形式

物业交易是指以物业为标的而进行的转让、租赁、抵押等各种民事行为。由于“物业”有时与“房地产”或“不动产”通用，因此，可以把物业交易等同于房地产交易。

物业交易的形式有物业转让、物业租赁、物业抵押、物业信托、物业典当等形式，生活中主要的物业交易形式是物业转让、物业租赁和物业抵押。

二、物业交易的特征

与一般商品交易相比，物业交易具有下列鲜明特点：

1. 标的物位置的固定性

一般商品交易，标的物是动产，交易的标的物发生了位置的移动，从一方转移到另一方。物业交易的标的物是不动产，其位置是固定的，不能移动，一旦移动，将导致标的物的性质与用途的改变，甚至是经济价值的减少或丧失。因此，不论是交易中还是交易后，物业均不发生位置的移动，交易双方运用所有权和使用权证书及合同进行交易。

2. 物业市场是供给稀缺的市场

土地是不可再生资源，物业受土地稀缺性的限制，其供给是有限的，但是，随着社会经济的发展，物业的需求是不断扩大的。因此，供给稀缺是物业市场发展初期的明显特征，这一供需矛盾随着开发建设资金不足会更加突出。

3. 物业交易标的额大、专业性强

物业与一般商品相比，其价格比较昂贵，持久耐用。物业交易的价格不仅取决于取得土地使用权和建造房屋的成本，还受区位因素、供求关系、支付能力、社会因素等诸多因素的影响，使物业价格的评估具有极强的专业性。为了避免私下盲目成交造成的交易困难、价格失控、利益损失，《城市房地产管理法》第33条规定：“国家实行房地产价格评估制度。房地产价格评估，应当遵循公正、公平、公开的原则，按照国家规定的技术标准和评估程序，以基准地价标定地价和各类房屋的重置价格为基础，参照当地的市场价格进行评估。”

4. 标的物具有连动性

根据我国现行的土地房屋权利体系，房屋与土地是紧密联系在一起的，也就是土地使用权和房屋所有权是密不可分的。如果把房屋的所有权和土地使用权划归不同的主体，必然导致大量的无法解决的物业纠纷。因此，我国采用了房屋所有权与其土地使用权的连动做法，即物业转让、物业抵押时房屋所有权及其占用范围内的土地使用权一起转让、抵押，也就是实行“地随房走”的原则。

5. 土地使用权出让行为所设定的权利义务具有承接性

物业交易中，土地使用权在出让时设定了一定的权利义务，该权利义务不能因物业的交易而增加或减少，亦不能因交易中断，原则上出让合同对每一次物业交易均具有约束作用，若作重大变更，必须取得原出让方及土地管理机关的同意。《城市房地产管理法》第 41 条规定：“房地产转让时，土地使用权出让合同载明的权利、义务随之转移。”第 42 条规定：“以出让方式取得土地使用权的，转让房地产后，其土地使用权的使用年限为原土地使用权出让合同约定的年限减去原土地使用者已经使用年限后的剩余年限。”第 43 条规定：“以出让方式取得土地使用权的，转让房地产后，受让人改变原土地使用权出让合同约定的土地用途的，必须取得原出让方和市、县人民政府城市规划行政主管部门的同意，签订土地使用权出让合同变更协议或者重新签订土地使用权出让合同，相应调整土地使用权出让金。”

三、物业交易的原则

物业交易同其他商品交易一样，都是平等主体之间的民事行为，在交易活动中均应遵守平等、自愿、公平、等价有偿、诚实信用、符合社会公共利益和社会道德的原则。但物业是一种特殊商品，作为特殊民事活动的物业交易，还应遵守以下原则。

1. 及时登记原则

物业转让、抵押必须依法向房地产管理部门办理登记手续，因物业自身的特点，交易者只能运用房屋所有权和土地使用权证书及合同进行交易。为了让交易合法有效，必须向房地产管理部门办理登记手续，进行公示。同时根据《城市房地产管理法》有关规定，物业租赁亦应向房地产管理部门登记备案。

2. 房地连动原则

物业转让、抵押时，房屋所有权和土地使用权必须同时转让、抵押。根据建筑物区分所有权的规定，单元性房地产在进行交易时，交易者在转让、抵押其物业专有部分的所有权时，共有部分的持分权必须同时转让、抵押，但共有部分的持分权无须办理登记手续。

3. 物业交易价格受市场和国家政策的影响

与一般商品相比，物业交易的价格，除了受市场因素影响外，还受国家政策的指导、监督、管理。如经济适用房的价格是受政府控制的。政府实施的管理具体表现为：国家定期公布基准地价、标定地价和房屋重置价格作为房地产基础价格；国家实行房地产价格评估制度；实行房地产成交价格申报制度。

4. 土地使用权出让合同设定的权利、义务随土地使用权同时转移

物业交易活动中，只有坚持该原则，才能保证物业所有权在多次转移之后，仍能按出让合同规定即城市规划的要求进行开发利用与经营，从而保障了土地的合理开发利用，保障了国家和社会的利益。

第二节　物业转让

一、物业转让的概念和特征

物业转让，是指物业权利人通过买卖、赠与或其他合法方式将其物业的所有权转移给他人的行为。物业权利人包括物业所有人、房地产经营人、土地使用权人。物业转让可以发生在公民与公民之间、公民与法人之间、法人与法人之间。物业转让具有以下特征。

（1）物业转让必须发生房屋所有权和土地使用权转移的行为。这是物业转让区别与物业抵押、物业租赁等物业交易行为的显著标志之一。物业转让把房屋所有权及其相应权利转移给受让方，转让行为一经生效，原业主的一切权利均归受让人享有，受让人成为业主，而物业抵押、物业租赁，房屋的所有权及其相应的权利不发生转移。

（2）物业转让的主体是业主，即房屋所有人，非房屋所有人未经授权，无权处分他人物业。

（3）物业转让的客体是房屋所有权及该房屋所占范围内的土地使用权。单元性的物业转让客体，除包括对房屋专有部分的所有权，还包括对共有部分的持分权。

（4）物业转让必须通过合同形式，并经过合法产权变更登记，才能最终生效。首先，转让人和受让人之间应当签订物业转让书面协议。《城市房地产管理法》第40条规定："房地产转让，应当签订书面合同。"其次，转让人与受让人之间应当办理权属变更登记手续。《城市房地产管理法》第60条规定："房地产转让或变更时，应当向县级以上地方人民政府房产管理部门申请房产变更登记，并凭变更后的房屋所有权证书向同级人民政府土地管理部门申请土地使用权变更登记，经同级人民政府土地管理部门核实，由同级人民政府更换或者更改土地使用权证书。"

二、物业转让的形式

物业转让的形式主要有买卖、赠与及其他合法形式。

1. 买卖

物业买卖是指出卖人将其合法的物业（包括房屋所有权、土地使用权）出卖给买

受人，由买受人向出卖人支付物业价款的行为。但房屋所有权转让与国有土地使用权转让有本质区别，土地使用权转让后，所有权仍属国家。

2. 赠与

物业赠与是指赠与人自愿将其合法的物业（包括房屋所有权、土地使用权）无偿转移给受赠人的行为。同样，土地使用权赠与后，土地所有权仍属国家。此外，城市公有房屋所有权属于国家，使用单位和个人不得进行赠与。

3. 其他合法形式

物业转让的其他合法形式实践中一般包括：物业交换；物业继承；以物业抵债；以物业作价入股、与他人成立企业法人，房地产权属发生变更的；一方提供土地使用权，另一方或者多方提供资金，合资、合作开发经营房地产，而使房地产权属发生变更的；因企业被收购、兼并或合并，房地产权属随之转移的；法律、法规规定的其他情形。

三、物业转让的条件

物业转让行为属民事法律行为。根据我国《民法通则》有关规定，合法有效的民事法律行为应当具备三个条件：一是行为人具有相应民事行为能力；二是意思真实表示；三是不违反法律或者社会公共利益。由于物业是一种特殊的商品，所以物业转让除了要符合上述要求外，还有一些特殊的构成要件。

1. 物业转让主体具有合法资格

（1）自然人作为物业转让主体的资格要求。自然人从事物业转让时，必须具有民事权利能力及完全民事行为能力；无民事行为能力或限制民事行为能力人作为物业转让主体时，应当由其法定代理人代为从事转让行为。

（2）非自然人作为物业转让那个主体的资格要求。机关、企事业单位和社会团体等非自然人进行物业转让时，除应具有民事主体资格外，根据有关法律、法规的规定，还有一些特别要求：公有房屋买卖，出卖人应是国家授权依法行使经营和管理权利的单位，且经国有资产管理部门批准同意；集体所有的房屋出卖人必须是集体组织即产权人；机关、部队、社会团体等单位因特殊需要而购买城市私有房屋，必须经县级以上的人民政府批准。

2. 转让的物业符合法律的要求

转让的物业应符合什么样的要求，《城市房地产管理法》有专门的规定。

（1）以出让方式取得土地使用权的，转让房地产时，应当符合下列条件：按照出让合同约定已经支付全部土地使用权出让金，并取得土地使用权证书；按照出让合同约定进行投资开发，属于房屋建设工程的，完成开发投资总额的25%以上，属于成片开发土地的，形成工业用地或者其他建设用地条件；转让房地产时房屋已经建成的，还应当持有房屋所有权证书。

（2）以划拨方式取得土地使用权的，转让房地产时，应当按照国务院规定，报有批准权的政府部门审批。有批准权的政府部门准予转让的，应当由受让方办理土地使用权出让手续，并依照国家有关规定缴纳土地使用权出让金。

以划拨方式取得土地使用权的，转让房地产报批时，有批准权的政府部门按照国务院规定决定可以不办理土地使用权出让手续的，转让方应当按照国务院规定将转让房地产所获收益中的土地收益上缴国家或者作其他处理。

（3）下列房地产不得转让：司法机关和行政机关依法裁定、决定查封或者以其他形式限制房地产权利的；依法收回土地使用权的；共有房地产，未经其他共有人书面同意的；权属有争议的；未依法登记领取权属证书的；法律、行政法规规定禁止转让的其他情形。

（4）下列物业是法律限制转让的：物业所有人出售租出的物业，须提前 3 个月通知承租人，在同等条件下，承租人有优先购买权。出租人未按此规定出卖物业，承租人可以请求人民法院宣告该物业买卖行为无效。

物业共有人出卖共有物业的，在同等条件下，共有人有优先购买权。

3. 物业转让要符合法律规定的形式

《城市房地产管理法》第 40 条规定："房地产转让，应当签订书面转让合同，合同中应当载明土地使用权取得的方式。"因此，物业买卖必须订立书面的买卖合同；物业赠与必须有书面的赠与书；物业交换必须有书面的协议书。同时，《城市房地产管理法》还规定：物业转让需要当事人到房地产管理部门办理权属变更登记手续。

四、物业转让程序

物业转让，除必须符合转让条件外，还需要经过一定的程序，以利于政府对此进行监督与管理，一般有以下几个步骤。

1. 签订合同

物业转让当事人签订书面转让合同。

2. 提出申请

物业转让当事人在物业转让合同签订后，应持物业权属证书、当事人的合法说明、转让合同等有关文件向物业所在地的房地产管理部门提出申请，并申报成交价格。

3. 受理

房地产管理部门对提供的有关文件进行审查，并在 7 天内作出是否受理申请的书面答复，7 天内未作书面答复的，视为同意受理。

4. 评估

房地产管理部门核实申报的成交价格，并根据需要对转让的物业进行现场查勘和评估。

5. 缴纳税费

按照国家有关规定买卖双方需要交纳契税、印花税、营业税、产权转移登记费、签订、评估、勘测、测绘手续费以及证件工本费等。

6. 登记（过户）

房地产管理部门办理物业权属登记手续，核发物业权属证书。

五、物业转让合同

根据我国《合同法》和《城市房地产管理法》及有关法律法规的规定，物业转让合同应当包括以下主要内容。

（1）合同双方当事人的姓名或者名称、住所。

（2）交易物业的基本情况，包括座落位置、面积、四至界限等。

（3）物业的用途或使用性质。

（4）成交价格及付款方式。

（5）物业交付使用、物业过户登记的时间。

（6）违约责任。

（7）其他有关事项。

第三节　物业租赁

一、物业租赁的概念及特征

物业租赁，是指物业所有权人作为出租人将其物业出租给承租人使用，由承租人向出租人支付租金的行为。出租人可以是物业的产权人（业主），可以是接受业主委托的物业经营人（物业管理公司或其他人），还可以是得到产权人同意而转租的物业使用人。

物业租赁是商品交换的一种形式，物业租金是双方当事人商品交换的价格。由于其特殊性，因此有以下特征。

（1）物业租赁只转移物业权属中的使用权，而不转移物业的所有权。承租人支付租金后，拥有的是物业的占有权和使用权，物业的处分权仍属于出租人所有。承租人只能按照租赁合同中的规定合理使用物业，并在租赁期满后，将物业归还出租人。

（2）物业租赁有期限限制。承租人对物业的使用权和占有权只能在物业租赁的期限内有效，租赁期满，承租人须返还物业，出租人享有完整的所有权。根据《合同法》

第 214 条规定："租赁期限不得超过 20 年，超过 20 年的，超过部分无效。"因此，物业租赁合同最高年限不得高于 20 年。

二、物业租赁合同

物业租赁合同是出租人与承租人就物业租赁事宜明确双方的权利、义务的协议，也即以物业租赁为标的的契约。为了使物业租赁关系正常化、规范化和合法化，物业租赁时，当事人双方应就物业租赁的相关事宜签订书面的"物业租赁合同"。

1. 签订物业租赁合同的原则

签订物业租赁合同时，必须遵循以下原则。

自愿互利原则。即签订物业合同是双方当事人真实意思的表示。凡是不符合客观实际情况或采取胁迫、欺骗手段达成的租约以及租约以外的其他协议事项，法律是不予承认和保护的。互利是指签订物业租赁合同的双方当事人都应享有一定的权利，承担相应的义务。

公平合理原则。即物业租赁合同的内容必须公平合理，除了权利和义务要基本对等外，租金的确定也应按照合理租金和国家有关规定，经双方协商而定。

合法原则。物业租赁合同必须在遵守国家法律政策的前提下签订。若违反国家法律、政策的物业租赁合同，国家均不予承认和保护。

2. 物业租赁合同的主要内容

物业租赁合同应该具体明确，主要包括以下内容。

（1）当事人姓名或者名称及住所。包括出租人与承租人的姓名或者名称、住所等基本情况。

（2）房屋的坐落、面积、装修及设施状况。必须在合同中，标明其坐落地段、产权所有人、产权证号、建筑面积、使用性质、房屋结构、四至界限、附属物和附图等。其中厨房、浴室、过道等物业辅助面积，附属于住房的租赁，不能作为独立的合同标的物。合同中还必须考虑租赁的房屋安全和卫生等因素。

（3）租赁用途。合同应载明出租房作为何种用途。

（4）租赁期限。定期租赁应该在合同中载明确切的期限和起止日期。

（5）租金及交付方式。支付方式可按月支付或每半年、一年支付一次，或按约定方式支付。无论是毛租、净租还是百分比租约，支付租金的时间和总数必须说清楚。如果租金是按平方米计算的，在租金计算时必须注明"每平方米/每年"等字样。

（6）房屋修缮责任。

（7）租赁期间出租人与承租人的权利和义务。

（8）违约责任。如存放违禁物品，影响安全居住，逾期交付租金等的责任。

（9）房屋返还时的状态。

(10) 转租的约定。

(11) 纠纷解决。如协商、调节、仲裁等。

(12) 当事人约定的其他内容。

三、物业租赁关系的成立

物业租赁关系的成立的条件包括：出租的物业符合法律规定；租赁双方签订物业租赁合同；物业租赁登记。

1. 出租的物业符合法律规定

根据有关规定，下列物业不得出租。

(1) 未依法取得房屋所有权证的。

(2) 司法机关和行政机关依法裁定、决定查封或者以其他形式限制房地产权利的。

(3) 共有房屋未取得其共有人同意的。

(4) 权属有争议的。

(5) 属于违法建筑的。

(6) 不符合安全标准的。

(7) 已抵押，未经抵押权人同意的。

(8) 不符合公安、环保、卫生等主管部门有关规定的。

(9) 已依法公告为拆迁范围内的物业。

(10) 有关法律、法规规定禁止出租的其他情形。

2. 租赁双方签订书面的租赁合同

物业租赁关系的确立，是以“物业租赁合同”的签订作为标志的。我国《合同法》第 215 条规定：“租赁期限六个月以上的，应当采用书面形式。当事人未采用书面形式的，视为不定期租赁。”《城市房地产管理法》第 53 条规定：“房屋租赁，出租人和承租人应当签订书面租赁合同，约定租赁期限、租赁用途、租赁价格、修缮责任等条款，以及双方的其他权利和义务，并向房产管理部门登记备案。”因此，物业租赁应当签订书面的租赁合同。

3. 物业租赁登记

根据《城市房屋租赁管理办法》的规定，房屋租赁实行登记备案制度。其具体规定如下：

(1) 房屋租赁当事人应当在租赁合同签订后 30 日内，持本办法第 15 条规定的文件到直辖市、市、县人民政府房地产管理部门办理登记备案手续。

(2) 请房屋租赁登记备案应当提交下列文件：书面租赁合同；房屋所有权证书；当事人的合法证件；城市人民政府规定的其他文件。

出租共有房屋，还须提交其他共有人同意出租的证明。

出租委托代管房屋，还须提交委托代管人授权出租的证明。

（3）房屋租赁申请经直辖市、市、县人民政府房地产管理部门审查合格后，颁发《房屋租赁证》。

县人民政府所在地以外的建制镇的房屋租赁申请，可由直辖市、市、县人民政府房地产管理部门委托的机构审查，并颁发《房屋租赁证》。

四、租赁双方的权利和义务

1. 物业出租方的权利

（1）按照合同约定向承租方收取租金的权利。根据租赁合同向承租方收取租金是物业出租方的基本权力。随着物业条件的改善和社会经济发展，物业出租方有权在下一轮合同签订时调整租金。

（2）对承租方使用物业的情况进行监督、检查、指导的权利。承租方在使用物业过程中如有擅自拆改物业或损坏物业的情况，出租方有权要求其恢复原状。对造成经济损失的，有权要求赔偿损失。

（3）法定解约权。符合法律规定的条件，物业出租方有权提出终止物业租赁合同、收回出租物业的权力。如租赁期满、承租方私自转租物业、擅自改变物业用途、无故拖欠租金 6 个月以上等。

（4）期满收回原物业的权利。租赁期满，出租方收回原物业，并有权检查物业的完好状况。如有人为损坏，则有权要求承租方赔偿损失。

2. 物业出租方的义务

（1）按照合同交付完好物业的义务。租赁合同签订生效后，出租方就应按合同约定将完好物业交付承租人使用，并在交付使用前向承租方核对点交物业。如果出租方不能如期交付出租物业，承租方有权要求出租方赔偿经济损失。

（2）修缮物业的义务。在租赁期限内，出租方有义务对物业（包括房屋及附属设施、设备）进行维修、养护，以保证承租方安全、正常使用物业。

（3）权利瑕疵担保义务。所谓瑕疵担保是指出租方应保证其对物业享有合法权利，并不受任何第三人对物业的追索。如果承租方承租的物业被第三者主张权利，影响了承租权的，出租方应向承租人赔偿损失。

（4）纳税义务。租赁期内，出租方应按规定交纳各种与物业有关的税务，以保证承租方能正常使用承租物业。

（5）物业大修时为承租方解决临时用房的义务。如果出租物业需要大修，需要承租方暂时迁出时，出租方有为承租方解决临时用房的义务。

3. 承租方的权利

（1）按照合同约定租赁期内占有、使用完好物业的权利。租赁合同签订生效后，承租方有权占有、使用完好物业，如果承租方的权益受到损害，可向政府房地产主管部门投诉或直接向法院起诉。

（2）要求及时修缮物业的权利。物业出现损坏，如非承租方的行为造成，承租方有权要求出租方及时修缮，以保障物业的正常使用。如承租方已报修而出租方未能及时维修而造成经济损失的，承租方有权向出租方索赔其经济损失。

（3）优先续租权和优先购买权。物业租赁合同期满时，如果出租方继续将物业出租，原承租方在同等条件下有优先续租权；在物业租赁期内，如果出租方要将物业出卖，应提前告知承租人，在同等条件下，承租人有优先购买的权利。

（4）监督和建议权。承租方对出租方的管理工作有权提出监督和建议。

4. 承租方的义务

（1）按照合同约定按时交纳租金的义务。按期、如数向出租方交纳租金是承租人的基本义务。无故拖欠租金累计 6 个月以上就有可能被收回承租的物业。

（2）爱护、合理使用物业的义务。未经出租方的同意，承租方不得擅自拆改物业，同时，应按合同约定的用途，合理使用物业，如因为承租方的过错而造成物业损坏的，承租方应负责物业的修复或赔偿业主的损失。

（3）不得擅自处置物业的义务。未经出租方的同意，承租方不得擅自将物业转借、转租，凡擅自转租或利用承租物业从事非法活动的，就有可能被收回承租的物业。

（4）租赁期满交还完好物业的义务。租赁合同终止时，承租方有义务将承租的物业完好无损地交还给出租方，并接受出租方的查收。

五、物业租赁关系的变更或终止

在物业租赁过程中，由于种种原因，物业租赁关系有可能发生变更甚至终止。物业租赁关系的变更或终止主要是指“物业租赁合同”的变更或终止。

1. 物业租赁合同变更或终止的情形

根据我国《合同法》和我国《城市房地产租赁管理办法》的规定，有下列情形之一的，物业租赁关系的当事人可以变更或终止“物业租赁合同”。

（1）物业租赁关系所依据的国家政策、法令被修改或取消而造成物业租赁关系需要变更或终止。

（2）由于不可抗力造成物业租赁关系需要变更或终止。

（3）当事人双方协商一致同意变更或终止物业租赁关系且不因此损害国家和公众利益。

此外，承租人有下列行为之一的，出租人有权终止合同，收回房屋，因此而造成损失的，由承租人赔偿。

（1）将承租人的房屋擅自转租的；

（2）将承租人的房屋擅自转让，转借他人或擅自调换使用的；

（3）将承租人的房屋擅自拆改结构或改变用途的；

（4）拖欠租金累计 6 个月以上的；

（5）公用住宅用房无正当理由闲置 6 个月以上的；

（6）租用承租人房屋进行违法活动的；

（7）故意损坏承租人房屋的；

（8）法律，法规规定其他可以收回的。

2. 物业租赁合同变更或终止的实施

（1）物业租赁当事人任何一方有上述变更或终止合同的情形而主张变更或终止租赁合同的，应当通知对方。合同自通知到达对方时解除。

（2）当对方当事人就物业租赁合同的变更或终止有异议的，可以请求人民法院或者仲裁机构解除物业租赁合同。

第四节　物业抵押

一、物业抵押的概念和法律特征

1. 物业抵押的概念

物业抵押是指抵押人以其合法的物业以不转移占有的方式向抵押权人提供债务履行担保的行为。债务人不履行债务时，抵押权人有权依法以抵押的房地产拍卖所得的价款优先受偿。

2. 物业抵押的法律特征

（1）物业抵押具有从属性。物业抵押从属于担保的债权，相对于债权关系，物业抵押具有从属性。设定抵押的目的，是为了保证主债权的履行，物业抵押不能脱离主债权而独立存在。物业抵押随主债权的成立而成立，随主债权的消灭而消灭，物业抵押权的行使以主债权未受清偿为基础。

（2）物业抵押具有不可分性。物业抵押与担保的债权不可分离，抵押的效力及于担保的债权和抵押物的全部。抵押物的分割或一部分灭失，债权分割或一部分的让与或清偿，抵押权不受影响。

（3）物业抵押具有优先受偿性。债务人不履行债务时，抵押权人有权依法以抵押的物业拍卖所得的价款优先受偿。优先受偿权保证了抵押权人可以优先其他债权人而享受清偿的权利。首先，抵押权优先于其他普通债权。当债务人有两个以上债权人时，设定抵押权的债权就抵押财产享有优先清偿的权利，只有抵押权人的债权得到清偿完以后，其他债权人才得以清偿。其次，在同一项物业上设定有数个抵押权时，先抵押权人优于后抵押权人而享受清偿，只有前一抵押权人的债权得到完全清偿后，后一顺序的抵押权人才可能就剩余的部分得到清偿。

(4) 物业抵押具有物上代位性。物业抵押是一种价值担保，当被抵押的物业发生变化（包括形态、性质变化甚至灭失），但只要还存在交换价值，抵押权的效力就及于已发生变化的物或者其替代物上，这就是抵押的物上代位性。如抵押权有权就因抵押的物业拆迁而获得的补偿金优先受偿。

(5) 物业抵押是要式抵押。物业抵押的要式性表现在两个方面：第一，物业抵押时抵押双方必须签订书面的抵押合同。我国《城市房地产管理法》第 49 条规定："房地产抵押，抵押人和抵押权人应当签订书面抵押合同。"第二，物业抵押要办理抵押登记。我国《城市房地产管理法》第 61 条规定："房地产抵押时，应当向县级以上地方人民政府规定的部门办理抵押登记。"

二、物业抵押的条件

1. 基本条件

(1) 只有经出让和转让方式取得的土地使用权，才能抵押。

(2) 土地使用权抵押时，其地上建筑物、其他附着物随之抵押。

(3) 土地使用权抵押不得违背国家法律、法规和土地使用权出让合同的规定。

2. 物业抵押权设定的具体规定

(1) 购房者凭《房屋所有权证》与《土地使用证》或《房屋预售合同》设定抵押权。

(2) 房地产开发商凭土地使用证、施工承包合同设定抵押权。

(3) 抵押共有物业时，应出具其他共有人的意见书，并只能抵押本人所有的份额。

(4) 外资、合资与合作企业设定抵押权时，应出具董事会的书面同意书。

(5) 国有与集体所有制企业设定抵押权时，应出具其上级主管部门的书面同意书。

(6) 境外抵押物业时，应出具有关外汇管理部门的批准书。

(7) 抵押人以已出租的物业抵押时，应书面通知承租人，原租赁合同继续有效。

(8) 抵押人就同一物业设定若干抵押权时，应事先将设定状况通知各抵押权人。各个抵押权人按先后顺序行使抵押权。

三、物业抵押的程序

1. 抵押双方当事人签订抵押合同

抵押双方必须签订书面的抵押合同，且合同不得违背国家法律、法规和土地使用权出让合同的规定。

2. 由公证机关对双方签订的合同予以公证

3. 抵押登记

抵押登记是抵押权成立的要件。登记的内容包括：被担保的金额、抵押权人的姓名或名称、债权。在办理物业抵押登记时，应当向房地产主管部门交验下列文件：

（1）抵押当事人的身份证明或法人资格证明。

（2）抵押合同。

（3）抵押登记申请书。

（4）作为标的物的《房屋产权证》，共有房屋还必须提交《房屋共有权证》和其他共有人同意抵押的证明。

（5）以预购商品房抵押的，须提交生效的预购房屋合同。

（6）有效的房地产评估报告（如有）。

（7）登记机关认为必要的其他文件。

4. 注销

抵押合同终止后，抵押权人应在规定的时间内分别向土地管理部门与房产管理部门办理抵押登记的注销手续。

物业抵押权的消灭主要有以下几种情况：

（1）因债务清偿而消灭。物业抵押合同从属于债务合同，因此，物业抵押合同随主合同的消灭而消灭。当主合同因债务清偿而消灭时，物业抵押权也随之消灭。

（2）因物业抵押权的实现而消灭。抵押人到期未能履行债务或者在抵押合同期间宣告解散、破产的，抵押权人有权依照国家法律、法规和抵押合同的规定处分抵押物业。抵押权的实现方式主要有折价、变卖和拍卖。我国《城市房地产管理法》第 46 条规定："债务人不履行债务时，抵押权人有权依法以抵押的房地产拍卖所得的价款优先受偿。"

（3）因抵押的物业灭失且无替代物而消灭。由于物业抵押权具有物上代位性，当物业灭失时，如有赔偿金或保险金等替代物，物业抵押权的效力及于该赔偿金或保险金等替代物。但当抵押的物业灭失且无替代物时，物业抵押权消灭。

（4）协议消灭。当事人之间约定消灭抵押权。

四、物业抵押合同

1. 物业抵押合同的概念

物业抵押合同是指抵押人将自己所有的，或经授权可以抵押的物业抵押给抵押权人，作为自己或第三人履行债务的担保的合同。抵押人可以为自己的债务进行物业抵押，也可以为第三人的债务进行物业抵押。如果债务人逾期不履行债务时，抵押权人便可以将物业拍卖、变卖或折价抵作价款得到清偿。

2. 物业抵押合同的内容

物业抵押合同应载明下列内容：

（1）当事人。物业抵押合同中的当事人有三方，即抵押人、抵押权人和主债务的债务人。当然，通常情况下，抵押人与主债务的债务人为同一人。合同中应明确以上三方的名称或者个人的姓名和住所。

（2）主债权。要将主债权的性质、数额、期限以及产生原因均要写明。

（3）标的物。在标的物条款中，应详细列明抵押物业的处所、名称、状况、面积，以及四至界限等。

（4）抵押物业的价格。对于物业估价，可以通过有资质的评估机构作出有效的评估报告，也可以是双方都认可的价格。由于物业估价比较复杂，最好由有资质的专业评估机构来作出评估报告。

（5）抵押物业的占用管理人、占用管理方式、占用管理责任以及以外损毁、灭失的责任。物业抵押因不转移对房屋的占有、使用，故抵押人与被抵押人应该约定物业的占用管理人、占用管理方式及占用管理责任等。如果是因为抵押人的过错而使抵押物业损毁或灭失的，抵押权人有权要求抵押人以其他财产代替抵押物业。当事人对此条款另有约定的，从其约定。

（6）抵押期限。物业抵押合同中的抵押期限应当明确，一般情况下此期限等于或长于主债务的期限。

（7）抵押权灭失的条件。一般而言，抵押权基于以下几种情况灭失：所担保的主债权灭失；抵押期限届满；抵押物业因意外事故损毁、灭失，而当事人没有关于继续抵押的约定；双方协商解除该抵押合同；因政府行为或不可抗力造成合同履行的不可能。

（8）违约责任。物业抵押合同中应明确如果违反合同应承担的责任。一般约定为违约金或赔偿金的数额或其计算方式、支付方式及期限等。

（9）争议解决方式。抵押双方可以约定合同纠纷的解决方式，通常是选择仲裁或诉讼。

（10）抵押合同订立的时间、地点。这也是抵押合同应具备的条款。时间关系到有关抵押期限及违约金的计算等，地点往往决定纠纷时的诉讼管辖等。

（11）双方约定的其他事项。双方还可以约定变更条款、终止条款等，即约定在什么情况下变更其中的什么内容，在什么情况下可以终止抵押合同等。

五、抵押合同双方当事人的权利和义务

1. 抵押人的权利

（1）占有、使用、收益和处分物业的权利。除物业抵押合同有相反规定外，物业

抵押后，抵押人仍享有对所抵押物业的占有、使用、收益和处分权。但必须以不影响抵押权为前提，特别是行使处分权时要受到限制。如抵押的物业转让时必须征得抵押权人同意，同时抵押人还应告知受让人转让物业已抵押的情况。

（2）就同一物业上设定数个抵押权的权利。为了保护物业抵押人的利益，最大限度地发挥物业的经济效益，法律允许就同一物业剩余的担保价值部分再设定抵押权。

2. 抵押权人的义务

（1）保护物业完好的义务。由于抵押人仍继续占有抵押的物业，因此抵押人有义务对该物业进行妥善保管，以防其价值的降低。

（2）保证物业抵押权的实现。在债务人不能履行债务时，抵押人有义务协助抵押权人处分抵押的物业。

3. 抵押权人的权利

（1）优先受偿的权利。这是抵押权人最重要的权利。在抵押实现时，抵押权人有在抵押的物业拍卖所得价款优先受偿的权利。物业抵押权人的有限受偿权表现在两个方面：一是其优先于其他普通债权人受偿；二是其优先于后设定抵押权的债权人受偿。

（2）追偿权。物业抵押后，抵押人对已抵押的物业仍享有处分权，抵押人的处分行为对抵押权不发生影响，抵押权仍对抵押的物业存在。在债务不能履行时，抵押权人有权追及到抵押物业的受让人而行使抵押权，使债权得以实现。

（3）物上代位权。当抵押的物业损毁或灭失时，抵押权人有权就补偿金或赔偿金优先受偿。抵押权人可以代替抵押人直接向第三人或保险公司请求损害赔偿金或保险赔偿金。

（4）处分抵押权。抵押权人有权对其抵押权进行处分，如抛弃或转让。但抵押权应当同债权一同让与，并且须通知抵押人。

4. 抵押权人的义务

（1）不得干涉物业抵押人正当地对物业行使占有、使用、收益和处分的权利。

（2）在债务人清偿债务后，抵押权人负有尽快解除物业抵押的义务。

（3）抵押权实现后，抵押权人负有将清偿其债权所余价款归还抵押人的义务。

本章小结

物业交易是指以物业为标的而进行的转让、租赁、抵押等各种民事行为。现实生活中最主要的物业交易形式是物业转让、物业租赁和物业抵押。具有标的物位置的固定、物业市场是供给稀缺的市场、物业交易标的额大、专业性强、标的物具有连动性、土地使用权出让行为所设定的权利义务具有承接性等特征。物业交易时要遵守的原则有及时登记原则、房地连动原则、物业交易价格受市场和国家政策的影响、土地使用权出让合同设定的权利、义务随土地使用权同时转移等。

物业转让，是指物业权利人通过买卖、赠与或其他合法方式将其物业的所有权转移给他人的行为。物业转让的形式主要有买卖、赠与及其他合法形式。物业转让必须具备转让主体有合法资格、转让的物业符合法律的要求、物业转让要符合法律规定的形式等条件。物业转让应签订书面的物业转让合同并在房地产管理部门办理产权登记手续才能产生法律效力。

物业租赁，是指物业所有权人作为出租人将其物业出租给承租人使用，由承租人向出租人支付租金的行为。物业租赁关系的成立的条件包括：出租的物业符合法律规定；租赁双方签订物业租赁合同；物业租赁登记。租赁双方都应按照合同享受权利和承担义务。

物业抵押是指抵押人以其合法的物业以不转移占有的方式向抵押权人提供债务履行担保的行为。债务人不履行债务时，抵押权人有权依法以抵押的房地产拍卖所得的价款优先受偿。物业抵押具有从属性、不可分性、物上代位性、优先受偿性、追及性、是要式抵押等法律特征。物业抵押必须签订抵押合同，并由公证机关办理公证，还必须进行登记。物业抵押登记是物业抵押生效的要件。抵押人和抵押权人在享受权利的同时应承担各自的义务。

复习思考题

一、简答

1. 什么是物业交易？物业交易有哪些形式？
2. 什么是物业转让？物业转让的条件是什么？
3. 什么是物业租赁？物业租赁双方各有哪些权利和义务？
4. 什么是物业抵押？物业抵押有什么条件？
5. 物业抵押权的实现方式有哪些？

二、案例分析

2005 年 6 月，借款人王某因为经营需要向李某借款 25 万元，李某同意借款，但要求王某提供担保。由于王某没有财产可以提供担保，就找到了自己的亲戚吴某，请求吴某为他提供担保。吴某起初以经济困难拒绝，但王某说自己会很快还钱，担保只是走个形式，而且还有另外一个人周某一起提供担保。在此情况下，吴某碍于情面只得同意。于是，吴某、王某和周某一同到李某处签订《借款担保合同》，合同约定，吴某以房屋等自有财产抵押为王某提供担保，并和周某在合同落款的担保人处签字盖章。之后，李某放款给王某。2005 年 11 月，到了还款期限，王某无力还款并玩起了失踪，李某就要求吴某承担担保责任，吴某觉得委屈，就拒绝还款。2006 年 6 月，李某一纸诉状将吴某告上法庭，要求吴某归还代偿借款及相应利息。吴某辩称，担保合同未进行抵押登记，应为无效；另外，另一担保人周某也应承担一半的担保责任。

问：

(1) 吴某以房屋等自有财产提供的抵押是否有效？

(2) 抵押无效是否导致吴某免除自己的担保责任？

(3) 吴某和周某承担怎样的担保责任？

参考文献

[1] 岳娜，刘湖北．物业管理法律法规［M］．北京：清华大学出版社，北京交通大学出版社，2011.

[2] 中国物业管理协会．物业管理综合能力［M］．北京：中国市场出版社，2014.

[3] 中国物业管理协会．物业管理基本制度与政策［M］．北京：中国建筑出版社，2014.

[4] 李昌．物业管理法规［M］．大连：东北财经大学出版社，2007.

[5] 吴剑平．物业管理法规［M］．广州：华南理工大学出版社，2006.

[6] 胡晓鹃．物业管理法规［M］．重庆：重庆大学出版社，2005.

[7] 董藩，等．物业管理法律与制度［M］．北京：清华大学出版社，2006.

[8] 谭善勇，郭立．物业管理理论与实务［M］．北京：机械工业出版社，2005.

[9] 周中元，余宇楠．物业管理法规［M］．北京：科学出版社，2005.

[10] 李媛辉．物业管理法概论［M］．北京：中国林业出版社，2002.

[11] 刘燕萍．物业管理法规与案例分析［M］．北京：机械工业出版社，2005.

[12] 赵继新，刘晓春．物业管理案例分析［M］．北京：清华大学出版社，2005.

[13] 林广志，戴霞，甘元薪．新编物业管理法［M］．广州：中山大学出版社，2005.

[14] 徐建明，王洪卫．物业管理法学［M］．上海：上海财经大学出版社，2001.

[15] 魏振瀛．民法［M］．北京：北京大学出版社，高等教育出版社，2000.

[16] 陈德豪．物业管理理论与实务［M］．广州：广东经济出版社，2005.

[17] 熊礼俭，等．最新物业管理项目制度典范［M］．北京：中国知识出版社，2005.

[18] 中国物业管理协会．物业管理行业发展报告［J］．《中国物业管理》杂志增刊，2013.

[19] 鲁捷．物业管理案例分析与技巧训练［M］．2版．北京：电子工业出版社，2012.

附录　物业管理相关法律汇编

中华人民共和国物权法（节选）

（2007年3月16日第十届全国人民代表大会第五次会议通过）

第二编　所有权

第六章　业主的建筑物区分所有权

第七十条　业主对建筑物内的住宅、经营性用房等专有部分享有所有权，对专有部分以外的共有部分享有共有和共同管理的权利。

第七十一条　业主对其建筑物专有部分享有占有、使用、收益和处分的权利。业主行使权利不得危及建筑物的安全，不得损害其他业主的合法权益。

第七十二条　业主对建筑物专有部分以外的共有部分，享有权利，承担义务；不得以放弃权利不履行义务。

业主转让建筑物内的住宅、经营性用房，其对共有部分享有的共有和共同管理的权利一并转让。

第七十三条　建筑区划内的道路，属于业主共有，但属于城镇公共道路的除外。建筑区划内的绿地，属于业主共有，但属于城镇公共绿地或者明示属于个人的除外。建筑区划内的其他公共场所、公用设施和物业服务用房，属于业主共有。

第七十四条　建筑区划内，规划用于停放汽车的车位、车库应当首先满足业主的需要。

建筑区划内，规划用于停放汽车的车位、车库的归属，由当事人通过出售、附赠或者出租等方式约定。

占用业主共有的道路或者其他场地用于停放汽车的车位，属于业主共有。

第七十五条　业主可以设立业主大会，选举业主委员会。

地方人民政府有关部门应当对设立业主大会和选举业主委员会给予指导和协助。

第七十六条 下列事项由业主共同决定：

（一）制定和修改业主大会议事规则；

（二）制定和修改建筑物及其附属设施的管理规约；

（三）选举业主委员会或者更换业主委员会成员；

（四）选聘和解聘物业服务企业或者其他管理人；

（五）筹集和使用建筑物及其附属设施的维修资金；

（六）改建、重建建筑物及其附属设施；

（七）有关共有和共同管理权利的其他重大事项。

决定前款第五项和第六项规定的事项，应当经专有部分占建筑物总面积三分之二以上的业主且占总人数三分之二以上的业主同意。决定前款其他事项，应当经专有部分占建筑物总面积过半数的业主且占总人数过半数的业主同意。

第七十七条 业主不得违反法律、法规以及管理规约，将住宅改变为经营性用房。业主将住宅改变为经营性用房的，除遵守法律、法规以及管理规约外，应当经有利害关系的业主同意。

第七十八条 业主大会或者业主委员会的决定，对业主具有约束力。

业主大会或者业主委员会作出的决定侵害业主合法权益的，受侵害的业主可以请求人民法院予以撤销。

第七十九条 建筑物及其附属设施的维修资金，属于业主共有。经业主共同决定，可以用于电梯、水箱等共有部分的维修。维修资金的筹集、使用情况应当公布。

第八十条 建筑物及其附属设施的费用分摊、收益分配等事项，有约定的，按照约定；没有约定或者约定不明确的，按照业主专有部分占建筑物总面积的比例确定。

第八十一条 业主可以自行管理建筑物及其附属设施，也可以委托物业服务企业或者其他管理人管理。

对建设单位聘请的物业服务企业或者其他管理人，业主有权依法更换。

第八十二条 物业服务企业或者其他管理人根据业主的委托管理建筑区划内的建筑物及其附属设施，并接受业主的监督。

第八十三条 业主应当遵守法律、法规以及管理规约。

业主大会和业主委员会，对任意弃置垃圾、排放污染物或者噪声、违反规定饲养动物、违章搭建、侵占通道、拒付物业费等损害他人合法权益的行为，有权依照法律、法规以及管理规约，要求行为人停止侵害、消除危险、排除妨害、赔偿损失。业主对侵害自己合法权益的行为，可以依法向人民法院提起诉讼。

第七章 相邻关系

第八十四条 不动产的相邻权利人应当按照有利生产、方便生活、团结互助、公平合理的原则，正确处理相邻关系。

第八十五条　法律、法规对处理相邻关系有规定的，依照其规定；法律、法规没有规定的，可以按照当地习惯。

第八十六条　不动产权利人应当为相邻权利人用水、排水提供必要的便利。

对自然流水的利用，应当在不动产的相邻权利人之间合理分配。对自然流水的排放，应当尊重自然流向。

第八十七条　不动产权利人对相邻权利人因通行等必须利用其土地的，应当提供必要的便利。

第八十八条　不动产权利人因建造、修缮建筑物以及铺设电线、电缆、水管、暖气和燃气管线等必须利用相邻土地、建筑物的，该土地、建筑物的权利人应当提供必要的便利。

第八十九条　建造建筑物，不得违反国家有关工程建设标准，妨碍相邻建筑物的通风、采光和日照。

第九十条　不动产权利人不得违反国家规定弃置固体废物，排放大气污染物、水污染物、噪声、光、电磁波辐射等有害物质。

第九十一条　不动产权利人挖掘土地、建造建筑物、铺设管线以及安装设备等，不得危及相邻不动产的安全。

第九十二条　不动产权利人因用水、排水、通行、铺设管线等利用相邻不动产的，应当尽量避免对相邻的不动产权利人造成损害；造成损害的，应当给予赔偿。

第八章　共　有

第九十三条　不动产或者动产可以由两个以上单位、个人共有。共有包括按份共有和共同共有。

第九十四条　按份共有人对共有的不动产或者动产按照其份额享有所有权。

第九十五条　共同共有人对共有的不动产或者动产共同享有所有权。

第九十六条　共有人按照约定管理共有的不动产或者动产；没有约定或者约定不明确的，各共有人都有管理的权利和义务。

第九十七条　处分共有的不动产或者动产以及对共有的不动产或者动产作重大修缮的，应当经占份额三分之二以上的按份共有人或者全体共同共有人同意，但共有人之间另有约定的除外。

第九十八条　对共有物的管理费用以及其他负担，有约定的，按照约定；没有约定或者约定不明确的，按份共有人按照其份额负担，共同共有人共同负担。

第九十九条　共有人约定不得分割共有的不动产或者动产，以维持共有关系的，应当按照约定，但共有人有重大理由需要分割的，可以请求分割；没有约定或者约定不明确的，按份共有人可以随时请求分割，共同共有人在共有的基础丧失或者有重大理由需要分割时可以请求分割。因分割对其他共有人造成损害的，应当给予赔偿。

第一百条 共有人可以协商确定分割方式。达不成协议，共有的不动产或者动产可以分割并且不会因分割减损价值的，应当对实物予以分割；难以分割或者因分割会减损价值的，应当对折价或者拍卖、变卖取得的价款予以分割。

共有人分割所得的不动产或者动产有瑕疵的，其他共有人应当分担损失。

第一百零一条 按份共有人可以转让其享有的共有的不动产或者动产份额。其他共有人在同等条件下享有优先购买的权利。

第一百零二条 因共有的不动产或者动产产生的债权债务，在对外关系上，共有人享有连带债权、承担连带债务，但法律另有规定或者第三人知道共有人不具有连带债权债务关系的除外；在共有人内部关系上，除共有人另有约定外，按份共有人按照份额享有债权、承担债务，共同共有人共同享有债权、承担债务。偿还债务超过自己应当承担份额的按份共有人，有权向其他共有人追偿。

第一百零三条 共有人对共有的不动产或者动产没有约定为按份共有或者共同共有，或者约定不明确的，除共有人具有家庭关系等外，视为按份共有。

第一百零四条 按份共有人对共有的不动产或者动产享有的份额，没有约定或者约定不明确的，按照出资额确定；不能确定出资额的，视为等额享有。

第一百零五条 两个以上单位、个人共同享有用益物权、担保物权的，参照本章规定。

附 则

第二百四十六条 法律、行政法规对不动产统一登记的范围、登记机构和登记办法作出规定前，地方性法规可以依照本法有关规定作出规定。

第二百四十七条 本法自2007年10月1日起施行。

物业管理条例

（2003年6月8日中华人民共和国国务院令第379号公布 2007年8月26日修订）

第一章 总 则

第一条 为了规范物业管理活动，维护业主和物业服务企业的合法权益，改善人民群众的生活和工作环境，制定本条例。

第二条 本条例所称物业管理，是指业主通过选聘物业服务企业，由业主和物业服务企业按照物业服务合同约定，对房屋及配套的设施设备和相关场地进行维修、养护、管理，维护物业管理区域内的环境卫生和相关秩序的活动。

第三条 国家提倡业主通过公开、公平、公正的市场竞争机制选择物业服务企业。

第四条　国家鼓励采用新技术、新方法，依靠科技进步提高物业管理和服务水平。

第五条　国务院建设行政主管部门负责全国物业管理活动的监督管理工作。

县级以上地方人民政府房地产行政主管部门负责本行政区域内物业管理活动的监督管理工作。

第二章　业主及业主大会

第六条　房屋的所有权人为业主。

业主在物业管理活动中，享有下列权利：

（一）按照物业服务合同的约定，接受物业服务企业提供的服务；

（二）提议召开业主大会会议，并就物业管理的有关事项提出建议；

（三）提出制定和修改管理规约、业主大会议事规则的建议；

（四）参加业主大会会议，行使投票权；

（五）选举业主委员会成员，并享有被选举权；

（六）监督业主委员会的工作；

（七）监督物业服务企业履行物业服务合同；

（八）对物业共用部位、共用设施设备和相关场地使用情况享有知情权和监督权；

（九）监督物业共用部位、共用设施设备专项维修资金（以下简称专项维修资金）的管理和使用；

（十）法律、法规规定的其他权利。

第七条　业主在物业管理活动中，履行下列义务：

（一）遵守管理规约、业主大会议事规则；

（二）遵守物业管理区域内物业共用部位和共用设施设备的使用、公共秩序和环境卫生的维护等方面的规章制度；

（三）执行业主大会的决定和业主大会授权业主委员会作出的决定；

（四）按照国家有关规定交纳专项维修资金；

（五）按时交纳物业服务费用；

（六）法律、法规规定的其他义务。

第八条　物业管理区域内全体业主组成业主大会。

业主大会应当代表和维护物业管理区域内全体业主在物业管理活动中的合法权益。

第九条　一个物业管理区域成立一个业主大会。

物业管理区域的划分应当考虑物业的共用设施设备、建筑物规模、社区建设等因素。具体办法由省自治区、直辖市制定。

第十条　同一个物业管理区域内的业主，应当在物业所在地的区、县人民政府房地产行政主管部门或者街道办事处、乡镇人民政府的指导下成立业主大会，并选举产生业主委员会。但是，只有一个业主的，或者业主人数较少且经全体业主一致同意，决定不成立业主大会的，由业主共同履行业主大会、业主委员会职责。

第十一条 下列事项由业主共同决定：

（一）制定和修改业主大会议事规则；

（二）制定和修改管理规约；

（三）选举业主委员会或者更换业主委员会成员；

（四）选聘和解聘物业服务企业；

（五）筹集和使用专项维修资金；

（六）改建、重建建筑物及其附属设施；

（七）有关共有和共同管理权利的其他重大事项。

第十二条 业主大会会议可以采用集体讨论的形式，也可以采用书面征求意见的形式；但是，应当有物业管理区域内专有部分占建筑物总面积过半数的业主且占总人数过半数的业主参加。

业主可以委托代理人参加业主大会会议。

业主大会决定本条例第十一条第（五）项和第（六）项规定的事项，应当经专有部分占建筑物总面积2/3以上的业主且占总人数2/3以上的业主同意；决定本条例第十一条规定的其他事项，应当经专有部分占建筑物总面积过半数的业主且占总人数过半数的业主同意。

业主大会或者业主委员会的决定，对业主具有约束力。

业主大会或者业主委员会作出的决定侵害业主合法权益的，受侵害的业主可以请求人民法院予以撤销。

第十三条 业主大会会议分为定期会议和临时会议。

业主大会定期会议应当按照业主大会议事规则的规定召开。经20%以上的业主提议，业主委员会应当组织召开业主大会临时会议。

第十四条 召开业主大会会议，应当于会议召开15日以前通知全体业主。

住宅小区的业主大会会议，应当同时告知相关的居民委员会。

业主委员会应当做好业主大会会议记录。

第十五条 业主委员会执行业主大会的决定事项，履行下列职责：

（一）召集业主大会会议，报告物业管理的实施情况；

（二）代表业主与业主大会选聘的物业服务企业签订物业服务合同；

（三）及时了解业主、物业使用人的意见和建议，监督和协助物业服务企业履行物业服务合同；

（四）监督管理规约的实施；

（五）业主大会赋予的其他职责。

第十六条 业主委员会应当自选举产生之日起30日内，向物业所在地的区、县人民政府房地产行政主管部门和街道办事处、乡镇人民政府备案。

业主委员会委员应当由热心公益事业、责任心强、具有一定组织能力的业主担任。

业主委员会主任、副主任在业主委员会成员中推选产生。

第十七条　管理规约应当对有关物业的使用、维护、管理，业主的共同利益，业主应当履行的义务，违反管理规约应当承担的责任等事项依法作出约定。

管理规约应当尊重社会公德，不得违反法律、法规或者损害社会公共利益。

管理规约对全体业主具有约束力。

第十八条　业主大会议事规则应当就业主大会的议事方式、表决程序、业主委员会的组成和成员任期等事项作出约定。

第十九条　业主大会、业主委员会应当依法履行职责，不得作出与物业管理无关的决定，不得从事与物业管理无关的活动。

业主大会、业主委员会作出的决定违反法律、法规的，物业所在地的区、县人民政府房地产行政主管部门或者街道办事处、乡镇人民政府，应当责令限期改正或者撤销其决定，并通告全体业主。

第二十条　业主大会、业主委员会应当配合公安机关，与居民委员会相互协作，共同做好维护物业管理区域内的社会治安等相关工作。

在物业管理区域内，业主大会、业主委员会应当积极配合相关居民委员会依法履行自治管理职责，支持居民委员会开展工作，并接受其指导和监督。

住宅小区的业主大会、业主委员会作出的决定，应当告知相关的居民委员会，并认真听取居民委员会的建议。

第三章　前期物业管理

第二十一条　在业主、业主大会选聘物业服务企业之前，建设单位选聘物业服务企业的，应当签订书面的前期物业服务合同。

第二十二条　建设单位应当在销售物业之前，制定临时管理规约，对有关物业的使用、维护、管理，业主的共同利益，业主应当履行的义务，违反临时管理规约应当承担的责任等事项依法作出约定。

建设单位制定的临时管理规约，不得侵害物业买受人的合法权益。

第二十三条　建设单位应当在物业销售前将临时管理规约向物业买受人明示，并予以说明。

物业买受人在与建设单位签订物业买卖合同时，应当对遵守临时管理规约予以书面承诺。

第二十四条　国家提倡建设单位按照房地产开发与物业管理相分离的原则，通过招投标的方式选聘具有相应资质的物业服务企业。

住宅物业的建设单位，应当通过招投标的方式选聘具有相应资质的物业服务企业；投标人少于3个或者住宅规模较小的，经物业所在地的区、县人民政府房地产行政主管部门批准，可以采用协议方式选聘具有相应资质的物业服务企业。

第二十五条 建设单位与物业买受人签订的买卖合同应当包含前期物业服务合同约定的内容。

第二十六条 前期物业服务合同可以约定期限；但是，期限未满、业主委员会与物业服务企业签订的物业服务合同生效的，前期物业服务合同终止。

第二十七条 业主依法享有的物业共用部位、共用设施设备的所有权或者使用权，建设单位不得擅自处分。

第二十八条 物业服务企业承接物业时，应当对物业共用部位、共用设施设备进行查验。

第二十九条 在办理物业承接验收手续时，建设单位应当向物业服务企业移交下列资料：

（一）竣工总平面图，单体建筑、结构、设备竣工图，配套设施、地下管网工程竣工图等竣工验收资料；

（二）设施设备的安装、使用和维护保养等技术资料；

（三）物业质量保修文件和物业使用说明文件；

（四）物业管理所必需的其他资料。

物业服务企业应当在前期物业服务合同终止时将上述资料移交给业主委员会。

第三十条 建设单位应当按照规定在物业管理区域内配置必要的物业管理用房。

第三十一条 建设单位应当按照国家规定的保修期限和保修范围，承担物业的保修责任。

第四章 物业管理服务

第三十二条 从事物业管理活动的企业应当具有独立的法人资格。

国家对从事物业管理活动的企业实行资质管理制度。具体办法由国务院建设行政主管部门制定。

第三十三条 从事物业管理的人员应当按照国家有关规定，取得职业资格证书。

第三十四条 一个物业管理区域由一个物业服务企业实施物业管理。

第三十五条 业主委员会应当与业主大会选聘的物业服务企业订立书面的物业服务合同。

物业服务合同应当对物业管理事项、服务质量、服务费用、双方的权利义务、专项维修资金的管理与使用、物业管理用房、合同期限、违约责任等内容进行约定。

第三十六条 物业服务企业应当按照物业服务合同的约定，提供相应的服务。

物业服务企业未能履行物业服务合同的约定，导致业主人身、财产安全受到损害的，应当依法承担相应的法律责任。

第三十七条 物业服务企业承接物业时，应当与业主委员会办理物业验收手续。

业主委员会应当向物业服务企业移交本条例第二十九条第一款规定的资料。

第三十八条　物业管理用房的所有权依法属于业主。未经业主大会同意，物业服务企业不得改变物业管理用房的用途。

第三十九条　物业服务合同终止时，物业服务企业应当将物业管理用房和本条例第二十九条第一款规定的资料交还给业主委员会。

物业服务合同终止时，业主大会选聘了新的物业服务企业的，物业服务企业之间应当做好交接工作。

第四十条　物业服务企业可以将物业管理区域内的专项服务业务委托给专业性服务企业，但不得将该区域内的全部物业管理一并委托给他人。

第四十一条　物业服务收费应当遵循合理、公开以及费用与服务水平相适应的原则，区别不同物业的性质和特点，由业主和物业服务企业按照国务院价格主管部门会同国务院建设行政主管部门制定的物业服务收费办法，在物业服务合同中约定。

第四十二条　业主应当根据物业服务合同的约定交纳物业服务费用。业主与物业使用人约定由物业使用人交纳物业服务费用的，从其约定，业主负连带交纳责任。

已竣工但尚未出售或者尚未交给物业买受人的物业，物业服务费用由建设单位交纳。

第四十三条　县级以上人民政府价格主管部门会同同级房地产行政主管部门，应当加强对物业服务收费的监督。

第四十四条　物业服务企业可以根据业主的委托提供物业服务合同约定以外的服务项目，服务报酬由双方约定。

第四十五条　物业管理区域内，供水、供电、供气、供热、通信、有线电视等单位应当向最终用户收取有关费用。

物业服务企业接受委托代收前款费用的，不得向业主收取手续费等额外费用。

第四十六条　对物业管理区域内违反有关治安、环保、物业装饰装修和使用等方面法律、法规规定的行为，物业服务企业应当制止，并及时向有关行政管理部门报告。

有关行政管理部门在接到物业服务企业的报告后，应当依法对违法行为予以制止或者依法处理。

第四十七条　物业服务企业应当协助做好物业管理区域内的安全防范工作。发生安全事故时，物业服务企业在采取应急措施的同时，应当及时向有关行政管理部门报告，协助做好救助工作。

物业服务企业雇请保安人员的，应当遵守国家有关规定。保安人员在维护物业管理区域内的公共秩序时，应当履行职责，不得侵害公民的合法权益。

第四十八条　物业使用人在物业管理活动中的权利义务由业主和物业使用人约定，但不得违反法律、法规和管理规约的有关规定。

物业使用人违反本条例和管理规约的规定，有关业主应当承担连带责任。

第四十九条　县级以上地方人民政府房地产行政主管部门应当及时处理业主、业主委员会、物业使用人和物业服务企业在物业管理活动中的投诉。

第五章　物业的使用与维护

第五十条　物业管理区域内按照规划建设的公共建筑和共用设施，不得改变用途。

业主依法确需改变公共建筑和共用设施用途的，应当在依法办理有关手续后告知物业服务企业；物业服务企业确需改变公共建筑和共用设施用途的，应当提请业主大会讨论决定同意后，由业主依法办理有关手续。

第五十一条　业主、物业服务企业不得擅自占用、挖掘物业管理区域内的道路、场地，损害业主的共同利益。

因维修物业或者公共利益，业主确需临时占用、挖掘道路、场地的，应当征得业主委员会和物业服务企业的同意；物业服务企业确需临时占用、挖掘道路、场地的，应当征得业主委员会的同意。

业主、物业服务企业应当将临时占用、挖掘的道路、场地，在约定期限内恢复原状。

第五十二条　供水、供电、供气、供热、通信、有线电视等单位，应当依法承担物业管理区域内相关管线和设施设备维修、养护的责任。

前款规定的单位因维修、养护等需要，临时占用、挖掘道路、场地的，应当及时恢复原状。

第五十三条　业主需要装饰装修房屋的，应当事先告知物业服务企业。

物业服务企业应当将房屋装饰装修中的禁止行为和注意事项告知业主。

第五十四条　住宅物业、住宅小区内的非住宅物业或者与单幢住宅楼结构相连的非住宅物业的业主，应当按照国家有关规定交纳专项维修资金。

专项维修资金属于业主所有，专项用于物业保修期满后物业共用部位、共用设施设备的维修和更新、改造，不得挪作他用。

专项维修资金收要使用、管理的办法由国务院建设行政主管部门会同国务院财政部门制定。

第五十五条　利用物业共用部位、共用设施设备进行经营的，应当在征得相关业主、业主大会、物业服务企业的同意后，按照规定办理有关手续。业主所得收益应当主要用于补充专项维修资金，也可以按照业主大会的决定使用。

第五十六条　物业存在安全隐患，危及公共利益及他人合法权益时，责任人应当及时维修养护，有关业主应当给予配合。

责任人不履行维修养护义务的，经业主大会同意，可以由物业服务企业维修养护，费用由责任人承担。

第六章　法律责任

第五十七条　违反本条例的规定，住宅物业的建设单位未通过招投标的方式选聘物业服务企业或者未经批准，擅自采用协议方式选聘物业服务企业的，由县级以上地方人民政府房地产行政主管部门责令限期改正，给予警告，可以并处 10 万元以下的罚款。

第五十八条　违反本条例的规定，建设单位擅自处分属于业主的物业共用部位、共用设施设备的所有权或者使用权的，由县级以上地方人民政府房地产行政主管部门处 5 万元以上 20 万元以下的罚款；给业主造成损失的，依法承担赔偿责任。

第五十九条　违反本条例的规定，不移交有关资料的，由县级以上地方人民政府房地产行政主管部门责令限期改正；逾期仍不移交有关资料的，对建设单位、物业服务企业予以通报，处 1 万元以上 10 万元以下的罚款。

第六十条　违反本条例的规定，未取得资质证书从事物业管理的，由县级以上地方人民政府房地产行政主管部门没收违法所得，并处 5 万元以上 20 万元以下的罚款；给业主造成损失的，依法承担赔偿责任。

以欺骗手段取得资质证书的，依照本条第一款规定处罚，并由颁发资质证书的部门吊销资质证书。

第六十一条　违反本条例的规定，物业服务企业聘用未取得物业管理职业资格证书的人员从事物业管理活动的，由县级以上地方人民政府房地产行政主管部门责令停止违法行为，处 5 万元以上 20 万元以下的罚款；给业主造成损失的，依法承担赔偿责任。

第六十二条　违反本条例的规定，物业服务企业将一个物业管理区域内的全部物业管理一并委托给他人的，由县级以上地方人民政府房地产行政主管部门责令限期改正，处委托合同价款 30%以上 50%以下的罚款；情节严重的，由颁发资质证书的部门吊销资质证书。委托所得收益，用于物业管理区域内物业共用部位、共用设施设备的维修、养护，剩余部分按照业主大会的决定使用；给业主造成损失的，依法承担赔偿责任。

第六十三条　违反本条例的规定，挪用专项维修资金的，由县级以上地方人民政府房地产行政主管部门追回挪用的专项维修资金，给予警告，没收违法所得，可以并处挪用数额 2 倍以下的罚款；物业服务企业挪用专项维修资金，情节严重的，并由颁发资质证书的部门吊销资质证书；构成犯罪的，依法追究直接负责的主管人员和其他直接责任人员的刑事责任。

第六十四条　违反本条例的规定，建设单位在物业管理区域内不按照规定配置必要的物业管理用房的，由县级以上地方人民政府房地产行政主管部门责令限期改正，给予警告，没收违法所得，并处 10 万元以上 50 万元以下的罚款。

第六十五条 违反本条例的规定，未经业主大会同意，物业服务企业擅自改变物业管理用房的用途的，由县级以上地方人民政府房地产行政主管部门责令限期改正，给予警告，并处1万元以上10万元以下的罚款；有收益的，所得收益用于物业管理区域内物业共用部位、共用设施设备的维修、养护，剩余部分按照业主大会的决定使用。

第六十六条 违反本条例的规定，有下列行为之一的，由县级以上地方人民政府房地产行政主管部门责令限期改正，给予警告，并按照本条第二款的规定处以罚款；所得收益，用于物业管理区域内物业共用部位、共用设施设备的维修、养护，剩余部分按照业主大会的决定使用：

（一）擅自改变物业管理区域内按照规划建设的公共建筑和共用设施用途的；

（二）擅自占用、挖掘物业管理区域内道路、场地，损害业主共同利益的；

（三）擅自利用物业共用部位、共用设施设备进行经营的。

个人有前款规定行为之一的，处1000元以上1万元以下的罚款；单位有前款规定行为之一的，处5万元以上20万元以下的罚款。

第六十七条 违反物业服务合同约定，业主逾期不交纳物业服务费用的，业主委员会应当督促其限期交纳；逾期仍不交纳的，物业服务企业可以向人民法院起诉。

第六十八条 业主以业主大会或者业主委员会的名义，从事违反法律、法规的活动，构成犯罪的，依法追究刑事责任；尚不构成犯罪的，依法给予治安管理处罚。

第六十九条 违反本条例的规定，国务院建设行政主管部门、县级以上地方人民政府房地产行政主管部门或者其他有关行政管理部门的工作人员利用职务上的便利，收受他人财物或者其他好处，不依法履行监督管理职责，或者发现违法行为不予查处，构成犯罪的，依法追究刑事责任；尚不构成犯罪的，依法给予行政处分。

第七章 附 则

第七十条 本条例自2003年9月1日起施行。

物业服务企业资质管理办法

（2004年3月17日建设部令第125号，2007年11月26日修正）

第一条 为了加强对物业管理活动的监督管理，规范物业管理市场秩序，提高物业管理服务水平，根据《物业管理条例》，制定本办法。

第二条 在中华人民共和国境内申请物业服务企业资质，实施对物业服务企业资质管理，适用本办法。

本办法所称物业服务企业，是指依法设立、具有独立法人资格，从事物业管理服务活动的企业。

第三条　物业服务企业资质等级分为一、二、三级。

第四条　国务院建设主管部门负责一级物业服务企业资质证书的颁发和管理。

省、自治区人民政府建设主管部门负责二级物业服务企业资质证书的颁发和管理，直辖市人民政府房地产主管部门负责二级和三级物业服务企业资质证书的颁发和管理，并接受国务院建设主管部门的指导和监督。

设区的市的人民政府房地产主管部门负责三级物业服务企业资质证书的颁发和管理，并接受省、自治区人民政府建设主管部门的指导和监督。

第五条　各资质等级物业服务企业的条件如下：

（一）一级资质

1. 注册资本人民币 500 万元以上；

2. 物业管理专业人员以及工程、管理、经济等相关专业类的专职管理和技术人员不少于 30 人。其中，具有中级以上职称的人员不少于 20 人，工程财务等业务负责具有相应专业中级以上职称；

3. 物业管理专业人员按照国家有关规定取得职业资格证书；

4. 管理两种类型以上物业，并且管理各类物业的房屋建筑面积分别占下列相应计算基数的百分比之和不低于 100%：

（1）多层住宅 200 万平方米；

（2）高层住宅 100 万平方米；

（3）独立式住宅（别墅）15 万平方米；

（4）办公楼、工业厂房及其他物业 50 万平方米。

5. 建立并严格执行服务质量、服务收费等企业管理制度和标准，建立企业信用档案系统，有优良的经营管理业绩。

（二）二级资质

1. 注册资本人民币 300 万元以上；

2. 物业管理专业人员以及工程、管理、经济等相关专业类的专职管理和技术人员不少于 20 人。其中，具有中级以上职称的人员不少于 10 人，工程，财务等业务负责人具有相应专业中级以上职称；

3. 物业管理专业人员按照国家的有关规定取得职业资格证书；

4. 管理两种类型以上物业，并且管理各类物业的房屋建筑面积分别占下列相应计算基数的百分比之和不低于 100%：

（1）多层住宅 100 万平方米；

（2）高层住宅 50 万平方米；

（3）独立式住宅（别墅）8 万平方米；

（4）办公楼、工业厂房及其他物业 20 万平方米。

5. 建立并严格执行服务质量、服务收费等企业管理制度和标准，建立企业信用档案系统，有良好的经营管理业绩。

（三）三级资质

1. 注册资本人民币 50 万元以上；

2. 物业管理专业人员以及工程、管理、经济等相关专业类的专职管理和技术人员不少于 10 人。其中，具有中级以上职称的人员不少于 5 人，工程、财务等业务负责人具有相应专业中级以上职称；

3. 物业管理专业人员按照国家有关规定取得职业资格证书；

4. 有委托的物业管理项目；

5. 建立并严格执行服务质量、服务收费等企业管理制度和标准，建立企业信用档案系统。

第六条 新设立的物业服务企业应当自领取营业执照之日起 30 日内，持下列文件向工商注册所在地直辖市、设区的市的人民政府房地产主管部门申请资质：

（一）营业执照；

（二）企业章程；

（三）企业法定代表人的身份证明；

（四）物业管理专业人员的职业资格证书和劳动合同，管理和技术人员的职称证书和劳动合同。

第七条 新设立的物业服务企业，其资质等级按照最低等级核定，并设一年的暂定期。

第八条 一级资质物业服务企业可以承接各种物业管理项目。

二级资质物业服务企业可以承接 30 万平方米以下的住宅项目和 8 万平方米以下的非住宅项目的物业管理业务。

三级资质物业服务企业可以承接 20 万平方米以下住宅项目和 5 万平方米以下的非住宅项目的物业管理业务。

第九条 申请核定资质等级的物业服务企业，应当提交下列材料：

（一）企业资质等级申报表；

（二）营业执照；

（三）企业资质证书正、副本；

（四）物业管理专业人员的职业资格证书和劳动合同，管理和技术人员的职称证书和劳动合同，工程、财务负责人的职称证书和劳动合同；

（五）物业服务合同复印件；

（六）物业管理业绩材料。

第十条 资质审批部门应当自受理企业申请之日起 20 个工作日内，对符合相应资质等级条件的企业核发资质证书；一级资质审批前，应当由省、自治区人民政府建设主管部门或者直辖市人民政府房地产主管部门审查，审查期限为 20 个工作日。

第十一条　物业服务企业申请核定资质等级，在申请之日前一年内有下列行为之一的，资质审批部门不予批准：

（一）聘用未取得物业管理职业资格证书的人员从事物业管理活动的；

（二）将一个物业管理区域内的全部物业管理业务一并委托给他人的；

（三）挪用专项维修资金的；

（四）擅自改变物业管理用房用途的；

（五）擅自改变物业管理区域内按照规划建设的公共建筑和共用设施用途的；

（六）擅自占用、挖掘物业管理区域内道路、场地，损害业主共同利益的；

（七）擅自利用物业共用部位、共用设施设备进行经营的；

（八）物业服务合同终止时，不按照规定移交物业管理用房和有关资料的；

（九）与物业管理招标人或者其他物业管理投标人相互串通，以不正当手段谋取中标的；

（十）不履行物业服务合同，业主投诉较多，经查证属实的；

（十一）超越资质等级承接物业管理业务的；

（十二）出租、出借、转让资质证书的；

（十三）发生重大责任事故的。

第十二条　资质证书分为正本和副本，由国务院建设主管部门统一印制，正、副本具有同等法律效力。

第十三条　任何单位和个人不得伪造、涂改、出租、出借、转让资质证书。

企业遗失资质证书，应当在新闻媒体上声明后，方可申请补领。

第十四条　企业发生分立、合并的，应当在向工商行政管理部门办理变更手续后30日内，到原资质审批部门申请办理资质证书注销手续，并重新核定资质等级。

第十五条　企业的名称、法定代表人等事项发生变更的，应当在办理变更手续后30日内，到原资质审批部门办理资质证书变更手续。

第十六条　企业破产、歇业或者因其他原因终止业务活动的，应当在办理营业执照注销手续后15日内，到原资质审批部门办理资质证书注销手续。

第十七条　物业服务企业取得资质证书后，不得降低企业的资质条件，并应当接受资质审批部门的监督检查。

资质审批部门应当加强对物业服务企业的监督检查。

第十八条　有下列情形之一的，资质审批部门或者其上级主管部门，根据利害关系人的请求或者根据职权可以撤销资质证书：

（一）审批部门工作人员滥用职权、玩忽职守作出物业服务企业资质审批决定的；

（二）超越法定职权作出物业服务企业资质审批决定的；

（三）违反法定程序作出物业服务企业资质审批决定的；

（四）对不具备申请资格或者不符合法定条件的物业服务企业颁发资质证书的；

（五）依法可以撤销审批的其他情形。

第十九条 物业服务企业超越资质等级承接物业管理业务的，由县级以上地方人民政府房地产主管部门予以警告，责令限期改正，并处1万元以上3万元以下的罚款。

第二十条 物业服务企业出租、出借、转让资质证书的。

第二十一条 物业服务企业不按照本办法规定及时办理资质变更手续的，由县级以上地方人民政府房地产主管部门责令限期改正，可处2万元以下的罚款。

第二十二条 资质审批部门有下列情形之一的，由其上级主管部门或者监察机关责令改正，对直接负责的主管人员和其他直接责任人员依法给予行政处分；构成犯罪的，依法追究刑事责任：

（一）对不符合法定条件的企业颁发资质证书的；

（二）对符合法定条件的企业不予颁发资质证书的；

（三）对符合法定条件的企业未在法定期限内予以审批的；

（四）利用职务上的便利，收受他人财物或者其他好处的；

（五）不履行监督管理职责，或者发现违法行为不予查处的。

第二十三条 本办法自2004年5月1日起施行。

住宅专项维修资金管理办法

（2007年10月30日建设部第142次常务会议讨论通过）

第一章 总 则

第一条 为了加强对住宅专项维修资金的管理，保障住宅共用部位、共用设施设备的维修和正常使用，维护住宅专项维修资金所有者的合法权益，根据《物权法》《物业管理条例》等法律、行政法规，制定本办法。

第二条 商品住宅、售后公有住房住宅专项维修资金的交存、使用、管理和监督，适用本办法。

本办法所称住宅专项维修资金，是指专项用于住宅共用部位、共用设施设备保修期满后的维修和更新、改造的资金。

第三条 本办法所称住宅共用部位，是指根据法律、法规和房屋买卖合同，由单幢住宅内业主或者单幢住宅内业主及与之结构相连的非住宅业主共有的部位，一般包括：住宅的基础、承重墙体、柱、梁、楼板、屋顶以及户外的墙面、门厅、楼梯间、走廊通道等。

本办法所称共用设施设备，是指根据法律、法规和房屋买卖合同，由住宅业主或者住宅业主及有关非住宅业主共有的附属设施设备，一般包括电梯、天线、照明、消防设施、绿地、道路、路灯、沟渠、池、井、非经营性车场车库、公益性文体设施和共用设施设备使用的房屋等。

第四条　住宅专项维修资金管理实行专户存储、专款专用、所有权人决策、政府监督的原则。

第五条　国务院建设主管部门会同国务院财政部门负责全国住宅专项维修资金的指导和监督工作。

第二章　交　存

第六条　下列物业的业主应当按照本办法的规定交存住宅专项维修资金：

（一）住宅，但一个业主所有且与其他物业不具有共用部位、共用设施设备的除外；

（二）住宅小区内的非住宅或者住宅小区外与单幢住宅结构相连的非住宅。

前款所列物业属于出售公有住房的，售房单位应当按照本办法的规定交存住宅专项维修资金。

第七条　商品住宅的业主、非住宅的业主按照所拥有物业的建筑面积交存住宅专项维修资金，每平方米建筑面积交存首期住宅专项维修资金的数额为当地住宅建筑安装工程每平方米造价的5%～8%。

直辖市、市、县人民政府建设（房地产）主管部门应当根据本地区情况，合理确定、公布每平方米建筑面积交存首期住宅专项维修资金的数额，并适时调整。

第八条　出售公有住房的，按照下列规定交存住宅专项维修资金：

（一）业主按照所拥有物业的建筑面积交存住宅专项维修资金，每平方米建筑面积交存首期住宅专项维修资金的数额为当地房改成本价的2%。

（二）售房单位按照多层住宅不低于售房款的20%、高层住宅不低于售房款的30%，从售房款中一次性提取住宅专项维修资金。

第九条　业主交存的住宅专项维修资金属于业主所有。

从公有住房售房款中提取的住宅专项维修资金属于公有住房售房单位所有。

第十条　业主大会成立前，商品住宅业主、非住宅业主交存的住宅专项维修资金，由物业所在地直辖市、市、县人民政府建设（房地产）主管部门代管。

直辖市、市、县人民政府建设（房地产）主管部门应当委托所在地一家商业银行，作为本行政区域内住宅专项维修资金的专户管理银行，开立住宅专项维修资金专户，应当以物业管理区域为单位设账，按房屋户门号设分户账；未划定物业管理区域的，以幢为单位设账，按房屋户门号设分户账。

第十一条　业主大会成立前，已售公有住房住宅专项维修资金，由物业所在地直辖市、市、县人民政府财政部门或者建设（房地产）主管部门负责管理。

负责管理公有住房住宅专项维修资金的部门应当委托所在地一家商业银行，作为本行政区域内公有住房住宅专项维修资金的专户管理银行，并在专户管理银行开立公有住房住宅专项维修资金专户。

开立公有住房住宅专项维修资金专户，应当按照售房单位设账，按幢设分账；其中，业主交存的住宅专项维修资金，按房屋户门号设分户账。

第十二条 商品住宅的业主应当在办理房屋入住手续前，将首期住宅专项维修资金存入住宅专项维修资金专户。

已售公有住房的业主应当在办理房屋入住手续前，将首期住宅专项维修资金存入公有住房住宅专项维修资金专户或者交由售房单位存入公有住房住宅专项维修资金专户。

公有住房售房单位应当在收到售房款之日起 30 日内，将提取的住宅专项维修资金存入公有住房住宅专项维修资金专户。

第十三条 未按本办法规定交存首期住宅专项维修资金的，开发建设单位或者公有住房售房单位不得将房屋交付购买人。

第十四条 专户管理银行、代收住宅专项维修资金的售房单位应当出具由财政部或者省、自治区、直辖市人民政府财政部门统一监制的住宅专项维修资金专用票据。

第十五条 业主大会成立后，应当按照下列规定划转业主交存的住宅专项维修资金：

（一）业主大会应当委托所在地一家商业银行作为本物业管理区域内住宅专项维修资金的专户管理银行，开立住宅专项维修资金专户，应当以物业管理区域为单位设账，按房屋户门号设分户账。

（二）业主委员会应当通知所在地直辖市、市、县人民政府建设（房地产）主管部门；涉及已售公有住房的，应当通知负责管理公有住房住宅专项维修资金的部门。

（三）直辖市、市、县人民政府建设（房地产）主管部门或者负责管理公有住房住宅专项维修资金的部门应当在收到通知之日起 30 日内，通知专户管理银行将该物业管理区域内业主交存的住宅专项维修资金账面余额划转至业主大会开立的住宅专项维修资金账户，并将有关账目等移交业主委员会。

第十六条 住宅专项维修资金划转后的账目管理单位，由业主大会决定。业主大会应当建立住宅专项维修资金管理制度。

业主大会开立的住宅专项维修资金账户，应当接受所在地直辖市、市、县人民政府建设（房地产）主管部门的监督。

第十七条 业主分户账面住宅专项维修资金余额不足首期交存额 30％的，应当及时续交。

成立业主大会的，续交方案由业主大会决定。

未成立业主大会的，续交的具体管理办法由直辖市、市、县人民政府建设（房地产）主管部门会同同级财政部门制定。

第三章 使 用

第十八条 住宅专项维修资金应当专项用于住宅共用部位、共用设施设备保修期满后的维修和更新、改造，不得挪作他用。

第十九条 住宅专项维修资金的使用，应当遵循方便快捷、公开透明、受益人和负担人相一致的原则。

第二十条 住宅共用部位、共用设施设备的维修和更新、改造费用，按照下列规定分摊：

（一）商品住宅之间或者商品住宅与非住宅之间共用部位、共用设施设备的维修和更新、改造费用，由相关业主按照各自拥有物业建筑面积的比例分摊。

（二）售后公有住房之间共用部位、共用设施设备的维修和更新、改造费用，由相关业主和公有住房售房单位按照所交存住宅专项维修资金的比例分摊；其中，应由业主承担的，再由相关业主按照各自拥有物业建筑面积的比例分摊。

（三）售后公有住房与商品住宅或者非住宅之间共用部位、共用设施设备的维修和更新、改造费用，先按照建筑面积比例分摊到各相关物业。其中，售后公有住房应分摊的费用，再由相关业主和公有住房售房单位按照所交存住宅专项维修资金的比例分摊。

第二十一条 住宅共用部位、共用设施设备维修和更新、改造，涉及尚未售出的商品住宅、非住宅或者公有住房的，开发建设单位或者公有住房单位应当按照尚未售出商品住宅或者公有住房的建筑面积，分摊维修和更新、改造费用。

第二十二条 住宅专项维修资金划转业主大会管理前，需要使用住宅专项维修资金的，按照以下程序办理：

（一）物业服务企业根据维修和更新、改造项目提出使用建议；没有物业服务企业的，由相关业主提出使用建议；

（二）住宅专项维修资金列支范围内专有部分占建筑物总面积三分之二以上的业主且占总人数三分之二以上的业主讨论通过使用建议；

（三）物业服务企业或者相关业主组织实施使用方案；

（四）物业服务企业或者相关业主持有关材料，向所在地直辖市、市、县人民政府建设（房地产）主管部门申请列支；其中，动用公有住房住宅专项维修资金的，向负责管理公有住房住宅专项维修资金的部门申请列支；

（五）直辖市、市、县人民政府建设（房地产）主管部门或者负责管理公有住房住宅专项维修资金的部门审核同意后，向专户管理银行发出划转住宅专项维修资金的通知；

（六）专户管理银行将所需住宅专项维修资金划转至维修单位。

第二十三条 住宅专项维修资金划转业主大会管理后，需要使用住宅专项维修资金的，按照以下程序办理：

（一）物业服务企业提出使用方案，使用方案应当包括拟维修和更新、改造的项目、费用预算、列支范围、发生危及房屋安全等紧急情况以及其他需临时使用住宅专项维修资金的情况的处置办法等；

（二）业主大会依法通过使用方案；

（三）物业服务企业组织实施使用方案；

（四）物业服务企业持有关材料向业主委员会提出列支住宅专项维修资金；同第二十二条第四项；

（五）业主委员会依据使用方案审核同意，并报直辖市、市、县人民政府建设（房地产）主管部门备案；动用公有住房住宅专项维修资金的，经负责管理公有住房住宅专项维修资金的部门审核同意；直辖市、市、县人民政府建设（房地产）主管部门或者负责管理公有住房住宅专项维修资金的部门发现不符合有关法律、法规、规章和使用方案的，应当责令改正；

（六）业主委员会、负责管理公有住房住宅专项维修资金的部门向专户管理银行发出划转住宅专项维修资金的通知；

（七）专户管理银行将所需住宅专项维修资金划转至维修单位。

第二十四条 发生危及房屋安全等紧急情况，需要立即对住宅共用部位、共用设施设备进行维修和更新、改造的，按照以下规定列支住宅专项维修资金：

（一）住宅专项维修资金划转业主大会管理前，按照本办法第二十二条第四项、第五项、第六项的规定办理；

（二）住宅专项维修资金划转业主大会管理后，按照本办法第二十三条第四项、第五项、第六项和第七项的规定办理。

发生前款情况后，未按规定实施维修和更新、改造的，直辖市、市、县人民政府建设（房地产）主管部门可以组织代修，维修费用从相关业主住宅专项维修资金分户账中列支；其中，涉及已售公有住房的，还应当从公有住房住宅专项维修资金中列支。

第二十五条 下列费用不得从住宅专项维修资金中列支：

（一）依法应当由建设单位或者施工单位承担的住宅共用部位、共用设施设备维修、更新和改造费用；

（二）依法应当由相关单位承担的供水、供电、供气、供热、通信、有线电视等管线和设施设备的维修、养护费用；

（三）应当由当事人承担的因人为损坏住宅共用部位、共用设施设备所需的修复费用；

（四）根据物业服务合同约定，应当由物业服务企业承担的住宅共用部位、共用设施设备的维修和养护费用。

第二十六条 在保证住宅专项维修资金正常使用的前提下，可以按照国家有关规定将住宅专项维修资金用于购买国债。

利用住宅专项维修资金购买国债，应当在银行间债券市场或者商业银行柜台市场购买一级市场新发行的国债，并持有到期。

利用业主交存的住宅专项维修资金购买国债的，应当经业主大会同意；未成立业主大会的，应当经专有部分占建筑物总面积三分之二以上的业主且占总人数三分之二以上业主同意。

利用从公有住房售房款中提取的住宅专项维修资金购买国债的，应当根据售房单位的财政隶属关系，报经同级财政部门同意。

禁止利用住宅专项维修资金从事国债回购、委托理财业务或者将购买的国债用于质押、抵押等担保行为。

第二十七条　下列资金应当转入住宅专项维修资金滚存使用：

（一）住宅专项维修资金的存储利息；

（二）利用住宅专项维修资金购买国债的增值收益；

（三）利用住宅共用部位、共用设施设备进行经营的，业主所得收益，但业主大会另有决定的除外；

（四）住宅共用设施设备报废后回收的残值。

第四章　监督管理

第二十八条　房屋所有权转让时，业主应当向受让人说明住宅专项维修资金交存和结余情况并出具有效证明，该房屋分户账中结余的住宅专项维修资金随房屋所有权同时过户。

受让人应当持住宅专项维修资金过户的协议、房屋权属证书、身份证等到专户管理银行办理分户账更名手续。

第二十九条　房屋灭失的，按照以下规定返还住宅专项维修资金：

（一）房屋分户账中结余的住宅专项维修资金返还业主；

（二）售房单位交存的住宅专项维修资金账面余额返还售房单位；售房单位不存在的，按照售房单位财务隶属关系，收缴同级国库。

第三十条　直辖市、市、县人民政府建设（房地产）主管部门，负责管理公有住房住宅专项维修资金的部门及业主委员会，应当每年至少一次与专户管理银行核对住宅专项维修资金账目，并向业主、公有住房售房单位公布下列情况：

（一）住宅专项维修资金交存、使用、增值收益和结存的总额；

（二）发生列支的项目、费用和分摊情况；

（三）业主、公有住房售房单位分户账中住宅专项维修资金交存、使用、增值收益和结存的金额；

（四）其他有关住宅专项维修资金使用和管理的情况。

业主、公有住房售房单位对公布的情况有异议的，可以要求复核。

第三十一条 专户管理银行应当每年至少一次向直辖市、市、县人民政府建设（房地产）主管部门，负责管理公有住房住宅专项维修资金的部门及业主委员会发送住宅专项维修资金对账单。

直辖市、市、县建设（房地产）主管部门，负责管理公有住房住宅专项维修资金的部门及业主委员会对资金账户变化情况有异议的，可以要求专户管理银行进行复核。

专户管理银行应当建立住宅专项维修资金查询制度，接受业主、公有住房售房单位对其分户账中住宅专项维修资金使用、增值收益和账面余额的查询。

第三十二条 住宅专项维修资金的管理和使用，应当依法接受审计部门的审计监督。

第三十三条 住宅专项维修资金的财务管理和会计核算应当执行财政部有关规定。

财政部门应当加强对住宅专项维修资金收支财务管理和会计核算制度执行情况的监督。

第三十四条 住宅专项维修资金专用票据的购领、使用、保存、核销管理，应当按照财政部以及省、自治区、直辖市人民政府财政部门的有关规定执行，并接受财政部门的监督检查。

第五章 法律责任

第三十五条 公有住房售房单位有下列行为之一的，由县级以上地方人民政府财政部门会同同级建设（房地产）主管部门责令限期改正：

（一）未按本办法第八条、第十二条第三款规定交存住宅专项维修资金的；

（二）违反本办法第十三条规定将房屋交付买受人的；

（三）未按本办法第二十一条规定分摊维修、更新和改造费用的。

第三十六条 开发建设单位违反本办法第十三条规定将房屋交付买受人的，由县级以上地方人民政府建设（房地产）主管部门责令限期改正；逾期不改正的，处以3万元以下的罚款。

开发建设单位未按本办法第二十一条规定分摊维修、更新和改造费用的，同第三十六条第一款，处以1万元以下的罚款。

第三十七条 违反本办法规定，挪用住宅专项维修资金的，由县级以上地方人民政府建设（房地产）主管部门追回挪用的住宅专项维修资金，没收违法所得，可以并处挪用金额2倍以下的罚款；构成犯罪的，依法追究直接负责的主管人员和其他直接责任人员的刑事责任。

物业服务企业挪用住宅专项维修资金，情节严重的，除按前款规定予以处罚外，还应由颁发资质证书的部门吊销资质证书。

直辖市、市、县人民政府建设（房地产）主管部门挪用住宅专项维修资金的，由上一级人民政府建设（房地产）主管部门追回挪用的住宅专项维修资金，对直接负责的主管人员和其他直接责任人员依法给予处分；构成犯罪的，依法追究刑事责任。

直辖市、市、县人民政府财政部门挪用住宅专项维修资金的，由上一级人民政府财政部门追回挪用的住宅专项维修资金，同第三十七条第三款。

第三十八条　直辖市、市、县人民政府建设（房地产）主管部门违反本办法第二十六条规定的，由上一级人民政府建设（房地产）主管部门责令限期改正，同第三十七条第三款之规定。

直辖市、市、县人民政府财政部门违反本办法第二十六条规定的，由上一级人民政府财政部门责令限期改正，同上。

业主大会违反本办法第二十六条规定的，由直辖市、市、县人民政府建设（房地产）主管部门责令改正。

第三十九条　对违反住宅专项维修资金专用票据管理规定的行为，按照《财政违法行为处罚处分条例》的有关规定追究法律责任。

第四十条　县级以上人民政府建设（房地产）主管部门、财政部门及其工作人员利用职务上的便利，收受他人财物或者其他好处，不依法履行监督管理职责，或者发现违法行为不予查处的，依法给予处分；构成犯罪的，依法追究刑事责任。

第六章　附　则

第四十一条　省、自治区、直辖市人民政府建设（房地产）主管部门会同同级财政部门可以依据本办法，制定实施细则。

第四十二条　本办法实施前，商品住宅、公有住房已经出售但未建立住宅专项维修资金的，应当补建。具体办法由省、自治区、直辖市人民政府建设（房地产）主管部门会同同级财政部门依据本办法制定。

第四十三条　本办法由国务院建设主管部门、财政部门共同解释。

第四十四条　本办法自2008年2月1日起施行，1998年12月16日建设部、财政部发布的《住宅共用部位共用设施设备维修基金管理办法》（建住房〔1998〕213号）同时废止。

物业服务收费管理办法

（发改价格〔2003〕1864号　2003年11月13日）

第一条　为规范物业服务收费行为，保障业主和物业服务企业的合法权益，根据《中华人民共和国价格法》和《物业管理条例》，制定本办法。

第二条　本办法所称物业服务收费，是指物业服务企业按照物业服务合同的约定，对房屋及配套的设施设备和相关场地进行维修、养护、管理，维护相关区域内的环境卫生和秩序，向业主所收取的费用。

第三条 国家提倡业主通过公开、公平、公正的市场竞争机制选择物业服务企业；鼓励物业服务企业开展正当的价格竞争，禁止价格欺诈，促进物业服务收费通过市场竞争形成。

第四条 国务院价格主管部门会同国务院建设行政主管部门负责全国物业服务收费的监督管理工作。

县级以上地方人民政府价格主管部门会同同级房地产行政主管部门负责本行政区域内物业服务收费的监督管理工作。

第五条 物业服务收费应当遵循合理、公开以及费用与服务水平相适应的原则。

第六条 物业服务收费应当区分不同物业的性质和特点分别实行政府指导价和市场调节价。具体定价形式由省、自治区、直辖市人民政府价格主管部门会同房地产行政主管部门确定。

第七条 物业服务收费实行政府指导价的，有定价权限的人民政府价格主管部门应当会同房地产行政主管部门根据物业管理服务等级标准等因素，制定相应的基准价及其浮动幅度，并定期公布。具体收费标准由业主与物业服务企业根据规定的基准价和浮动幅度在物业服务合同中约定。

实行市场调节价的物业服务收费，由业主与物业服务企业在物业服务合同中约定。

第八条 物业服务企业应当按照政府价格主管部门的规定实行明码标价，在物业管理区域内的显著位置，将服务内容、服务标准以及收费项目、收费标准等有关情况进行公示。

第九条 业主与物业服务企业可以采取包干制或者酬金制等形式约定物业服务费用。

包干制是指由业主向物业服务企业支付固定物业服务费用，盈余或者亏损均由物业服务企业享有或者承担的物业服务计费方式。

酬金制是指在预收的物业服务资金中按约定比例或者约定数额提取酬金支付给物业服务企业，其余全部用于物业服务合同约定的支出，结余或者不足均由业主享有或者承担的物业服务计费方式。

第十条 建设单位与物业买受人签订的买卖合同，应当约定物业管理服务内容、服务标准、收费标准、计费方式及计费起始时间等内容，涉及物业买受人共同利益的约定应当一致。

第十一条 实行物业服务费用包干制的，物业服务费用的构成包括物业服务成本、法定税费和物业服务企业的利润。

实行物业服务费用酬金制的，预收的物业服务资金包括物业服务支出和物业服务企业的酬金。

物业服务成本或者物业服务支出构成一般包括以下部分：

1. 管理服务人员的工资、社会保险和按规定提取的福利费等；

2. 物业共用部位、共用设施设备的日常运行、维护费用；

3. 物业管理区域清洁卫生费用；

4. 物业管理区域绿化养护费用；

5. 物业管理区域秩序维护费用；

6. 办公费用；

7. 物业服务企业固定资产折旧；

8. 物业共用部位、共用设施设备及公众责任保险费用；

9. 经业主同意的其他费用。

物业共用部位、共用设施设备的大修、中修和更新、改造费用，应当通过专项维修资金予以列支，不得计入物业服务支出或者物业服务成本。

第十二条　实行物业服务费用酬金制的，预收的物业服务支出属于代管性质，为所交纳的业主所有，物业服务企业不得将其用于物业服务合同约定以外的支出。

物业服务企业应当向业主大会或者全体业主公布物业服务资金年度预决算并每年不少于一次公布物业服务资金的收支情况。

业主或者业主大会对公布的物业服务资金年度预决算和物业服务资金的收支情况提出质询时，物业服务企业应当及时答复。

第十三条　物业服务收费采取酬金制方式，物业服务企业或者业主大会可以按照物业服务合同约定聘请专业机构对物业服务资金年度预决算和物业服务资金的收支情况进行审计。

第十四条　物业服务企业在物业服务中应当遵守国家的价格法律法规，严格履行物业服务合同，为业主提供质价相符的服务。

第十五条　业主应当按照物业服务合同的约定按时足额交纳物业服务费用或者物业服务资金。业主违反物业服务合同约定逾期不交纳服务费用或者物业服务资金的，业主委员会应当督促其限期交纳；逾期仍不交纳的，物业服务企业可以依法追缴。

业主与物业使用人约定由物业使用人交纳物业服务费用或者物业服务资金的，从其约定，业主负连带交纳责任。

物业发生产权转移时，业主或者物业使用人应当结清物业服务费用或者物业服务资金。

第十六条　纳入物业管理范围的已竣工但尚未出售，或者因开发建设单位原因未按时交给物业买受人的物业，物业服务费用或者物业服务资金由开发建设单位全额交纳。

第十七条　物业管理区域内，供水、供电、供气、供热、通信、有线电视等单位应当向最终用户收取有关费用。物业服务企业接受委托代收上述费用的，可向委托单位收取手续费，不得向业主收取手续费等额外费用。

第十八条 利用物业共用部位、共用设施设备进行经营的，应当在征得相关业主、业主大会、物业服务企业的同意后，按照规定办理有关手续。业主所得收益应当主要用于补充专项维修资金，也可以按照业主大会的决定使用。

第十九条 物业服务企业已接受委托实施物业服务并相应收取服务费用的，其他部门和单位不得重复收取性质和内容相同的费用。

第二十条 物业服务企业根据业主的委托提供物业服务合同约定以外的服务，服务收费由双方约定。

第二十一条 政府价格主管部门会同房地产行政主管部门，应当加强对物业服务企业的服务内容、标准和收费项目、标准的监督。物业服务企业违反价格法律、法规和规定，由政府价格主管部门依据《中华人民共和国价格法》和《价格违法行为行政处罚规定》予以处罚。

第二十二条 各省、自治区、直辖市人民政府价格主管部门、房地产行政主管部门可以依据本办法制定具体实施办法，并报国家发展和改革委员会、建设部备案。

第二十三条 本办法由国家发展和改革委员会会同建设部负责解释。

第二十四条 本办法自2004年1月1日起执行，原国家计委、建设部印发的《城市住宅小区物业管理服务收费暂行办法》（计价费〔1996〕266号）同时废止。

住宅室内装饰装修管理办法

（建设部令第110号 2002年3月5日）

第一章 总 则

第一条 为加强住宅室内装饰装修管理，保证装饰装修工程质量和安全，维护公共安全和公众利益，根据有关法律、法规，制定本办法。

第二条 在城市从事住宅室内装饰装修活动，实施对住宅室内装饰装修活动的监督管理，应当遵守本办法。

本办法所称住宅室内装饰装修，是指住宅竣工验收合格后，业主或者住宅使用人（以下简称装修人）对住宅室内进行装饰装修的建筑活动。

第三条 住宅室内装饰装修应当保证工程质量和安全，符合工程建设强制性标准。

第四条 国务院建设行政主管部门负责全国住宅室内装饰装修活动的管理工作。

省、自治区人民政府建设行政主管部门负责本行政区域内的住宅室内装饰装修活动的管理工作。

直辖市、市、县人民政府房地产行政主管部门负责本行政区域内的住宅室内装饰装修活动的管理工作。

第二章　一般规定

第五条　住宅室内装饰装修活动，禁止下列行为：

（一）未经原设计单位或者具有相应资质等级的设计单位提出设计方案，变动建筑主体和承重结构；

（二）将没有防水要求的房间或者阳台改为卫生间、厨房间；

（三）扩大承重墙上原有的门窗尺寸，拆除连接阳台的砖、混凝土墙体；

（四）损坏房屋原有节能设施，降低节能效果；

（五）其他影响建筑结构和使用安全的行为。

本办法所称建筑主体，是指建筑实体的结构构造，包括屋盖、楼盖、梁、柱、支撑、墙体、连接接点和基础等。

本办法所称承重结构，是指直接将本身自重与各种外加作用力系统地传递给基础地基的主要结构构件和其连接接点，包括承重墙体、立杆、柱、框架柱、支墩、楼板、梁、屋架、悬索等。

第六条　装修人从事住宅室内装饰装修活动，未经批准，不得有下列行为：

（一）搭建建筑物、构筑物；

（二）改变住宅外立面，在非承重外墙上开门、窗；

（三）拆改供暖管道和设施；

（四）拆改燃气管道和设施。

本条所列第（一）项、第（二）项行为，应当经城市规划行政主管部门批准；第（三）项行为，应当经供暖管理单位批准；第（四）项行为应当经燃气管理单位批准。

第七条　住宅室内装饰装修超过设计标准或者规范增加楼面荷载的，应当经原设计单位或者具有相应资质等级的设计单位提出设计方案。

第八条　改动卫生间、厨房间防水层的，应当按照防水标准制订施工方案，并做闭水试验。

第九条　装修人经原设计单位或者具有相应资质等级的设计单位提出设计方案变动建筑主体和承重结构的，或者装修活动涉及本办法第六条、第七条、第八条内容的，必须委托具有相应资质的装饰装修企业承担。

第十条　装饰装修企业必须按照工程建设强制性标准和其他技术标准施工，不得偷工减料，确保装饰装修工程质量。

第十一条　装饰装修企业从事住宅室内装饰装修活动，应当遵守施工安全操作规程，按照规定采取必要的安全防护和消防措施，不得擅自动用明火和进行焊接作业，保证作业人员和周围住房及财产的安全。

第十二条　装修人和装饰装修企业从事住宅室内装饰装修活动，不得侵占公共空间，不得损害公共部位和设施。

第三章　开工申报与监督

第十三条　装修人在住宅室内装饰装修工程开工前，应当向物业服务企业或者房屋管理机构（以下简称物业管理单位）申报登记。

非业主的住宅使用人对住宅室内进行装饰装修，应当取得业主的书面同意。

第十四条　申报登记应当提交下列材料：

（一）房屋所有权证（或者证明其合法权益的有效凭证）；

（二）申请人身份证件；

（三）装饰装修方案；

（四）变动建筑主体或者承重结构的，需提交原设计单位或者具有相应资质等级的设计单位提出的设计方案；

（五）涉及本办法第六条行为的，需提交有关部门的批准文件，涉及本办法第七条、第八条行为的，需提交设计方案或者施工方案；

（六）委托装饰装修企业施工的，需提供该企业相关资质证书的复印件。

非业主的住宅使用人，还需提供业主同意装饰装修的书面证明。

第十五条　物业管理单位应当将住宅室内装饰装修工程的禁止行为和注意事项告知装修人和装修人委托的装饰装修企业。

装修人对住宅进行装饰装修前，应当告知邻里。

第十六条　装修人，或者装修人和装饰装修企业，应当与物业管理单位签订住宅室内装饰装修管理服务协议。

住宅室内装饰装修管理服务协议应当包括下列内容：

（一）装饰装修工程的实施内容；

（二）装饰装修工程的实施期限；

（三）允许施工的时间；

（四）废弃物的清运与处置；

（五）住宅外立面设施及防盗窗的安装要求；

（六）禁止行为和注意事项；

（七）管理服务费用；

（八）违约责任；

（九）其他需要约定的事项。

第十七条　物业管理单位应当按照住宅室内装饰装修管理服务协议实施管理，发现装修人或者装饰装修企业有本办法第五条行为的，或者未经有关部门批准实施本办法第六条所列行为的，或者有违反本办法第七条、第八条、第九条规定行为的，应当立即制止；已造成事实后果或者拒不改正的，应当及时报告有关部门依法处理。对装修人或者装饰装修企业违反住宅室内装饰装修管理服务协议的，追究违约责任。

第十八条　有关部门接到物业管理单位关于装修人或者装饰装修企业有违反本办法行为的报告后，应当及时到现场检查核实，依法处理。

第十九条　禁止物业管理单位向装修人指派装饰装修企业或者强行推销装饰装修材料。

第二十条　装修人不得拒绝和阻碍物业管理单位依据住宅室内装饰装修管理服务协议的约定，对住宅室内装饰装修活动的监督检查。

第二十一条　任何单位和个人对住宅室内装饰装修中出现的影响公众利益的质量事故、质量缺陷以及其他影响周围住户正常生活的行为，都有权检举、控告、投诉。

第四章　委托与承接

第二十二条　承接住宅室内装饰装修工程的装饰装修企业，必须经建设行政主管部门资质审查，取得相应的建筑业企业资质证书，并在其资质等级许可的范围内承揽工程。

第二十三条　装修人委托企业承接其装饰装修工程的，应当选择具有相应资质等级的装饰装修企业。

第二十四条　装修人与装饰装修企业应当签订住宅室内装饰装修书面合同，明确双方的权利和义务。

住宅室内装饰装修合同应当包括下列主要内容：

（一）委托人和被委托人的姓名或者单位名称、住所地址、联系电话；

（二）住宅室内装饰装修的房屋间数、建筑面积，装饰装修的项目、方式、规格、质量要求以及质量验收方式；

（三）装饰装修工程的开工、竣工时间；

（四）装饰装修工程保修的内容、期限；

（五）装饰装修工程价格，计价和支付方式、时间；

（六）合同变更和解除的条件；

（七）违约责任及解决纠纷的途径；

（八）合同的生效时间；

（九）双方认为需要明确的其他条款。

第二十五条　住宅室内装饰装修工程发生纠纷的，可以协商或者调解解决。不愿协商、调解或者协商、调解不成的，可以依法申请仲裁或者向人民法院起诉。

第五章　室内环境质量

第二十六条　装饰装修企业从事住宅室内装饰装修活动，应当严格遵守规定的装饰装修施工时间，降低施工噪声，减少环境污染。

第二十七条 住宅室内装饰装修过程中所形成的各种固体、可燃液体等废物，应当按照规定的位置、方式和时间堆放和清运。严禁违反规定将各种固体、可燃液体等废物堆放于住宅垃圾道、楼道或者其他地方。

第二十八条 住宅室内装饰装修工程使用的材料和设备必须符合国家标准，有质量检验合格证明和有中文标识的产品名称、规格、型号、生产厂厂名、厂址等。禁止使用国家明令淘汰的建筑装饰装修材料和设备。

第二十九条 装修人委托企业对住宅室内进行装饰装修的，装饰装修工程竣工后，空气质量应当符合国家有关标准。装修人可以委托有资格的检测单位对空气质量进行检测。检测不合格的，装饰装修企业应当返工，并由责任人承担相应损失。

第六章 竣工验收与保修

第三十条 住宅室内装饰装修工程竣工后，装修人应当按照工程设计合同约定和相应的质量标准进行验收。验收合格后，装饰装修企业应当出具住宅室内装饰装修质量保修书。

物业管理单位应当按照装饰装修管理服务协议进行现场检查，对违反法律、法规和装饰装修管理服务协议的，应当要求装修人和装饰装修企业纠正，并将检查记录存档。

第三十一条 住宅室内装饰装修工程竣工后，装饰装修企业负责采购装饰装修材料及设备的，应当向业主提交说明书、保修单和环保说明书。

第三十二条 在正常使用条件下，住宅室内装饰装修工程的最低保修期限为两年，有防水要求的厨房、卫生间和外墙面的防渗漏为五年。保修期自住宅室内装饰装修工程竣工验收合格之日起计算。

第七章 法律责任

第三十三条 因住宅室内装饰装修活动造成相邻住宅的管道堵塞、渗漏水、停水停电、物品毁坏等，装修人应当负责修复和赔偿；属于装饰装修企业责任的，装修人可以向装饰装修企业追偿。

装修人擅自拆改供暖、燃气管道和设施造成损失的，由装修人负责赔偿。

第三十四条 装修人因住宅室内装饰装修活动侵占公共空间，对公共部位和设施造成损害的，由城市房地产行政主管部门责令改正，造成损失的，依法承担赔偿责任。

第三十五条 装修人未申报登记进行住宅室内装饰装修活动的，由城市房地产行政主管部门责令改正，处500元以上1000元以下的罚款。

第三十六条 装修人违反本办法规定，将住宅室内装饰装修工程委托给不具有相应资质等级企业的，由城市房地产行政主管部门责令改正，处500元以上1000元以下的罚款。

第三十七条　装饰装修企业自行采购或者向装修人推荐使用不符合国家标准的装饰装修材料，造成空气污染超标的，由城市房地产行政主管部门责令改正，造成损失的，依法承担赔偿责任。

第三十八条　住宅室内装饰装修活动有下列行为之一的，由城市房地产行政主管部门责令改正，并处罚款：

（一）将没有防水要求的房间或者阳台改为卫生间、厨房间的，或者拆除连接阳台的砖、混凝土墙体的，对装修人处500元以上1000元以下的罚款，对装饰装修企业处1000元以上1万元以下的罚款；

（二）损坏房屋原有节能设施或者降低节能效果的，对装饰装修企业处1000元以上5000元以下的罚款；

（三）擅自拆改供暖、燃气管道和设施的，对装修人处500元以上1000元以下的罚款；

（四）未经原设计单位或者具有相应资质等级的设计单位提出设计方案，擅自超过设计标准或者规范增加楼面荷载的，对装修人处500元以上1000元以下的罚款，对装饰装修企业处1000元以上1万元以下的罚款。

第三十九条　未经城市规划行政主管部门批准，在住宅室内装饰装修活动中搭建建筑物、构筑物的，或者擅自改变住宅外立面、在非承重外墙上开门、窗的，由城市规划行政主管部门按照《城市规划法》及相关法规的规定处罚。

第四十条　装修人或者装饰装修企业违反《建设工程质量管理条例》的，由建设行政主管部门按照有关规定处罚。

第四十一条　装饰装修企业违反国家有关安全生产规定和安全生产技术规程，不按照规定采取必要的安全防护和消防措施，擅自动用明火作业和进行焊接作业的，或者对建筑安全事故隐患不采取措施予以消除的，由建设行政主管部门责令改正，并处1000元以上1万元以下的罚款；情节严重的，责令停业整顿，并处1万元以上3万元以下的罚款；造成重大安全事故的，降低资质等级或者吊销资质证书。

第四十二条　物业管理单位发现装修人或者装饰装修企业有违反本办法规定的行为不及时向有关部门报告的，由房地产行政主管部门给予警告，可处装饰装修管理服务协议约定的装饰装修管理服务费2至3倍的罚款。

第四十三条　有关部门的工作人员接到物业管理单位对装修人或者装饰装修企业违法行为的报告后，未及时处理，玩忽职守的，依法给予行政处分。

第八章　附　则

第四十四条　工程投资额在30万元以下或者建筑面积在300平方米以下，可以不申请办理施工许可证的非住宅装饰装修活动参照本办法执行。

第四十五条　住宅竣工验收合格前的装饰装修工程管理，按照《建设工程质量管理条例》执行。

第四十六条 省、自治区、直辖市人民政府建设行政主管部门可以依据本办法，制定实施细则。

第四十七条 本办法由国务院建设行政主管部门负责解释。

第四十八条 本办法自2002年5月1日起施行。

业主大会和业主委员会指导规则

（建房〔2009〕274号2009年12月1日）

第一章 总 则

第一条 为了规范业主大会和业主委员会的活动，维护业主的合法权益，根据《中华人民共和国物权法》《物业管理条例》等法律法规的规定，制定本规则。

第二条 业主大会由物业管理区域内的全体业主组成，代表和维护物业管理区域内全体业主在物业管理活动中的合法权利，履行相应的义务。

第三条 业主委员会由业主大会依法选举产生，履行业主大会赋予的职责，执行业主大会决定的事项，接受业主的监督。

第四条 业主大会或者业主委员会的决定，对业主具有约束力。

业主大会和业主委员会应当依法履行职责，不得作出与物业管理无关的决定，不得从事与物业管理无关的活动。

第五条 业主大会和业主委员会，对业主损害他人合法权益和业主共同利益的行为，有权依照法律、法规以及管理规约，要求停止侵害、消除危险、排除妨害、赔偿损失。

第六条 物业所在地的区、县房地产行政主管部门和街道办事处、乡镇人民政府负责对设立业主大会和选举业主委员会给予指导和协助，负责对业主大会和业主委员会的日常活动进行指导和监督。

第二章 业主大会

第七条 业主大会根据物业管理区域的划分成立，一个物业管理区域成立一个业主大会。

只有一个业主的，或者业主人数较少且经全体业主同意，不成立业主大会的，由业主共同履行业主大会、业主委员会职责。

第八条 物业管理区域内，已交付的专有部分面积超过建筑物总面积50%时，建设单位应当按照物业所在地的区、县房地产行政主管部门或者街道办事处、乡镇人民政府的要求，及时报送下列筹备首次业主大会会议所需的文件资料：

（一）物业管理区域证明；

（二）房屋及建筑物面积清册；

（三）业主名册；

（四）建筑规划总平面图；

（五）交付使用共用设施设备的证明；

（六）物业服务用房配置证明；

（七）其他有关的文件资料。

第九条　符合成立业主大会条件的，区、县房地产行政主管部门或者街道办事处、乡镇人民政府应当在收到业主提出筹备业主大会书面申请后60日内，负责组织、指导成立首次业主大会会议筹备组。

第十条　首次业主大会会议筹备组由业主代表、建设单位代表、街道办事处、乡镇人民政府代表和居民委员会代表组成。筹备组成员人数应为单数，其中业主代表人数不低于筹备组总人数的一半，筹备组组长由街道办事处、乡镇人民政府代表担任。

第十一条　筹备组中业主代表的产生，由街道办事处、乡镇人民政府或者居民委员会组织业主推荐。

筹备组应当将成员名单以书面形式在物业管理区域内公告。业主对筹备组成员有异议的，由街道办事处、乡镇人民政府协调解决。

建设单位和物业服务企业应当配合协助筹备组开展工作。

第十二条　筹备组应当做好以下筹备工作：

（一）确认并公示业主身份、业主人数以及所拥有的专有部分面积；

（二）确定首次业主大会会议召开的时间、地点、形式和内容；

（三）草拟管理规约、业主大会议事规则；

（四）依法确定首次业主大会会议表决规则；

（五）制定业主委员会委员候选人产生办法，确定业主委员会委员候选人名单；

（六）制定业主委员会选举办法；

（七）完成召开首次业主大会会议的其他准备工作。

前款内容应当在首次业主大会会议召开15日前以书面形式在物业管理区域内公告。业主对公告内容有异议的，筹备组应当记录并作出答复。

第十三条　依法登记取得或者根据物权法第二章第三节规定取得建筑物专有部分所有权的人，应当认定为业主。

基于房屋买卖等民事法律行为，已经合法占有建筑物专有部分，但尚未依法办理所有权登记的人，可以认定为业主。

业主的投票权数由专有部分面积和业主人数确定。

第十四条　业主委员会委员候选人由业主推荐或者自荐。筹备组应当核查参选人的资格，根据物业规模、物权份额、委员的代表性和广泛性等因素，确定业主委员会委员候选人名单。

第十五条 筹备组应当自组成之日起90日内完成筹备工作，组织召开首次业主大会会议。

业主大会自首次业主大会会议表决通过管理规约、业主大会议事规则，并选举产生业主委员会之日起成立。

第十六条 划分为一个物业管理区域的分期开发的建设项目，先期开发部分符合条件的，可以成立业主大会，选举产生业主委员会。首次业主大会会议应当根据分期开发的物业面积和进度等因素，在业主大会议事规则中明确增补业主委员会委员的办法。

第十七条 业主大会决定以下事项：

（一）制定和修改业主大会议事规则；

（二）制定和修改管理规约；

（三）选举业主委员会或者更换业主委员会委员；

（四）制定物业服务内容、标准以及物业服务收费方案；

（五）选聘和解聘物业服务企业；

（六）筹集和使用专项维修资金；

（七）改建、重建建筑物及其附属设施；

（八）改变共有部分的用途；

（九）利用共有部分进行经营以及所得收益的分配与使用；

（十）法律法规或者管理规约确定应由业主共同决定的事项。

第十八条 管理规约应当对下列主要事项作出规定：

（一）物业的使用、维护、管理；

（二）专项维修资金的筹集、管理和使用；

（三）物业共用部分的经营与收益分配；

（四）业主共同利益的维护；

（五）业主共同管理权的行使；

（六）业主应尽的义务；

（七）违反管理规约应当承担的责任。

第十九条 业主大会议事规则应当对下列主要事项作出规定：

（一）业主大会名称及相应的物业管理区域；

（二）业主委员会的职责；

（三）业主委员会议事规则；

（四）业主大会会议召开的形式、时间和议事方式；

（五）业主投票权数的确定方法；

（六）业主代表的产生方式；

（七）业主大会会议的表决程序；

（八）业主委员会委员的资格、人数和任期等；

（九）业主委员会换届程序、补选办法等；

（十）业主大会、业主委员会工作经费的筹集、使用和管理；

（十一）业主大会、业主委员会印章的使用和管理。

第二十条　业主拒付物业服务费，不缴存专项维修资金以及实施其他损害业主共同权益行为的，业主大会可以在管理规约和业主大会议事规则中对其共同管理权的行使予以限制。

第二十一条　业主大会会议分为定期会议和临时会议。

业主大会定期会议应当按照业主大会议事规则的规定由业主委员会组织召开。

有下列情况之一的，业主委员会应当及时组织召开业主大会临时会议：

（一）经专有部分占建筑物总面积 20%以上且占总人数 20%以上业主提议的；

（二）发生重大事故或者紧急事件需要及时处理的；

（三）业主大会议事规则或者管理规约规定的其他情况。

第二十二条　业主大会会议可以采用集体讨论的形式，也可以采用书面征求意见的形式；但应当有物业管理区域内专有部分占建筑物总面积过半数的业主且占总人数过半数的业主参加。

采用书面征求意见形式的，应当将征求意见书送交每一位业主；无法送达的，应当在物业管理区域内公告。凡需投票表决的，表决意见应由业主本人签名。

第二十三条　业主大会确定业主投票权数，可以按照下列方法认定专有部分面积和建筑物总面积：

（一）专有部分面积按照不动产登记簿记载的面积计算；尚未进行登记的，暂按测绘机构的实测面积计算；尚未进行实测的，暂按房屋买卖合同记载的面积计算；

（二）建筑物总面积，按照前项的统计总和计算。

第二十四条　业主大会确定业主投票权数，可以按照下列方法认定业主人数和总人数：

（一）业主人数，按照专有部分的数量计算，一个专有部分按一人计算。但建设单位尚未出售和虽已出售但尚未交付的部分，以及同一买受人拥有一个以上专有部分的，按一人计算；

（二）总人数，按照前项的统计总和计算。

第二十五条　业主大会应当在业主大会议事规则中约定车位、摊位等特定空间是否计入用于确定业主投票权数的专有部分面积。

一个专有部分有两个以上所有权人的，应当推选一人行使表决权，但共有人所代表的业主人数为一人。

业主为无民事行为能力人或者限制民事行为能力人的，由其法定监护人行使投票权。

第二十六条 业主因故不能参加业主大会会议的，可以书面委托代理人参加业主大会会议。

未参与表决的业主，其投票权数是否可以计入已表决的多数票，由管理规约或者业主大会议事规则规定。

第二十七条 物业管理区域内业主人数较多的，可以幢、单元、楼层为单位，推选一名业主代表参加业主大会会议，推选及表决办法应当在业主大会议事规则中规定。

第二十八条 业主可以书面委托的形式，约定由其推选的业主代表在一定期限内代其行使共同管理权，具体委托内容、期限、权限和程序由业主大会议事规则规定。

第二十九条 业主大会会议决定筹集和使用专项维修资金以及改造、重建建筑物及其附属设施的，应当经专有部分占建筑物总面积三分之二以上的业主且占总人数三分之二以上的业主同意；决定本规则第十七条规定的其他共有和共同管理权利事项的，应当经专有部分占建筑物总面积过半数且占总人数过半数的业主同意。

第三十条 业主大会会议应当由业主委员会作出书面记录并存档。

业主大会的决定应当以书面形式在物业管理区域内及时公告。

第三章 业主委员会

第三十一条 业主委员会由业主大会会议选举产生，由5至11人单数组成。业主委员会委员应当是物业管理区域内的业主，并符合下列条件：

（一）具有完全民事行为能力；

（二）遵守国家有关法律、法规；

（三）遵守业主大会议事规则、管理规约，模范履行业主义务；

（四）热心公益事业，责任心强，公正廉洁；

（五）具有一定的组织能力；

（六）具备必要的工作时间。

第三十二条 业主委员会委员实行任期制，每届任期不超过5年，可连选连任，业主委员会委员具有同等表决权。

业主委员会应当自选举之日起7日内召开首次会议，推选业主委员会主任和副主任。

第三十三条 业主委员会应当自选举产生之日起30日内，持下列文件向物业所在地的区、县房地产行政主管部门和街道办事处、乡镇人民政府办理备案手续：

（一）业主大会成立和业主委员会选举的情况；

（二）管理规约；

（三）业主大会议事规则；

（四）业主大会决定的其他重大事项。

第三十四条　业主委员会办理备案手续后，可持备案证明向公安机关申请刻制业主大会印章和业主委员会印章。

业主委员会任期内，备案内容发生变更的，业主委员会应当自变更之日起 30 日内将变更内容书面报告备案部门。

第三十五条　业主委员会履行以下职责：

（一）执行业主大会的决定和决议；

（二）召集业主大会会议，报告物业管理实施情况；

（三）与业主大会选聘的物业服务企业签订物业服务合同；

（四）及时了解业主、物业使用人的意见和建议，监督和协助物业服务企业履行物业服务合同；

（五）监督管理规约的实施；

（六）督促业主交纳物业服务费及其他相关费用；

（七）组织和监督专项维修资金的筹集和使用；

（八）调解业主之间因物业使用、维护和管理产生的纠纷；

（九）业主大会赋予的其他职责。

第三十六条　业主委员会应当向业主公布下列情况和资料：

（一）管理规约、业主大会议事规则；

（二）业主大会和业主委员会的决定；

（三）物业服务合同；

（四）专项维修资金的筹集、使用情况；

（五）物业共有部分的使用和收益情况；

（六）占用业主共有的道路或者其他场地用于停放汽车车位的处分情况；

（七）业主大会和业主委员会工作经费的收支情况；

（八）其他应当向业主公开的情况和资料。

第三十七条　业主委员会应当按照业主大会议事规则的规定及业主大会的决定召开会议。经三分之一以上业主委员会委员的提议，应当在 7 日内召开业主委员会会议。

第三十八条　业主委员会会议由主任召集和主持，主任因故不能履行职责，可以委托副主任召集。

业主委员会会议应有过半数的委员出席，作出的决定必须经全体委员半数以上同意。

业主委员会委员不能委托代理人参加会议。

第三十九条　业主委员会应当于会议召开 7 日前，在物业管理区域内公告业主委员会会议的内容和议程，听取业主的意见和建议。

业主委员会会议应当制作书面记录并存档，业主委员会会议作出的决定，应当有参会委员的签字确认，并自作出决定之日起 3 日内在物业管理区域内公告。

第四十条 业主委员会应当建立工作档案，工作档案包括以下主要内容：

（一）业主大会、业主委员会的会议记录；

（二）业主大会、业主委员会的决定；

（三）业主大会议事规则、管理规约和物业服务合同；

（四）业主委员会选举及备案资料；

（五）专项维修资金筹集及使用账目；

（六）业主及业主代表的名册；

（七）业主的意见和建议。

第四十一条 业主委员会应当建立印章管理规定，并指定专人保管印章。

使用业主大会印章，应当根据业主大会议事规则的规定或者业主大会会议的决定；使用业主委员会印章，应当根据业主委员会会议的决定。

第四十二条 业主大会、业主委员会工作经费由全体业主承担。工作经费可以由业主分摊，也可以从物业共有部分经营所得收益中列支。工作经费的收支情况，应当定期在物业管理区域内公告，接受业主监督。

工作经费筹集、管理和使用的具体办法由业主大会决定。

第四十三条 有下列情况之一的，业主委员会委员资格自行终止：

（一）因物业转让、灭失等原因不再是业主的；

（二）丧失民事行为能力的；

（三）依法被限制人身自由的；

（四）法律、法规以及管理规约规定的其他情形。

第四十四条 业主委员会委员有下列情况之一的，由业主委员会三分之一以上委员或者持有 20%以上投票权数的业主提议，业主大会或者业主委员会根据业主大会的授权，可以决定是否终止其委员资格：

（一）以书面方式提出辞职请求的；

（二）不履行委员职责的；

（三）利用委员资格谋取私利的；

（四）拒不履行业主义务的；

（五）侵害他人合法权益的；

（六）因其他原因不宜担任业主委员会委员的。

第四十五条 业主委员会委员资格终止的，应当自终止之日起 3 日内将其保管的档案资料、印章及其他属于全体业主所有的财物移交业主委员会。

第四十六条 业主委员会任期内，委员出现空缺时，应当及时补足。业主委员会委员候补办法由业主大会决定或者在业主大会议事规则中规定。业主委员会委员人数不足总数的二分之一时，应当召开业主大会临时会议，重新选举业主委员会。

第四十七条　业主委员会任期届满前3个月，应当组织召开业主大会会议，进行换届选举，并报告物业所在地的区、县房地产行政主管部门和街道办事处、乡镇人民政府。

第四十八条　业主委员会应当自任期届满之日起10日内，将其保管的档案资料、印章及其他属于业主大会所有的财物移交新一届业主委员会。

第四章　指导和监督

第四十九条　物业所在地的区、县房地产行政主管部门和街道办事处、乡镇人民政府应当积极开展物业管理政策法规的宣传和教育活动，及时处理业主、业主委员会在物业管理活动中的投诉。

第五十条　已交付使用的专有部分面积超过建筑物总面积50%，建设单位未按要求报送筹备首次业主大会会议相关文件资料的，物业所在地的区、县房地产行政主管部门或者街道办事处、乡镇人民政府有权责令建设单位限期改正。

第五十一条　业主委员会未按业主大会议事规则的规定组织召开业主大会定期会议，或者发生应当召开业主大会临时会议的情况，业主委员会不履行组织召开会议职责的，物业所在地的区、县房地产行政主管部门或者街道办事处、乡镇人民政府可以责令业主委员会限期召开；逾期仍不召开的，可以由物业所在地的居民委员会在街道办事处、乡镇人民政府的指导和监督下组织召开。

第五十二条　按照业主大会议事规则的规定或者三分之一以上委员提议，应当召开业主委员会会议的，业主委员会主任、副主任无正当理由不召集业主委员会会议的，物业所在地的区、县房地产行政主管部门或者街道办事处、乡镇人民政府可以指定业主委员会其他委员召集业主委员会会议。

第五十三条　召开业主大会会议，物业所在地的区、县房地产行政主管部门和街道办事处、乡镇人民政府应当给予指导和协助。

第五十四条　召开业主委员会会议，应当告知相关的居民委员会，并听取居民委员会的建议。

在物业管理区域内，业主大会、业主委员会应当积极配合相关居民委员会依法履行自治管理职责，支持居民委员会开展工作，并接受其指导和监督。

第五十五条　违反业主大会议事规则或者未经业主大会会议和业主委员会会议的决定，擅自使用业主大会印章、业主委员会印章的，物业所在地的街道办事处、乡镇人民政府应当责令限期改正，并通告全体业主；造成经济损失或者不良影响的，应当依法追究责任人的法律责任。

第五十六条　业主委员会委员资格终止，拒不移交所保管的档案资料、印章及其他属于全体业主所有的财物的，其他业主委员会委员可以请求物业所在地的公安机关协助移交。

业主委员会任期届满后，拒不移交所保管的档案资料、印章及其他属于全体业主所有的财物的，新一届业主委员会可以请求物业所在地的公安机关协助移交。

第五十七条 业主委员会在规定时间内不组织换届选举的，物业所在地的区、县房地产行政主管部门或者街道办事处、乡镇人民政府应当责令其限期组织换届选举；逾期仍不组织的，可以由物业所在地的居民委员会在街道办事处、乡镇人民政府的指导和监督下，组织换届选举工作。

第五十八条 因客观原因未能选举产生业主委员会或者业主委员会委员人数不足总数的二分之一的，新一届业主委员会产生之前，可以由物业所在地的居民委员会在街道办事处、乡镇人民政府的指导和监督下，代行业主委员会的职责。

第五十九条 业主大会、业主委员会作出的决定违反法律法规的，物业所在地的区、县房地产行政主管部门和街道办事处、乡镇人民政府应当责令限期改正或者撤销其决定，并通告全体业主。

第六十条 业主不得擅自以业主大会或者业主委员会的名义从事活动。业主以业主大会或者业主委员会的名义，从事违反法律、法规的活动，构成犯罪的，依法追究刑事责任；尚不构成犯罪的，依法给予治安管理处罚。

第六十一条 物业管理区域内，可以召开物业管理联席会议。物业管理联席会议由街道办事处、乡镇人民政府负责召集，由区、县房地产行政主管部门、公安派出所、居民委员会、业主委员会和物业服务企业等方面的代表参加，共同协调解决物业管理中遇到的问题。

第五章 附 则

第六十二条 业主自行管理或者委托其他管理人管理物业，成立业主大会，选举业主委员会的，可参照执行本规则。

第六十三条 物业所在地的区、县房地产行政主管部门与街道办事处、乡镇人民政府在指导、监督业主大会和业主委员会工作中的具体职责分工，按各省、自治区、直辖市人民政府有关规定执行。

第六十四条 本规则自2010年1月1日起施行。《业主大会规程》（建住房〔2003〕131号）同时废止。

物业承接查验办法

（建房〔2010〕165号 2010年10月14日）

第一条 为了规范物业承接查验行为，加强前期物业管理活动的指导和监督，维护业主的合法权益，根据《中华人民共和国物权法》《中华人民共和国合同法》和《物业管理条例》等法律法规的规定，制定本办法。

第二条　本办法所称物业承接查验，是指承接新建物业前，物业服务企业和建设单位按照国家有关规定和前期物业服务合同的约定，共同对物业共用部位、共用设施设备进行检查和验收的活动。

第三条　物业承接查验应当遵循诚实信用、客观公正、权责分明以及保护业主共有财产的原则。

第四条　鼓励物业服务企业通过参与建设工程的设计、施工、分户验收和竣工验收等活动，向建设单位提供有关物业管理的建议，为实施物业承接查验创造有利条件。

第五条　国务院住房和城乡建设主管部门负责全国物业承接查验活动的指导和监督工作。

县级以上地方人民政府房地产行政主管部门负责本行政区域内物业承接查验活动的指导和监督工作。

第六条　建设单位与物业买受人签订的物业买卖合同，应当约定其所交付物业的共用部位、共用设施设备的配置和建设标准。

第七条　建设单位制定的临时管理规约，应当对全体业主同意授权物业服务企业代为查验物业共用部位、共用设施设备的事项作出约定。

第八条　建设单位与物业服务企业签订的前期物业服务合同，应当包含物业承接查验的内容。

前期物业服务合同就物业承接查验的内容没有约定或者约定不明确的，建设单位与物业服务企业可以协议补充。

不能达成补充协议的，按照国家标准、行业标准履行；没有国家标准、行业标准的，按照通常标准或者符合合同目的的特定标准履行。

第九条　建设单位应当按照国家有关规定和物业买卖合同的约定，移交权属明确、资料完整、质量合格、功能完备、配套齐全的物业。

第十条　建设单位应当在物业交付使用15日前，与选聘的物业服务企业完成物业共用部位、共用设施设备的承接查验工作。

第十一条　实施承接查验的物业，应当具备以下条件：

（一）建设工程竣工验收合格，取得规划、消防、环保等主管部门出具的认可或者准许使用文件，并经建设行政主管部门备案；

（二）供水、排水、供电、供气、供热、通信、公共照明、有线电视等市政公用设施设备按规划设计要求建成，供水、供电、供气、供热已安装独立计量表具；

（三）教育、邮政、医疗卫生、文化体育、环卫、社区服务等公共服务设施已按规划设计要求建成；

（四）道路、绿地和物业服务用房等公共配套设施按规划设计要求建成，并满足使用功能要求；

（五）电梯、二次供水、高压供电、消防设施、压力容器、电子监控系统等共用设施设备取得使用合格证书；

（六）物业使用、维护和管理的相关技术资料完整齐全；

（七）法律、法规规定的其他条件。

第十二条 实施物业承接查验，主要依据下列文件：

（一）物业买卖合同；

（二）临时管理规约；

（三）前期物业服务合同；

（四）物业规划设计方案；

（五）建设单位移交的图纸资料；

（六）建设工程质量法规、政策、标准和规范。

第十三条 物业承接查验按照下列程序进行：

（一）确定物业承接查验方案；

（二）移交有关图纸资料；

（三）查验共用部位、共用设施设备；

（四）解决查验发现的问题；

（五）确认现场查验结果；

（六）签订物业承接查验协议；

（七）办理物业交接手续。

第十四条 现场查验 20 日前，建设单位应当向物业服务企业移交下列资料：

（一）竣工总平面图，单体建筑、结构、设备竣工图，配套设施、地下管网工程竣工图等竣工验收资料；

（二）共用设施设备清单及其安装、使用和维护保养等技术资料；

（三）供水、供电、供气、供热、通信、有线电视等准许使用文件；

（四）物业质量保修文件和物业使用说明文件；

（五）承接查验所必需的其他资料。

未能全部移交前款所列资料的，建设单位应当列出未移交资料的详细清单并书面承诺补交的具体时限。

第十五条 物业服务企业应当对建设单位移交的资料进行清点和核查，重点核查共用设施设备出厂、安装、试验和运行的合格证明文件。

第十六条 物业服务企业应当对下列物业共用部位、共用设施设备进行现场检查和验收：

（一）共用部位：一般包括建筑物的基础、承重墙体、柱、梁、楼板、屋顶以及外墙、门厅、楼梯间、走廊、楼道、扶手、护栏、电梯井道、架空层及设备间等；

（二）共用设备：一般包括电梯、水泵、水箱、避雷设施、消防设备、楼道灯、电视天线、发电机、变配电设备、给排水管线、电线、供暖及空调设备等；

（三）共用设施：一般包括道路、绿地、人造景观、围墙、大门、信报箱、宣传栏、路灯、排水沟、渠、池、污水井、化粪池、垃圾容器、污水处理设施、机动车（非机动车）停车设施、休闲娱乐设施、消防设施、安防监控设施、人防设施、垃圾转运设施以及物业服务用房等。

第十七条　建设单位应当依法移交有关单位的供水、供电、供气、供热、通信和有线电视等共用设施设备，不作为物业服务企业现场检查和验收的内容。

第十八条　现场查验应当综合运用核对、观察、使用、检测和试验等方法，重点查验物业共用部位、共用设施设备的配置标准、外观质量和使用功能。

第十九条　现场查验应当形成书面记录。查验记录应当包括查验时间、项目名称、查验范围、查验方法、存在问题、修复情况以及查验结论等内容，查验记录应当由建设单位和物业服务企业参加查验的人员签字确认。

第二十条　现场查验中，物业服务企业应当将物业共用部位、共用设施设备的数量和质量不符合约定或者规定的情形，书面通知建设单位，建设单位应当及时解决并组织物业服务企业复验。

第二十一条　建设单位应当委派专业人员参与现场查验，与物业服务企业共同确认现场查验的结果，签订物业承接查验协议。

第二十二条　物业承接查验协议应当对物业承接查验基本情况、存在问题、解决方法及其时限、双方权利义务、违约责任等事项作出明确约定。

第二十三条　物业承接查验协议作为前期物业服务合同的补充协议，与前期物业服务合同具有同等法律效力。

第二十四条　建设单位应当在物业承接查验协议签订后10日内办理物业交接手续，向物业服务企业移交物业服务用房以及其他物业共用部位、共用设施设备。

第二十五条　物业承接查验协议生效后，当事人一方不履行协议约定的交接义务，导致前期物业服务合同无法履行的，应当承担违约责任。

第二十六条　交接工作应当形成书面记录。交接记录应当包括移交资料明细、物业共用部位、共用设施设备明细、交接时间、交接方式等内容。交接记录应当由建设单位和物业服务企业共同签章确认。

第二十七条　分期开发建设的物业项目，可以根据开发进度，对符合交付使用条件的物业分期承接查验。建设单位与物业服务企业应当在承接最后一期物业时，办理物业项目整体交接手续。

第二十八条　物业承接查验费用的承担，由建设单位和物业服务企业在前期物业服务合同中约定。没有约定或者约定不明确的，由建设单位承担。

第二十九条　物业服务企业应当自物业交接后30日内，持下列文件向物业所在地的区、县（市）房地产行政主管部门办理备案手续：

（一）前期物业服务合同；

（二）临时管理规约；

（三）物业承接查验协议；

（四）建设单位移交资料清单；

（五）查验记录；

（六）交接记录；

（七）其他承接查验有关的文件。

第三十条 建设单位和物业服务企业应当将物业承接查验备案情况书面告知业主。

第三十一条 物业承接查验可以邀请业主代表以及物业所在地房地产行政主管部门参加，可以聘请相关专业机构协助进行，物业承接查验的过程和结果可以公证。

第三十二条 物业交接后，建设单位未能按照物业承接查验协议的约定，及时解决物业共用部位、共用设施设备存在的问题，导致业主人身、财产安全受到损害的，应当依法承担相应的法律责任。

第三十三条 物业交接后，发现隐蔽工程质量问题，影响房屋结构安全和正常使用的，建设单位应当负责修复；给业主造成经济损失的，建设单位应当依法承担赔偿责任。

第三十四条 自物业交接之日起，物业服务企业应当全面履行前期物业服务合同约定的、法律法规规定的以及行业规范确定的维修、养护和管理义务，承担因管理服务不当致使物业共用部位、共用设施设备毁损或者灭失的责任。

第三十五条 物业服务企业应当将承接查验有关的文件、资料和记录建立档案并妥善保管。

物业承接查验档案属于全体业主所有。前期物业服务合同终止，业主大会选聘新的物业服务企业的，原物业服务企业应当在前期物业服务合同终止之日起 10 日内，向业主委员会移交物业承接查验档案。

第三十六条 建设单位应当按照国家规定的保修期限和保修范围，承担物业共用部位、共用设施设备的保修责任。

建设单位可以委托物业服务企业提供物业共用部位、共用设施设备的保修服务，服务内容和费用由双方约定。

第三十七条 建设单位不得凭借关联关系滥用股东权利，在物业承接查验中免除自身责任，加重物业服务企业的责任，损害物业买受人的权益。

第三十八条 建设单位不得以物业交付期限届满为由，要求物业服务企业承接不符合交用条件或者未经查验的物业。

第三十九条 物业服务企业擅自承接未经查验的物业，因物业共用部位、共用设施设备缺陷给业主造成损害的，物业服务企业应当承担相应的赔偿责任。

第四十条 建设单位与物业服务企业恶意串通、弄虚作假，在物业承接查验活动中共同侵害业主利益的，双方应当共同承担赔偿责任。

第四十一条　物业承接查验活动，业主享有知情权和监督权。物业所在地房地产行政主管部门应当及时处理业主对建设单位和物业服务企业承接查验行为的投诉。

第四十二条　建设单位、物业服务企业未按本办法履行承接查验义务的，由物业所在地房地产行政主管部门责令限期改正；逾期仍不改正的，作为不良经营行为记入企业信用档案，并予以通报。

第四十三条　建设单位不移交有关承接查验资料的，由物业所在地房地产行政主管部门责令限期改正；逾期仍不移交的，对建设单位予以通报，并按照《物业管理条例》第五十九条的规定处罚。

第四十四条　物业承接查验中发生的争议，可以申请物业所在地房地产行政主管部门调解，也可以委托有关行业协会调解。

第四十五条　前期物业服务合同终止后，业主委员会与业主大会选聘的物业服务企业之间的承接查验活动，可以参照执行本办法。

第四十六条　省、自治区、直辖市人民政府住房和城乡建设主管部门可以依据本办法，制定实施细则。

第四十七条　本办法由国务院住房和城乡建设主管部门负责解释。

第四十八条　本办法自2011年1月1日起施行。

最高人民法院关于审理建筑物区分所有权纠纷案件具体应用法律若干问题的解释

（法释〔2009〕7号，2009年3月23日最高人民法院审判委员会第1464次会议通过）

为正确审理建筑物区分所有权纠纷案件，依法保护当事人的合法权益，根据《中华人民共和国物权法》等法律的规定，结合民事审判实践，制定本解释。

第一条　依法登记取得或者根据物权法第二章第三节规定取得建筑物专有部分所有权的人，应当认定为物权法第六章所称的业主。

基于与建设单位之间的商品房买卖民事法律行为，已经合法占有建筑物专有部分，但尚未依法办理所有权登记的人，可以认定为物权法第六章所称的业主。

第二条　建筑区划内符合下列条件的房屋，以及车位、摊位等特定空间，应当认定为物权法第六章所称的专有部分：

（一）具有构造上的独立性，能够明确区分；

（二）具有利用上的独立性，可以排他使用；

（三）能够登记成为特定业主所有权的客体。

规划上专属于特定房屋，且建设单位销售时已经根据规划列入该特定房屋买卖合同中的露台等，应当认定为物权法第六章所称专有部分的组成部分。

本条第一款所称房屋，包括整栋建筑物。

第三条 除法律、行政法规规定的共有部分外，建筑区划内的以下部分，也应当认定为物权法第六章所称的共有部分：

（一）建筑物的基础、承重结构、外墙、屋顶等基本结构部分，通道、楼梯、大堂等公共通行部分，消防、公共照明等附属设施、设备，避难层、设备层或者设备间等结构部分；

（二）其他不属于业主专有部分，也不属于市政公用部分或者其他权利人所有的场所及设施等。

建筑区划内的土地，依法由业主共同享有建设用地使用权，但属于业主专有的整栋建筑物的规划占地或者城镇公共道路、绿地占地除外。

第四条 业主基于对住宅、经营性用房等专有部分特定使用功能的合理需要，无偿利用屋顶以及与其专有部分相对应的外墙面等共有部分的，不应认定为侵权。但违反法律、法规、管理规约，损害他人合法权益的除外。

第五条 建设单位按照配置比例将车位、车库，以出售、附赠或者出租等方式处分给业主的，应当认定其行为符合物权法第七十四条第一款有关“应当首先满足业主的需要”的规定。

前款所称配置比例是指规划确定的建筑区划内规划用于停放汽车的车位、车库与房屋套数的比例。

第六条 建筑区划内在规划用于停放汽车的车位之外，占用业主共有道路或者其他场地增设的车位，应当认定为物权法第七十四条第三款所称的车位。

第七条 改变共有部分的用途、利用共有部分从事经营性活动、处分共有部分，以及业主大会依法决定或者管理规约依法确定应由业主共同决定的事项，应当认定为物权法第七十六条第一款第（七）项规定的有关共有和共同管理权利的“其他重大事项”。

第八条 物权法第七十六条第二款和第八十条规定的专有部分面积和建筑物总面积，可以按照下列方法认定：

（一）专有部分面积，按照不动产登记簿记载的面积计算；尚未进行物权登记的，暂按测绘机构的实测面积计算；尚未进行实测的，暂按房屋买卖合同记载的面积计算；

（二）建筑物总面积，按照前项的统计总和计算。

第九条 物权法第七十六条第二款规定的业主人数和总人数，可以按照下列方法认定：

（一）业主人数，按照专有部分的数量计算，一个专有部分按一人计算。但建设单位尚未出售和虽已出售但尚未交付的部分，以及同一买受人拥有一个以上专有部分的，按一人计算；

（二）总人数，按照前项的统计总和计算。

第十条 业主将住宅改变为经营性用房，未按照物权法第七十七条的规定经有利害关系的业主同意，有利害关系的业主请求排除妨害、消除危险、恢复原状或者赔偿损失的，人民法院应予支持。

将住宅改变为经营性用房的业主以多数有利害关系的业主同意其行为进行抗辩的，人民法院不予支持。

第十一条 业主将住宅改变为经营性用房，本栋建筑物内的其他业主，应当认定为物权法第七十七条所称“有利害关系的业主”。建筑区划内，本栋建筑物之外的业主，主张与自己有利害关系的，应证明其房屋价值、生活质量受到或者可能受到不利影响。

第十二条 业主以业主大会或者业主委员会作出的决定侵害其合法权益或者违反了法律规定的程序为由，依据物权法第七十八条第二款的规定请求人民法院撤销该决定的，应当在知道或者应当知道业主大会或者业主委员会作出决定之日起一年内行使。

第十三条 业主请求公布、查阅下列应当向业主公开的情况和资料的，人民法院应予支持：

（一）建筑物及其附属设施的维修资金的筹集、使用情况；

（二）管理规约、业主大会议事规则，以及业主大会或者业主委员会的决定及会议记录；

（三）物业服务合同、共有部分的使用和收益情况；

（四）建筑区划内规划用于停放汽车的车位、车库的处分情况；

（五）其他应当向业主公开的情况和资料。

第十四条 建设单位或者其他行为人擅自占用、处分业主共有部分、改变其使用功能或者进行经营性活动，权利人请求排除妨害、恢复原状、确认处分行为无效或者赔偿损失的，人民法院应予支持。

属于前款所称擅自进行经营性活动的情形，权利人请求行为人将扣除合理成本之后的收益用于补充专项维修资金或者业主共同决定的其他用途的，人民法院应予支持。行为人对成本的支出及其合理性承担举证责任。

第十五条 业主或者其他行为人违反法律、法规、国家相关强制性标准、管理规约，或者违反业主大会、业主委员会依法作出的决定，实施下列行为的，可以认定为物权法第八十三条第二款所称的其他“损害他人合法权益的行为”：

（一）损害房屋承重结构，损害或者违章使用电力、燃气、消防设施，在建筑物内放置危险、放射性物品等危及建筑物安全或者妨碍建筑物正常使用；

（二）违反规定破坏、改变建筑物外墙面的形状、颜色等损害建筑物外观；

（三）违反规定进行房屋装饰装修；

（四）违章加建、改建，侵占、挖掘公共通道、道路、场地或者其他共有部分。

第十六条 建筑物区分所有权纠纷涉及专有部分的承租人、借用人等物业使用人的，参照本解释处理。

专有部分的承租人、借用人等物业使用人，根据法律、法规、管理规约、业主大会或者业主委员会依法作出的决定，以及其与业主的约定，享有相应权利，承担相应义务。

第十七条 本解释所称建设单位，包括包销期满，按照包销合同约定的包销价格购买尚未销售的物业后，以自己名义对外销售的包销人。

第十八条 人民法院审理建筑物区分所有权案件中，涉及有关物权归属争议的，应当以法律、行政法规为依据。

第十九条 本解释自 2009 年 10 月 1 日起施行。

因物权法施行后实施的行为引起的建筑物区分所有权纠纷案件，适用本解释。

本解释施行前已经终审，本解释施行后当事人申请再审或者按照审判监督程序决定再审的案件，不适用本解释。

最高人民法院关于审理物业服务纠纷案件具体应用法律若干问题的解释

（法释〔2009〕8 号　2009 年 4 月 20 日最高人民法院审判委员会第 1466 次会议通过）

为正确审理物业服务纠纷案件，依法保护当事人的合法权益，根据《中华人民共和国民法通则》《中华人民共和国物权法》《中华人民共和国合同法》等法律规定，结合民事审判实践，制定本解释。

第一条 建设单位依法与物业服务企业签订的前期物业服务合同，以及业主委员会与业主大会依法选聘的物业服务企业签订的物业服务合同，对业主具有约束力。业主以其并非合同当事人为由提出抗辩的，人民法院不予支持。

第二条 符合下列情形之一，业主委员会或者业主请求确认合同或者合同相关条款无效的，人民法院应予支持：

（一）物业服务企业将物业服务区域内的全部物业服务业务一并委托他人而签订的委托合同；

（二）物业服务合同中免除物业服务企业责任、加重业主委员会或者业主责任、排除业主委员会或者业主主要权利的条款。

前款所称物业服务合同包括前期物业服务合同。

第三条 物业服务企业不履行或者不完全履行物业服务合同约定的或者法律、法规规定以及相关行业规范确定的维修、养护、管理和维护义务，业主请求物业服务企业承担继续履行、采取补救措施或者赔偿损失等违约责任的，人民法院应予支持。

物业服务企业公开作出的服务承诺及制定的服务细则，应当认定为物业服务合同的组成部分。

第四条　业主违反物业服务合同或者法律、法规、管理规约，实施妨害物业服务与管理的行为，物业服务企业请求业主承担恢复原状、停止侵害、排除妨害等相应民事责任的，人民法院应予支持。

第五条　物业服务企业违反物业服务合同约定或者法律、法规、部门规章规定，擅自扩大收费范围、提高收费标准或者重复收费，业主以违规收费为由提出抗辩的，人民法院应予支持。

业主请求物业服务企业退还其已收取的违规费用的，人民法院应予支持。

第六条　经书面催交，业主无正当理由拒绝交纳或者在催告的合理期限内仍未交纳物业费，物业服务企业请求业主支付物业费的，人民法院应予支持。物业服务企业已经按照合同约定以及相关规定提供服务，业主仅以未享受或者无需接受相关物业服务为抗辩理由的，人民法院不予支持。

第七条　业主与物业的承租人、借用人或者其他物业使用人约定由物业使用人交纳物业费，物业服务企业请求业主承担连带责任的，人民法院应予支持。

第八条　业主大会按照物权法第七十六条规定的程序作出解聘物业服务企业的决定后，业主委员会请求解除物业服务合同的，人民法院应予支持。

物业服务企业向业主委员会提出物业费主张的，人民法院应当告知其向拖欠物业费的业主另行主张权利。

第九条　物业服务合同的权利义务终止后，业主请求物业服务企业退还已经预收，但尚未提供物业服务期间的物业费的，人民法院应予支持。

物业服务企业请求业主支付拖欠的物业费的，按照本解释第六条规定处理。

第十条　物业服务合同的权利义务终止后，业主委员会请求物业服务企业退出物业服务区域、移交物业服务用房和相关设施，以及物业服务所必需的相关资料和由其代管的专项维修资金的，人民法院应予支持。

物业服务企业拒绝退出、移交，并以存在事实上的物业服务关系为由，请求业主支付物业服务合同权利义务终止后的物业费的，人民法院不予支持。

第十一条　本解释涉及物业服务企业的规定，适用于物权法第七十六条、第八十一条、第八十二条所称其他管理人。

第十二条　因物业的承租人、借用人或者其他物业使用人实施违反物业服务合同，以及法律、法规或者管理规约的行为引起的物业服务纠纷，人民法院应当参照本解释关于业主的规定处理。

第十三条　本解释自 2009 年 10 月 1 日起施行。

本解释施行前已经终审，本解释施行后当事人申请再审或者按照审判监督程序决定再审的案件，不适用本解释。

中华人民共和国城市房地产管理法

（1994 年 7 月 5 日第八届全国人民代表大会常务委员会第八次会议通过　2007 年 8 月 30 修正）

第一章　总　则

第一条　为了加强对城市房地产的管理，维护房地产市场秩序，保障房地产权利人的合法权益，促进房地产业的健康发展，制定本法。

第二条　在中华人民共和国城市规划区国有土地（以下简称国有土地）范围内取得房地产开发用地的土地使用权，从事房地产开发、房地产交易，实施房地产管理，应当遵守本法。

本法所称房屋，是指土地上的房屋等建筑物及构筑物。

本法所称房地产开发，是指在依据本法取得国有土地使用权的土地上进行基础设施、房屋建设的行为。

本法所称房地产交易，包括房地产转让、房地产抵押和房屋租赁。

第三条　国家依法实行国有土地有偿、有限期使用制度。但是，国家在本法规定的范围内划拨国有土地使用权的除外。

第四条　国家根据社会、经济发展水平，扶持发展居民住宅建设，逐步改善居民的居住条件。

第五条　房地产权利人应当遵守法律和行政法规，依法纳税。房地产权利人的合法权益受法律保护，任何单位和个人不得侵犯。

第六条　为了公共利益的需要，国家可以征收国有土地上单位和个人的房屋，并依法给予拆迁补偿，维护被征收人的合法权益；征收个人住宅的，还应当保障被征收人的居住条件。具体办法由国务院规定。

第七条　国务院建设行政主管部门、土地管理部门依照国务院规定的职权划分，各司其职，密切配合，管理全国房地产工作。

县级以上地方人民政府房产管理、土地管理部门的机构设置及其职权由省、自治区、直辖市人民政府确定。

第二章　房地产开发用地

第一节　土地使用权出让

第八条　土地使用权出让，是指国家将国有土地使用权（以下简称土地使用权）在一定年限内出让给土地使用者，由土地使用者向国家支付土地使用权出让金的行为。

第九条　城市规划区内的集体所有的土地，经依法征用转为国有土地后，该幅国有土地的使用权方可有偿出让。

第十条　土地使用权出让，必须符合土地利用总体规划、城市规划和年度建设用地计划。

第十一条　县级以上地方人民政府出让土地使用权用于房地产开发的，须根据省级以上人民政府下达的控制指标拟订年度出让土地使用权总面积方案，按照国务院规定，报国务院或者省级人民政府批准。

第十二条　土地使用权出让，由市、县人民政府有计划、有步骤地进行。出让的每幅地块、用途、年限和其他条件，由市、县人民政府土地管理部门会同城市规划、建设、房产管理部门共同拟定方案，按照国务院规定，报经有批准权的人民政府批准后，由市、县人民政府土地管理部门实施。

直辖市的县人民政府及其有关部门行使前款规定的权限，由直辖市人民政府规定。

第十三条　土地使用权出让，可以采取拍卖、招标或者双方协议的方式。

商业、旅游、娱乐和豪华住宅用地，有条件的，必须采取拍卖、招标方式；没有条件，不能采取拍卖、招标方式的，可以采取双方协议的方式。

采取双方协议方式出让土地使用权的出让金不得低于按国家规定所确定的最低价。

第十四条　土地使用权出让最高年限由国务院规定。

第十五条　土地使用权出让，应当签订书面出让合同。

土地使用权出让合同由市、县人民政府土地管理部门与土地使用者签订。

第十六条　土地使用者必须按照出让合同约定，支付土地使用权出让金；未按照出让合同约定支付土地使用权出让金的，土地管理部门有权解除合同，并可以请求违约赔偿。

第十七条　土地使用者按照出让合同约定支付土地使用权出让金的，市、县人民政府土地管理部门必须按照出让合同约定，提供出让的土地；未按照出让合同约定提供出让的土地的，土地使用者有权解除合同，由土地管理部门返还土地使用权出让金，土地使用者并可以请求违约赔偿。

第十八条　土地使用者需要改变土地使用权出让合同约定的土地用途的，必须取得出让方和市、县人民政府城市规划行政主管部门的同意，签订土地使用权出让合同变更协议或者重新签订土地使用权出让合同，相应调整土地使用权出让金。

第十九条　土地使用权出让金应当全部上缴财政，列入预算，用于城市基础设施建设和土地开发。土地使用权出让金上缴和使用的具体办法由国务院规定。

第二十条 国家对土地使用者依法取得的土地使用权，在出让合同约定的使用年限届满前不收回；在特殊情况下，根据社会公共利益的需要，可以依照法律程序提前收回，并根据土地使用者使用土地的实际年限和开发土地的实际情况给予相应的补偿。

第二十一条 土地使用权因土地灭失而终止。

第二十二条 土地使用权出让合同约定的使用年限届满，土地使用者需要继续使用土地的，应当至迟于届满前一年申请续期，除根据社会公共利益需要收回该幅土地的，应当予以批准。经批准准予续期的，应当重新签订土地使用权出让合同，依照规定支付土地使用权出让金。

土地使用权出让合同约定的使用年限届满，土地使用者未申请续期或者虽申请续期但依照前款规定未获批准的，土地使用权由国家无偿收回。

第二节 土地使用权划拨

第二十三条 土地使用权划拨，是指县级以上人民政府依法批准，在土地使用者缴纳补偿、安置等费用后将该幅土地交付其使用，或者将土地使用权无偿交付给土地使用者使用的行为。

依照本法规定以划拨方式取得土地使用权的，除法律、行政法规另有规定外，没有使用期限的限制。

第二十四条 下列建设用地的土地使用权，确属必需的，可以由县级以上人民政府依法批准划拨：

（一）国家机关用地和军事用地；

（二）城市基础设施用地和公益事业用地；

（三）国家重点扶持的能源、交通、水利等项目用地；

（四）法律、行政法规规定的其他用地。

第三章 房地产开发

第二十五条 房地产开发必须严格执行城市规划，按照经济效益、社会效益、环境效益相统一的原则，实行全面规划、合理布局、综合开发、配套建设。

第二十六条 以出让方式取得土地使用权进行房地产开发的，必须按照土地使用权出让合同约定的土地用途、动工开发期限开发土地。超过出让合同约定的动工开发日期满一年未动工开发的，可以征收相当于土地使用权出让金百分之二十以下的土地闲置费；满二年未动工开发的，可以无偿收回土地使用权；但是，因不可抗力或者政府、政府有关部门的行为或者动工开发必需的前期工作造成动工开发迟延的除外。

第二十七条 房地产开发项目的设计、施工，必须符合国家的有关标准和规范。

房地产开发项目竣工，经验收合格后，方可交付使用。

第二十八条 依法取得的土地使用权，可以依照本法和有关法律、行政法规的规定，作价入股，合资、合作开发经营房地产。

第二十九条　国家采取税收等方面的优惠措施鼓励和扶持房地产开发企业开发建设居民住宅。

第三十条　房地产开发企业是以营利为目的，从事房地产开发和经营的企业。设立房地产开发企业，应当具备下列条件：

（一）有自己的名称和组织机构；

（二）有固定的经营场所；

（三）有符合国务院规定的注册资本；

（四）有足够的专业技术人员；

（五）法律、行政法规规定的其他条件。

设立房地产开发企业，应当向工商行政管理部门申请设立登记。工商行政管理部门对符合本法规定条件的，应当予以登记，发给营业执照；对不符合本法规定条件的，不予登记。

设立有限责任公司、股份有限公司，从事房地产开发经营的，还应当执行公司法的有关规定。

房地产开发企业在领取营业执照后的一个月内，应当到登记机关所在地的县级以上地方人民政府规定的部门备案。

第三十一条　房地产开发企业的注册资本与投资总额的比例应当符合国家有关规定。

房地产开发企业分期开发房地产的，分期投资额应当与项目规模相适应，并按照土地使用权出让合同的约定，按期投入资金，用于项目建设。

第四章　房地产交易

第一节　一般规定

第三十二条　房地产转让、抵押时，房屋的所有权和该房屋占用范围内的土地使用权同时转让、抵押。

第三十三条　基准地价、标定地价和各类房屋的重置价格应当定期确定并公布。具体办法由国务院规定。

第三十四条　国家实行房地产价格评估制度。

房地产价格评估，应当遵循公正、公平、公开的原则，按照国家规定的技术标准和评估程序，以基准地价、标定地价和各类房屋的重置价格为基础，参照当地的市场价格进行评估。

第三十五条　国家实行房地产成交价格申报制度。

房地产权利人转让房地产，应当向县级以上地方人民政府规定的部门如实申报成交价，不得瞒报或者作不实的申报。

第三十六条 房地产转让、抵押，当事人应当依照本法第五章的规定办理权属登记。

第二节 房地产转让

第三十七条 房地产转让，是指房地产权利人通过买卖、赠与或者其他合法方式将其房地产转移给他人的行为。

第三十八条 下列房地产，不得转让：

（一）以出让方式取得土地使用权的，不符合本法第三十九条规定的条件的；

（二）司法机关和行政机关依法裁定、决定查封或者以其他形式限制房地产权利的；

（三）依法收回土地使用权的；

（四）共有房地产，未经其他共有人书面同意的；

（五）权属有争议的；

（六）未依法登记领取权属证书的；

（七）法律、行政法规规定禁止转让的其他情形。

第三十九条 以出让方式取得土地使用权的，转让房地产时，应当符合下列条件：

（一）按照出让合同约定已经支付全部土地使用权出让金，并取得土地使用权证书；

（二）按照出让合同约定进行投资开发，属于房屋建设工程的，完成开发投资总额的百分之二十五以上，属于成片开发土地的，形成工业用地或者其他建设用地条件。

转让房地产时房屋已经建成的，还应当持有房屋所有权证书。

第四十条 以划拨方式取得土地使用权的，转让房地产时，应当按照国务院规定，报有批准权的人民政府审批。有批准权的人民政府准予转让的，应当由受让方办理土地使用权出让手续，并依照国家有关规定缴纳土地使用权出让金。

以划拨方式取得土地使用权的，转让房地产报批时，有批准权的人民政府按照国务院规定决定可以不办理土地使用权出让手续的，转让方应当按照国务院规定将转让房地产所获收益中的土地收益上缴国家或者作其他处理。

第四十一条 房地产转让，应当签订书面转让合同，合同中应当载明土地使用权取得的方式。

第四十二条 房地产转让时，土地使用权出让合同载明的权利、义务随之转移。

第四十三条 以出让方式取得土地使用权的，转让房地产后，其土地使用权的使用年限为原土地使用权出让合同约定的使用年限减去原土地使用者已经使用年限后的剩余年限。

第四十四条 以出让方式取得土地使用权的，转让房地产后，受让人改变原土地使用权出让合同约定的土地用途的，必须取得原出让方和市、县人民政府城市规划行政主管部门的同意，签订土地使用权出让合同变更协议或者重新签订土地使用权出让合同，相应调整土地使用权出让金。

第四十五条　商品房预售，应当符合下列条件：

（一）已交付全部土地使用权出让金，取得土地使用权证书；

（二）持有建设工程规划许可证；

（三）按提供预售的商品房计算，投入开发建设的资金达到工程建设总投资的百分之二十五以上，并已经确定施工进度和竣工交付日期；

（四）向县级以上人民政府房产管理部门办理预售登记，取得商品房预售许可证明。

商品房预售人应当按照国家有关规定将预售合同报县级以上人民政府房产管理部门和土地管理部门登记备案。

商品房预售所得款项，必须用于有关的工程建设。

第四十六条　商品房预售的，商品房预购人将购买的未竣工的预售商品房再行转让的问题，由国务院规定。

第三节　房地产抵押

第四十七条　房地产抵押，是指抵押人以其合法的房地产以不转移占有的方式向抵押权人提供债务履行担保的行为。债务人不履行债务时，抵押权人有权依法以抵押的房地产拍卖所得的价款优先受偿。

第四十八条　依法取得的房屋所有权连同该房屋占用范围内的土地使用权，可以设定抵押权。

以出让方式取得的土地使用权，可以设定抵押权。

第四十九条　房地产抵押，应当凭土地使用权证书、房屋所有权证书办理。

第五十条　房地产抵押，抵押人和抵押权人应当签订书面抵押合同。

第五十一条　设定房地产抵押权的土地使用权是以划拨方式取得的，依法拍卖该房地产后，应当从拍卖所得的价款中缴纳相当于应缴纳的土地使用权出让金的款额后，抵押权人方可优先受偿。

第五十二条　房地产抵押合同签订后，土地上新增的房屋不属于抵押财产。需要拍卖该抵押的房地产时，可以依法将土地上新增的房屋与抵押财产一同拍卖，但对拍卖新增房屋所得，抵押权人无权优先受偿。

第四节　房屋租赁

第五十三条　房屋租赁，是指房屋所有权人作为出租人将其房屋出租给承租人使用，由承租人向出租人支付租金的行为。

第五十四条　房屋租赁，出租人和承租人应当签订书面租赁合同，约定租赁期限、租赁用途、租赁价格、修缮责任等条款，以及双方的其他权利和义务，并向房产管理部门登记备案。

第五十五条　住宅用房的租赁，应当执行国家和房屋所在城市人民政府规定的租赁政策。租用房屋从事生产、经营活动的，由租赁双方协商议定租金和其他租赁条款。

第五十六条 以营利为目的，房屋所有权人将以划拨方式取得使用权的国有土地上建成的房屋出租的，应当将租金中所含土地收益上缴国家。具体办法由国务院规定。

第五节 中介服务机构

第五十七条 房地产中介服务机构包括房地产咨询机构、房地产价格评估机构、房地产经纪机构等。

第五十八条 房地产中介服务机构应当具备下列条件：

（一）有自己的名称和组织机构；

（二）有固定的服务场所；

（三）有必要的财产和经费；

（四）有足够数量的专业人员；

（五）法律、行政法规规定的其他条件。

设立房地产中介服务机构，应当向工商行政管理部门申请设立登记，领取营业执照后，方可开业。

第五十九条 国家实行房地产价格评估人员资格认证制度。

第五章 房地产权属登记管理

第六十条 国家实行土地使用权和房屋所有权登记发证制度。

第六十一条 以出让或者划拨方式取得土地使用权，应当向县级以上地方人民政府土地管理部门申请登记，经县级以上地方人民政府土地管理部门核实，由同级人民政府颁发土地使用权证书。

在依法取得的房地产开发用地上建成房屋的，应当凭土地使用权证书向县级以上地方人民政府房产管理部门申请登记，由县级以上地方人民政府房产管理部门核实并颁发房屋所有权证书。

房地产转让或者变更时，应当向县级以上地方人民政府房产管理部门申请房产变更登记，并凭变更后的房屋所有权证书向同级人民政府土地管理部门申请土地使用权变更登记，经同级人民政府土地管理部门核实，由同级人民政府更换或者更改土地使用权证书。

法律另有规定的，依照有关法律的规定办理。

第六十二条 房地产抵押时，应当向县级以上地方人民政府规定的部门办理抵押登记。

因处分抵押房地产而取得土地使用权和房屋所有权的，应当依照本章规定办理过户登记。

第六十三条 经省、自治区、直辖市人民政府确定，县级以上地方人民政府由一个部门统一负责房产管理和土地管理工作的，可以制作、颁发统一的房地产权证书，依照本法第六十一条的规定，将房屋的所有权和该房屋占用范围内的土地使用权的确认和变更，分别载入房地产权证书。

第六章　法律责任

第六十四条　违反本法第十一条、第十二条的规定，擅自批准出让或者擅自出让土地使用权用于房地产开发的，由上级机关或者所在单位给予有关责任人员行政处分。

第六十五条　违反本法第三十条的规定，未取得营业执照擅自从事房地产开发业务的，由县级以上人民政府工商行政管理部门责令停止房地产开发业务活动，没收违法所得，可以并处罚款。

第六十六条　违反本法第三十九条第一款的规定转让土地使用权的，由县级以上人民政府土地管理部门没收违法所得，可以并处罚款。

第六十七条　违反本法第四十条第一款的规定转让房地产的，由县级以上人民政府土地管理部门责令缴纳土地使用权出让金，没收违法所得，可以并处罚款。

第六十八条　违反本法第四十五条第一款的规定预售商品房的，由县级以上人民政府房产管理部门责令停止预售活动，没收违法所得，可以并处罚款。

第六十九条　违反本法第五十八条的规定，未取得营业执照擅自从事房地产中介服务业务的，由县级以上人民政府工商行政管理部门责令停止房地产中介服务业务活动，没收违法所得，可以并处罚款。

第七十条　没有法律、法规的依据，向房地产开发企业收费的，上级机关应当责令退回所收取的钱款；情节严重的，由上级机关或者所在单位给予直接责任人员行政处分。

第七十一条　房产管理部门、土地管理部门工作人员玩忽职守、滥用职权，构成犯罪的，依法追究刑事责任；不构成犯罪的，给予行政处分。

房产管理部门、土地管理部门工作人员利用职务上的便利，索取他人财物，或者非法收受他人财物为他人谋取利益，构成犯罪的，依照惩治贪污罪贿赂罪的补充规定追究刑事责任；不构成犯罪的，给予行政处分。

第七章　附　则

第七十二条　在城市规划区外的国有土地范围内取得房地产开发用地的土地使用权，从事房地产开发、交易活动以及实施房地产管理，参照本法执行。

第七十三条　本法自 1995 年 1 月 1 日起施行。

房屋建筑工程质量保修办法

（建设部令第 80 号　2000 年 6 月 30 日）

第一条　为保护建设单位、施工单位、房屋建筑所有人和使用人的合法权益，维护公共安全和公众利益，根据《中华人民共和国建筑法》和《建设工程质量管理条例》，制订本办法。

第二条　在中华人民共和国境内新建、扩建、改建各类房屋建筑工程（包括装修工程）的质量保修，适用本办法。

第三条　本办法所称房屋建筑工程质量保修，是指对房屋建筑工程竣工验收后在保修期限内出现的质量缺陷，予以修复。

本办法所称质量缺陷，是指房屋建筑工程的质量不符合工程建设强制性标准以及合同的约定。

第四条　房屋建筑工程在保修范围和保修期限内出现质量缺陷，施工单位应当履行保修义务。

第五条　国务院建设行政主管部门负责全国房屋建筑工程质量保修的监督管理。

县级以上地方人民政府建设行政主管部门负责本行政区域内房屋建筑工程质量保修的监督管理。

第六条　建设单位和施工单位应当在工程质量保修书中约定保修范围、保修期限和保修责任等，双方约定的保修范围、保修期限必须符合国家有关规定。

第七条　在正常使用下，房屋建筑工程的最低保修期限为：

（一）地基基础工程和主体结构工程，为设计文件规定的该工程的合理使用年限；

（二）屋面防水工程、有防水要求的卫生间、房间和外墙面的防渗漏，为 5 年；

（三）供热与供冷系统，为 2 个采暖期、供冷期；

（四）电气管线、给排水管道、设备安装为 2 年；

（五）装修工程为 2 年。

其他项目的保修期限由建设单位和施工单位约定。

第八条　房屋建筑工程保修期从工程竣工验收合格之日起计算。

第九条　房屋建筑工程在保修期限内出现质量缺陷，建设单位或者房屋建筑所有人应当向施工单位发出保修通知。

施工单位接到保修通知后，应当到现场核查情况，在保修书约定的时间内予以保修。发生涉及结构安全或者严重影响使用功能的紧急抢修事故，施工单位接到保修通知后，应当立即到达现场抢修。

第十条　发生涉及结构安全的质量缺陷，建设单位或者房屋建筑所有人应当立即向当地建设行政主管部门报告，采取安全防范措施；由原设计单位或者具有相应资质等级的设计单位提出保修方案，施工单位实施保修，原工程质量监督机构负责监督。

第十一条　保修完成后，由建设单位或者房屋建筑所有人组织验收。涉及结构安全的，应当报当地建设行政主管部门备案。

第十二条　施工单位不按工程质量保修书约定保修的，建设单位可以另行委托其他单位保修，由原施工单位承担相应责任。

第十三条　保修费用由质量缺陷的责任方承担。

第十四条　在保修期内，因房屋建筑工程质量缺陷造成房屋所有人、使用人或者第三方人身、财产损害的，房屋所有人、使用人或者第三方可以向建设单位提出赔偿要求。建设单位向造成房屋建筑工程质量缺陷的责任方追偿。

第十五条　因保修不及时造成新的人身、财产损害，由造成拖延的责任方承担赔偿责任。

第十六条　房地产开发企业售出的商品房保修，还应当执行《城市房地产开发经营管理条例》和其他有关规定。

第十七条　下列情况不属于本办法规定的保修范围：

（一）因使用不当或者第三方造成的质量缺陷；

（二）不可抗力造成的质量缺限。

第十八条　施工单位有下列行为之一的，由建设行政主管部门责令改正，并处1万元以上3万元以下的罚款。

（一）工程竣工验收后，不向建设单位出具质量保修书的；

（二）质量保修的内容、期限违反本办法规定的。

第十九条　施工单位不履行保修义务或者拖延履行保修义务的，由建设行政主管部门责令改正，处10万元以上20万元以下的罚款。

第二十条　军事建设工程的管理，按照中央军事委员会的有关规定执行。

第二十一条　本办法由国务院建设行政主管部门负责解释。

第二十二条　本办法自发布之日起施行。